Editorial
NUN

Justicia y salud

Pautas distributivas para la atención médica

Ficha bibliográfic

Luévano Cayón, Ana Regina

Justicia y salud. Pautas distributivas para la atención médica
1 a. edición, 202 3

ISBN: 978-607- 59506-5-5

Editorial Notas Universitarias, S. A. de C. V.
Colección Sapientia

Impreso en la Ciudad de México en marzo de 2023
Formato: 15 × 21 cm

260 pp.

Editorial NUN
Es una marca de la Editorial Notas Universitarias, S. A. de C. V.

Xocotla 17, Tlalpan Centro II, alcaldía Tlalpan,
C. P. 14000, Ciudad de México

www.editorialnun.com.mx

Comentarios sobre la edición a contacto@editorialnotasuniversitarias.com.mx

Versión impresa ISBN: 978-607- 59506-5-5
Versión digital ISBN: 978-607- 59506-7-9

Los textos aquí presentados fueron arbitrados (doble-ciego) y dictaminados por especialistas nacionales. Posteriormente fueron revisados, corregidos y modifi ados por los autores antes de llegar a su versión fi al.

Dirección editorial y diseño de portada: Miryam D. Meza Robles
Cuidado de la edición: Felipe G. Sierra Beamonte
Corrección de estilo: Esteban Manteca Aguirre
Lectura de pruebas: Patricia Martínez Galindo
Diagramación: Carlos A. Vela Turcott

Impreso en México

Justicia y salud

Pautas distributivas para la atención médica

Regina Luévano

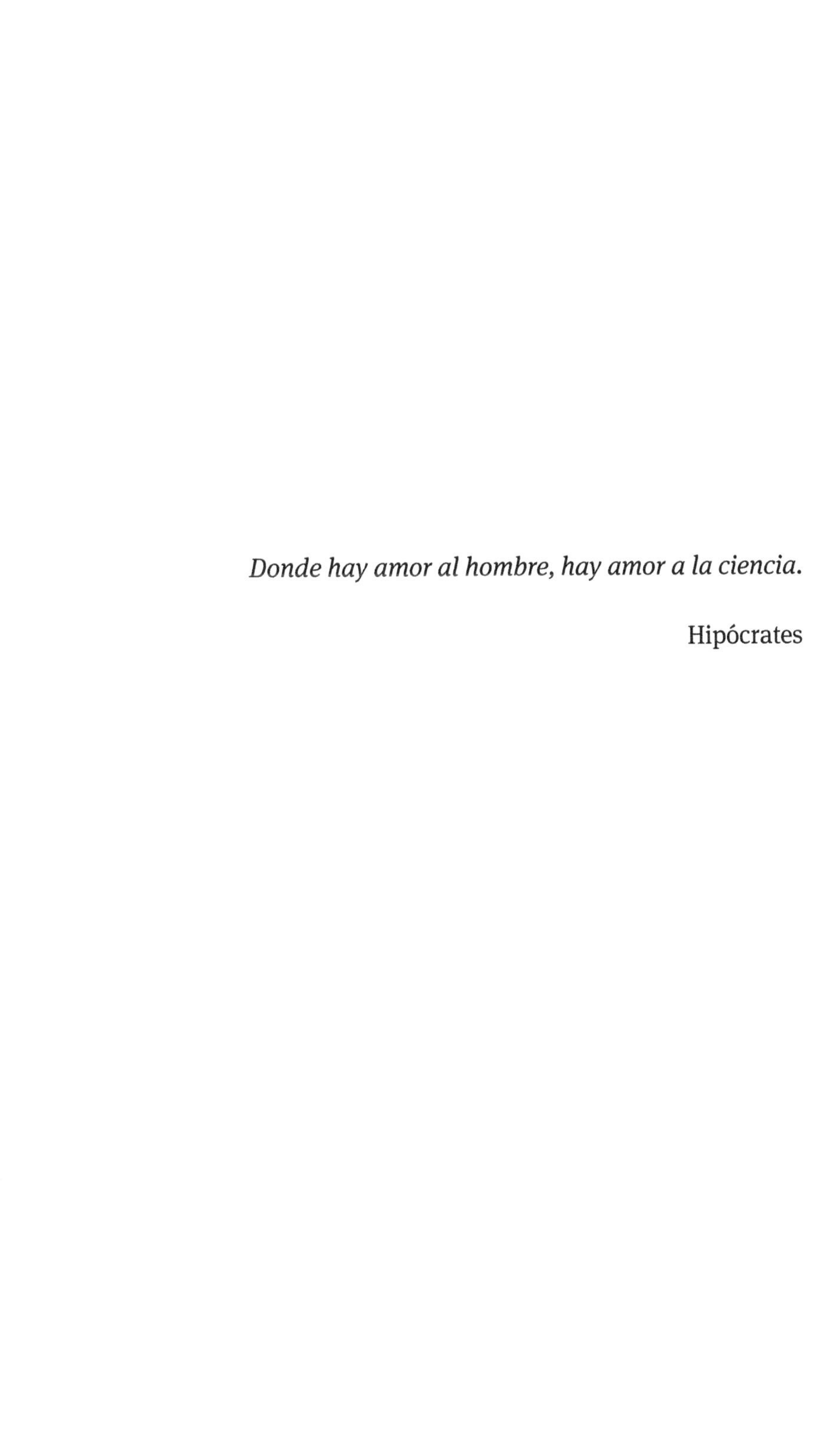

Donde hay amor al hombre, hay amor a la ciencia.

Hipócrates

A mi querida familia.

Índice

Prólogo

En los años 2020 y 2021 vivimos en el mundo una experiencia que marcó nuestras vidas con huellas dolorosas, profundas e imborrables. Por todo el orbe cientos de miles de personas perdieron a algún ser querido. Esto se debió a la pandemia llamada covid-19. A continuación describiremos, brevemente, lo que sucedió:

El 31 de diciembre de 2019, en la ciudad de Wuhan, en China, las autoridades sanitarias avisaron que un había surgido un nuevo virus y se estaba propagando con rapidez. Se denominó coronavirus 2 del síndrome respiratorio agudo grave o SARS-CoV-2; la infección por este virus se le nombró oficialmente como covid-19, y se transmite sobre todo a través de las pequeñas gotas generadas cuando una persona infectada habla, tose, estornuda o respira.

A partir de esa fecha, la Organización Mundial de la Salud empezó a colaborar con expertos mundiales, gobiernos y asociaciones médicas para ampliar y generar conocimientos científicos. El objeto de sus estudios era rastrear la propagación del SARS-CoV-2 en los países y su virulencia, así como prevenir a las personas sobre medidas de protección para evitar el contagio.

Además de lo señalado, en países donde existe un gran número de personas que se encuentran en estado de pobreza se sufrió de manera más severa la pandemia, pues pocas de ellas tuvieron acceso a los servicios médicos.

Este hecho es lo que motivó a la doctora Regina Luévano a escribir el libro *Justicia y salud. Pautas distributivas para la atención médica.* Lo valioso de su obra radica en mostrar cómo las reflexiones filosóficas pueden darnos luz para comprender y analizar los problemas de la salud. Para ello nos explica las diferentes teorías de la justicia distributiva.

La justicia distributiva es una rama de la filosofía que está conectada con disciplinas como la economía, la filosofía política y la ética. La economía tiene que ver porque los recursos para la salud son escasos, tal como nos muestra la doctora Luévano ante la pandemia de covid-19: no solamente los servicios médicos, también los instrumentos necesarios para atender a los pacientes estuvieron lejos de ser suficientes para combatir la pandemia; hasta el oxígeno llegó a escasear. Además, ante la emergencia se descuidaron otra clase de enfermedades, pues se reconvirtieron hospitales y se pospusieron cirugías y consultas ante la necesidad y urgencia de atender a pacientes graves de covid-19. La filosofía política nos permite reflexionar sobre las relaciones de los ciudadanos con el Estado en un determinado país. Éstos, tal y como señala la doctora Luévano, pueden ser considerados como niños que no saben tomar decisiones correctas, y por lo tanto para ellos se usarían políticas paternalistas.

La autora dedica una buena parte de su libro al pensamiento utilitarista. Ella nos explica en qué consiste esta doctrina, cuáles son los postulados de la obra de Stuart Mill y la influencia que tuvo en el utilitarismo del siglo XX tal y como puede verse en la obra de Peter Singer. Además, se refiere al éxito que esta doctrina filosófica tuvo cuando las utilidades se incluyeron en un estudio de las preferencias de las personas en materia de salud. También advierte que el utilitarismo ha dado lugar a ciertas medidas sobre la salud de las personas, que se basan en preferencias subjetivas como los Quality Adjusted Life Years (QALY). Además de éstos, durante la pandemia el triaje se utilizó en varios países y en algunas circunstancias para aplicar los escasos recursos de salud aumentando la utilidad.

Ahora bien, una de las virtudes que tiene el libro de la doctora Regina Luévano es que nos lleva a los inicios de las teorías de la justicia distributiva, en el siglo pasado, a partir de la publicación en 1971 de *Theory of Justice* de John Rawls. A pesar de que dicho autor no tuvo como objetivo hacer una teoría de la justicia aplicada a la salud, hay otros como Norman Daniels, tal como lo veremos más adelante, que piensa que el principio de Rawls de la igualdad equitativa de oportunidades puede extenderse para dar un fundamento moral a un derecho que contenga la protección de la salud.

La doctora Luévano hace un estudio detallado de los principios de la justicia de John Rawls:

1. Cada persona tiene derecho al más amplio esquema de libertades básicas, compatible con un esquema similar de libertades para todos.
2. Las desigualdades económicas y sociales han de satisfacer dos condiciones: *a)* tienen que ser para el mayor beneficio de los miembros menos favorecidos de la sociedad y, *b)* estar vinculadas a cargos y posiciones abiertas para todos en condiciones de equitativa igualdad de oportunidades.

Rawls llama principio de la diferencia al inciso *a)* del segundo principio. Pero cuando tratamos el tema de la salud, los seguidores de Rawls han aplicado el inciso *b)*. Esto se debe a que, si aplicamos el principio de la diferencia a los temas de salud, podría darse una situación en la que una persona rica recibiera los recursos que se necesitan para atender a personas que tienen necesidades básicas no satisfechas.

Para explicar una forma de distribución que se aplique a la salud, siguiendo el principio de la equitativa igualdad de oportunidades, la autora del libro nos refiere al pensamiento de Norman Daniels, discípulo de Rawls e interesado en problemas de la salud. Este autor elabora una teoría de la justicia que permita distribuir los recursos de salud y de su protección entre aquellos que más los necesiten.

Para enseñarnos cuáles son los imperativos necesarios para distribuir la salud, recurre a lo que llama las "preguntas focales", cuyas respuestas nos muestran la relación entre la justicia y la salud:

1. ¿La salud, la atención a ella y a otros factores que la afectan tienen una importancia moral mayor que cualquier otro bien? Para responder esta pregunta es necesario examinar la relación que tiene la satisfacción de las necesidades de la salud con otras metas de

la justicia. Esto nos llevaría a afirmar que la salud tiene una exigencia mayor que otros bienes dentro de los patrones de la justicia.

2. ¿Cuándo son injustas las desigualdades en relación con la salud? La respuesta a esta pregunta exige la comprensión de aquellas desigualdades a las que tenemos que dar más atención.
3. ¿Cómo podemos satisfacer las necesidades de la salud equitativamente si los recursos para hacerlo son limitados? Dado que las personas persiguen bienes muy variados, los recursos para satisfacer las necesidades de la salud siempre serán limitados. Para responder esta pregunta es conveniente examinar nuestros acuerdos y desacuerdos por la manera de establecer prioridades para distribuir recursos que cubran las necesidades de la salud.

Una vez que la doctora Luévano explica las teorías de Rawls y de Daniels con relación a la salud, toma en cuenta otras que se refieren a la responsabilidad que tienen las personas respecto a su salud. Ronald Dworkin plantea que debe considerarse el tema de la distinción entre la suerte bruta y la suerte opcional. Según él, teorías como las de Rawls y Daniels no le dan el peso que se merece la responsabilidad que tienen los agentes para cuidar y mantener su salud. Él propone, bajo el rubro "igualdad de recursos", una distinción relevante para una teoría distributiva; afirma que existen diferencias que generan desigualdad en las personas por el ejercicio de las preferencias, pero también por las circunstancias en las que se encuentran. Entre dichas circunstancias aparecen el medio ambiente, el contexto social y la herencia genética, principalmente. Dworkin entiende por recursos no sólo los bienes materiales que pueden ser intercambiados en el mercado sino, asimismo, los talentos y las desventajas genéticas o debidas a un accidente. La doctora Luévano explica que la suerte bruta se da cuando las consecuencias de una acción no dependen de las personas, y la suerte opcional resulta de las decisiones que éstas toman de una manera consciente.

Ahora bien, Shlomi Segall también sostiene la necesidad de distinguir cuándo un problema de salud depende de las decisiones que toman las personas.

Segall se pregunta acerca de la distribución justa, tanto de la salud como de su protección y proporciona una primera respuesta: la diferencia entre la salud y su protección son injustas cuando reflejan diferencias en la suerte bruta.

En los años recientes, la inclusión de la suerte en las explicaciones de la justicia distributiva se ha vuelto más destacada y se ha presentado como una teoría que es contraria a aquellas que provienen de la teoría de la justicia de Rawls. Estas teorías se interesan en la distribución de los recursos médicos y de atención a la salud cuando los problemas surgen de las decisiones que toman las personas. Segall comenta que, si bien las teorías de la suerte han ocupado el espacio de la discusión sobre la justicia distributiva, no hay muchos textos que aborden el problema desde el punto de vista de la salud. De aquí la importancia del libro de Regina Luévano.

Sólo cabe mencionar que el libro, en un epílogo, se refiere a la historia de algunas instituciones médicas en México, como el Seguro Popular, el Instituto Mexicano del Seguro Social (IMSS) y otras instituciones estatales.

Es importante destacar que los temas que abordan la justicia en la distribución de la salud, tal como los encontramos en este libro, nos ayudarán a responder la pregunta que se hace Norman Daniels: ¿qué nos debemos los unos a los otros en materia de salud?

Paulette Dieterlen
Noviembre de 2022

Introducción

El miércoles 11 de marzo de 2020 el mundo entero se paralizó al ser declarada la covid-19 como pandemia por Tedros Adhanom Ghebreyesus, director general de la Organización Mundial de la Salud (OMS) en una rueda de prensa. Poco a poco las fronteras se fueron cerrando y cada país empezó a establecer las medidas de aislamiento y confinamiento pertinentes para evitar los contagios masivos. En cuestión de días, los medios de comunicación empezaron a mostrar la que podría ser la cara más dolorosa y amarga de esta crisis mundial: el terrible dilema para la distribución de atención médica ante la escasez de recursos.

Además de las múltiples reflexiones en torno a la vida y la muerte, la importancia del cuidado de los adultos mayores, al valor de la familia, la solidaridad y la responsabilidad cívica, la pandemia de coronavirus dejó también al descubierto las deficiencias de muchos de los sistemas de salud en el mundo, y puso sobre la mesa de discusión los diferentes criterios y pautas para la adecuada distribución de los recursos sanitarios. De esta manera, la salud, entendida como un bien indispensable para la preservación de la vida y como el completo bienestar físico y mental de la persona, se posicionó en el centro de atención de la justicia distributiva.

Ante esta dramática realidad, y de cara a los retos que nos supone el cuidado de la salud, este libro tiene el objetivo de presentar, desde una perspectiva filosófica, las diferentes posiciones y teorías de la justicia distributiva enfocadas a la sanidad que se han expuesto en los últimos años.

A través de este análisis, busco establecer las bases para un diálogo interdisciplinario que permita tener una visión más completa sobre el problema que representa la distribución de recursos en materia de salud.

Si bien este trabajo no pretende ser un libro de bioética, opté por utilizar como punto de partida un enfoque bioético ya que considero que esta disciplina puede servir como puente de unión entre la filosofía y las ciencias médicas. La bioética, al tener como objeto de estudio las acciones humanas que inciden en la vida en general y en la vida humana en particular, ocupa un lugar primordial en el debate en torno la vida y la muerte.

Dentro de los principios de la bioética, la justicia –entendida como la virtud que rige la vida en sociedad– es fundamental en la relación entre el médico y el paciente. Es decir, entre el principio de beneficencia y el principio de autonomía. De esta manera, la justicia social se convierte en el punto de intersección entre la bioética y las teorías de la justicia distributiva, las cuales son consideradas como una parte esencial en la filosofía política.

Sobra decir que dentro de las teorías de la justicia distributiva contemporáneas la teoría de John Rawls constituye un parteaguas. Dada la importancia y el impacto que tuvo en el mundo académico, decidí tomar su obra como el hilo conductor que diera sentido y orientara el análisis entre las diferentes posturas que son expuestas en este libro. Cabe señalar que los autores aquí presentados fueron protagonistas, junto con Rawls, de algunos de los debates más importantes dentro de este campo. Asimismo, cada uno de estos autores encabeza las principales posiciones que se han tomado como base para la justificación y aplicación de diferentes criterios distributivos. Ejemplo de esto son la teoría de Robert Nozick sobre la cual se fundamenta el mercantilismo sanitario; o la posición de Ronald Dworkin y su análisis en torno al igualitarismo de la suerte.

Dentro de este marco de autores y posturas filosóficas no podía faltar el utilitarismo como uno de los interlocutores básicos de Rawls. Es importante recordar que uno de los objetivos del filósofo de Harvard al publicar su obra era presentar una teoría que sirviera de alternativa –de ahí el título *A Theory of Justice*– ante otras posturas que habían dominado largamente la tradición filosófica. Como parte de estas teorías, la que llama más su atención y a la que dedica una crítica más profunda es, precisamente, el utilitarismo.

Por otro lado, es importante tener en cuenta que todas las teorías que aquí expongo están delimitadas a un ámbito local y nacional. Aunque la covid-19 nos enseñó que las fronteras no son barreras lo suficientemente sólidas como para frenar el poder de una pandemia, y que la cooperación entre países es imprescindible en cuestiones de salud, decidí dejar fuera de este trabajo los temas relacionados con e l ámbito internacional, como son la justicia global y el cosmopolitismo. Es tan grande la relevancia de estos temas que bien vale la pena dedicar un solo libro para su estudio y reflexión. Hablar del impacto que tiene la salud a nivel global o de la organización y estructura farmacéutica (la cual fue determinante, durante la pandemia, en la injusta distribución de vacunas entre los países desarrollados y los que están en vías de desarrollo) definitivamente excede los límites y objetivos que se pretenden alcanzar en esta obra. Así, aunque la relación entre el pensamiento de Rawls y Thomas Pogge es indudable, las referencias a este último son escasas y superficiales.

Considerando este marco teórico, el libro está organizado en cinco capítulos. A manera de introducción, en el primero, el cual está dividido en dos partes, inicio con la exposición de las pautas y los principios de la bioética. Algunas de las disciplinas que contribuyen a construir esta ciencia son: la biología, la medicina, la antropología, la ética, el derecho, la ecología, la sociología y la política. Es este carácter interdisciplinario que caracteriza a la bioética lo que alentó la búsqueda de ciertos principios que toda persona racional y razonable pudiera aceptar, con el fin de establecer determinadas pautas de comportamiento y criterios que fueran útiles para la toma de decisiones. Así, desde la deontología médica surgen los principios de beneficencia, no maleficencia, autonomía y justicia.

A través del principio de justicia se reconoce el derecho a la asistencia sanitaria, el cual es básico para el ejercicio de la autonomía del paciente, y, al mismo tiempo, exige la repartición de beneficios y cargas, que evite discriminaciones e injusticias en la atención médica. Precisamente, es esta repartición de beneficios y cargas lo que nos obliga a hablar de la justicia en términos distributivos. En medio de esta cuestión la Teoría de la Justicia de Rawls se vuelve relevante.

Sin la menor duda, es posible afirmar que la obra rawlsiana ha logrado marcar un antes y un después en la historia de la filosofía política al colocar de nuevo el tema de la justicia distributiva sobre la mesa de discusión. Libertarios, igualitarios, utilitaristas, comunitarios y globalistas, todos sin excepción han hecho de los principios de la justicia como equidad un punto de referencia. Como en algún momento llegó a afirmar Nozick (1990) de forma contundente: "Hoy los filósofos de la política, o deben trabajar dentro de la teoría de Rawls o bien explicar por qué no lo hacen". Es por esta razón que en la segunda parte del primer capítulo explico los fundamentos básicos de *Teoría de la justicia,*[1] los cuales servirán de guía en las discusiones y análisis de los siguientes capítulos.

El segundo capítulo está dedicado al mercantilismo sanitario. Tomando como punto de partida la crítica que hizo Nozick a la teoría de Rawls, expongo los principales argumentos que sirven para fundamentar una postura libertaria. Para los defensores del libertarismo el cuidado de la salud es responsabilidad de cada individuo y, por lo tanto, es completamente legítimo permitir que la distribución de recursos sanitarios se haga a través del mercado. Asimismo, consideran que la salud no es un bien especial que requiera una distribución diferente a la de los demás bienes como, por ejemplo, los automóviles, casas o alimentos.

En el tercer capítulo expongo la visión igualitaria del liberalismo. Es importante recordar que uno de los objetivos de Rawls al proponer sus principios de justicia era poder mitigar aquellas desigualdades que eran fruto del azar. Aunque muchos teóricos se mostraron a favor de la propuesta rawlsiana, hubo también un grupo de críticos, entre ellos Ronald Dworkin, que se lanzaron a proponer su propia visión en torno a la igualdad y la suerte. De esta manera, nace lo que se conoce como el igualitarismo de la suerte, el cual hace una distinción entre la suerte bruta, es decir, aquella que no depende

---

1 Si bien el título de la obra en inglés es *A Theory of Justice,* dentro de este libro me referiré a ésta con el título usado en la traducción al castellano: *Teoría de la justicia.*

del individuo, y la suerte de opción, la cual sí depende de la responsabilidad de cada individuo. La igualdad de recursos que propone Dworkin implica establecer un mercado de seguros, que es el resultado de la posibilidad igualitaria de los miembros de una sociedad para asegurarse contra las desventajas debidas a las condiciones en las que viven. Según Dworkin, la posibilidad de comprar seguros borraría de cierta manera la distinción entre suerte bruta y opcional.

Es muy importante tener en cuenta que en materia de salud el igualitarismo de la suerte se ha convertido en los últimos años en un criterio clave para el establecimiento de pautas de distribución de recursos y tratamientos médicos.

En el capítulo cuarto continúo con los argumentos y posturas a favor del igualitarismo sanitario. Haciendo una extensión de la teoría de la justicia, Norman Daniels logra llevar los principios de justicia de Rawls al terreno de la salud. En los últimos años la teoría de Daniels se ha posicionado en un lugar primordial dentro del campo de la filosofía política, de la medicina y de la bioética. Para varios especialistas en el tema, entre ellos Pablo de Lora, actualmente el centro de la discusión en torno a la justicia distributiva sanitaria está en el debate que han entablado Norman Daniels, quien considera que el principio que debe regir la igualdad en la salud es la equitativa igualdad de oportunidades; y Shlomi Segall, quien defiende una versión del igualitarismo de la suerte que supone que las desventajas injustas, y que merecen compensación, son aquellas producto de una conducta o factores que sería poco razonable esperar que un determinado sujeto pudiera evitar. De esta manera, Segall logra incluir el criterio de la responsabilidad en la distribución de recursos y atención médica, pero matizado por lo que él llama "la elección inocente".

Si bien el quinto capítulo está dividido en varias secciones y toca diversos temas, es posible identificar tres ejes temáticos que le dan sentido y estructura: uno teórico, uno económico y, por último, uno práctico. Dentro del apartado teórico expongo, en primer lugar, los fundamentos básicos del utilitarismo clásico de Bentham y Mill. Posteriormente, presento la críticas de Rawls al utilitarismo junto con los argumentos que él propone para construir su teoría de la justicia. Por último, cierro el análisis teórico con la propuesta de Peter Singer, como uno de los representantes más destacados del utilitarismo contemporáneo, y comparo su posición con los principios rawlsianos.

Como parte del eje económico analizo el origen del Estado de bienestar a la luz de los postulados utilitaristas. Para algunos autores, como Diego Gracia, existe una estrecha relación entre el pensamiento de Mill y Keynes. Según el pensamiento de Gracia, ambos autores contribuyeron a lo que se conoce como la economía del bienestar. Dentro de este contexto, queda claro el vínculo que hay entre utilitarismo, Estado de bienestar y salud. Sobra decir que de la mano del Estado de bienestar surgen también los primeros sistemas de seguridad y salud, por lo que me pareció relevante hacer una breve exposición histórica sobre el origen de éstos.

Si bien es cierto que existen múltiples sistemas de salud en el mundo, hablar de cada uno es prácticamente imposible ya que las variaciones en los principios y las aplicaciones son tan diferentes como lo son también los países. Es por esta razón que decidí acotar el análisis a los dos principales sistemas de seguridad social que más han influido a nivel mundial, éstos son: el modelo Beveridge, que dio como resultado el National Health Service del Reino Unido; y el modelo de seguridad social alemán propuesto por Bismarck.

Respecto a la aplicación práctica, desarrollo los argumentos correspondientes a lo que se ha llamado el utilitarismo sanitario. En los últimos años, en especial con la pandemia de coronavirus, los criterios utilitaristas basados en QALY (Quality Adjusted Life Years) han sido ampliamente utilizados e incluso se han convertido en el principal criterio de distribución de recursos. Es importante señalar que dentro de este contexto tiene un valor importante la crítica que hace Ángel Puyol al concepto de calidad de vida para el empleo de QALY; asimismo, su propuesta para establecer un criterio de distribución en el que se logre combinar la necesidad médica, el principio de la diferencia y el coste-efectividad es de gran importancia para las discusiones contemporáneas.

Por último, decidí añadir un epílogo para poder explicar el origen, evolución y funcionamiento del sistema de salud en México. Tras la pandemia de covid-19 los rezagos y desigualdades que hay en el sistema de salud mexicano se hicieron más evidentes, y fueron muchas las voces que desde diferentes trincheras se hicieron escuchar para demandar una reestructuración del sistema sanitario.

Como filósofa, creo que es necesario fortalecer el diálogo entre políticos, médicos y filósofos para comprender mejor los retos que supone una equitativa distribución de recursos y atención médica. Para que el diseño de un sistema de salud sea justo y adecuado a las necesidades de cada país, tenemos que entender, aclarar, reflexionar y limitar algunos conceptos que son básicos dentro de este ámbito. Un ejemplo de esto es la idea que se tiene de lo que supone garantizar una "cobertura universal de salud" o lo que implica hablar de "atención médica gratuita". Asimismo, es importante fortalecer el diálogo en la discusión sobre los programas de inclusión para personas con discapacidad.

Desde un enfoque filosófico este libro logra agrupar algunas de las posturas y teorías más importantes que en los últimos años han encabezado los debates académicos en materia de salud, pero también nos permite llevar algunas de estas discusiones a otros ámbitos como el político o el médico.

Capítulo I

Pautas bioéticas y justicia como equidad

La justicia es la primera virtud de las instituciones sociales, como la verdad lo es de los sistemas de pensamiento.
John Rawls

En la actualidad la bioética ha logrado posicionarse en un lugar primordial en el mundo de la ciencia y de las humanidades. Prácticamente se ha vuelto imprescindible hablar de ella y recurrir a su intervención como mediadora en muchos de los debates biomédicos y políticos que afectan el desarrollo de la vida. Temas como el aborto, la eugenesia, el suicidio asistido o la distribución de recursos sanitarios son cuestiones que no sólo están vinculadas con la salud o la enfermedad, sino que influyen también sobre nuestras concepciones de la vida y la muerte. Poder determinar quién vive y quién muere dentro de una sociedad es una decisión de índole moral que demanda la presencia de ciertos principios que permitan regular estas acciones desde una perspectiva ética. De esta manera desde la deontología médica surgió lo que se conoce como la bioética de principios.

A través de esta postura se pretenden resolver los diversos dilemas que plantea la bioética desde una perspectiva que pueda ser asumible por cualquier persona racional y razonable. Para ello se han formulado una serie de postulados que sirvan de guía en la resolución de dilemas tanto médicos como estrictamente científicos. Es así como Beauchamp y Childress proponen los *principios de beneficencia, no maleficencia, autonomía y justicia* (Serrano Ruiz-Calderón, 2002: 32-34).

Asimismo, para la mejor comprensión y aplicación de esta disciplina es necesario tener en cuenta la distinción dicotómica que algunos autores, entre ellos Norman Daniels, hacen de ésta. Por un lado, están las decisiones individuales o personales que constituyen la dimensión micro de la bioética y a la que le corresponde en primera instancia el principio de autonomía; mientras que, por otro lado, están las decisiones sociales que constituyen la dimensión macro y, por ende, se identifican con los principios de beneficencia y justicia. (Daniels, 1985: 2). Si bien es cierto que cada uno de estos principios requiere de un análisis independiente y específico, al ser la distribución de recursos sanitarios el tema principal de esta obra sólo me centraré en las reflexiones que conciernen a la dimensión macro de la bioética, siendo el principio de justicia el punto de atención central.

En este capítulo, en primer lugar daré una breve explicación de algunas pautas y principios de la bioética que son necesarios para la distribución de recursos. En un segundo momento comenzaré con el análisis de las condiciones y temas básicos de la justicia distributiva. Dentro de este contexto la obra de John Rawls tiene un papel protagónico. Prácticamente todos los teóricos políticos contemporáneos toman la teoría de Rawls como punto de referencia al tratar temas de justicia. Considerando lo anterior, expondré los elementos básicos de *Teoría de la justicia,* los cuales nos servirán como punto de referencia para los siguientes capítulos.

Pautas bioéticas

El 9 de marzo de 1960 Clyde Shields, un maquinista de Boeing en Seattle, diagnosticado con una insuficiencia renal crónica, inició el primer tratamiento a largo plazo de hemodiálisis. Gracias a este tratamiento Shields logró mantenerse con vida hasta que recibió un trasplante de riñón que le permitió sobrevivir hasta 1970. Sin embargo, junto con Shields fueron diagnosticados en Estados Unidos otros 20 000 pacientes en fase terminal con insuficiencia renal crónica. De forma alarmante la demanda superaba los recursos, ya que el Seattle Artificial Kidney Center sólo disponía de nueve camas y el costo del procedimiento por paciente era elevado: 10 000 dólares (de 1960) anuales. Ante esta dramática realidad se formó lo que sería el primer comité de bioética, conformado en su mayoría por personas que no eran médicos, con el encargo de determinar qué pacientes debían recibir la hemodiálisis.[1]

Con este caso se puede apreciar la manera en la que el vertiginoso avance de la ciencia y la tecnología ha dotado al hombre de un increíble poder para manipular la vida, prolongarla y destruirla. Ante este escenario decidir quién vive y quién muere son cuestiones que se han convertido en un terrible dilema que demanda una respuesta por parte de la biomedicina. Cabe señalar que la bioética es un saber interdisciplinario que tiene como objeto el estudio de la moralidad de las acciones humanas que inciden en la vida en general y en la vida humana en particular. Las disciplinas que colaboran a construir la bioética son la biología, la medicina, la antropología, la ética, el derecho, la ecología, la sociología y la política.

Justamente este carácter interdisciplinario de la bioética fue lo que alentó la búsqueda de ciertos principios que toda persona racional y razonable pudiera aceptar con el fin de establecer determinadas pautas de comportamiento y criterios que fueran útiles para la toma de decisiones. Así, desde la deontología médica surgen los principios de beneficencia, no maleficencia, autonomía y justicia (Serrano Ruiz-Calderón, 2002: 32-34).

Es importante tener en cuenta que aunque cada uno de estos principios es independiente mantienen una interconexión entre sí. De esta manera, no es posible hablar de la autonomía del paciente sin tener en cuenta la labor de beneficencia por parte del médico; asimismo, tampoco se puede hablar de la relación médico-paciente sin considerar las instituciones y al demás personal sanitario que intervienen en esta relación.

A partir de este vínculo de interdependencia es necesario un tercer principio que medie entre la autonomía y la beneficencia. Precisamente, el principio de justicia logra unir ambos principios bajo un criterio de equidad que establece una adecuada relación entre el paciente, el médico y las instituciones sanitarias. A través del principio de justicia se reconoce el derecho a la asistencia sanitaria, el cual es básico para el ejercicio de la autonomía del paciente, y, al

[1] Este caso fue tomado del portal de éticas aplicadas *Dilemata*, del artículo de Antonio Casado da Rocha (2008), "Quién vive y quién muere" y del artículo de Ariel Rodríguez Quereilhac (2006), "Bioética médica: de las declaraciones y los proyectos a un estatuto académico y una realidad clínica".

mismo tiempo, exige la repartición igual de beneficios y cargas, que evite discriminaciones e injusticias en la asistencia sanitaria.

Sin embargo, hablar de igualdad en materia de salud parece una utopía. ¿Acaso se le puede dar a todos los pacientes con insuficiencia renal el riñón que necesitan? ¿Es posible que el Estado logre satisfacer todas las necesidades de salud de todas las personas? ¿Qué es más conveniente: pagar el tratamiento de un anciano enfermo de cáncer en fase terminal o el tratamiento de un niño con asma? Este tipo de decisiones en un contexto de escasez se vuelven dramáticas y demandan un criterio que haga más fácil la toma de decisiones. En este sentido, se podría decir que el verdadero objetivo del principio de justicia es determinar en qué casos las desigualdades en la asistencia sanitaria no son injustas.

Por otro lado, es un hecho innegable también que con el aumento de la esperanza de vida, el encarecimiento de los tratamientos médicos y la elección de ciertos estilos de vida y acciones que se consideran perniciosas para la salud –tales como el sedentarismo, el tabaquismo, las adicciones y los malos hábitos alimenticios–, se ha vuelto necesario pensar en la racionalización de los recursos de forma equitativa. Ante esta realidad la justicia distributiva cobra una mayor importancia y el ámbito bioético demanda una participación más intensa.

Es a mediados de 1980, justo cuando la bioética filosófica había logrado posicionarse en el centro de los debates en torno al aborto, la eutanasia, el trasplante de órganos y la manipulación genética, que los médicos –quienes encontraban extraño el lenguaje de los filósofos pero que habían estado haciendo cursos de bioética– comenzaron a reclamar esta disciplina como propia de las ciencias médicas y no de las filosóficas.

Los académicos, políticos y muchos de los nuevos estudiantes que entraban en el campo de la bioética comenzaron a quejarse de que la filosofía no suministraba respuestas concretas a sus preguntas. Querían soluciones a problemas de justicia social como, por ejemplo, la distribución de los recursos sanitarios o la contención de los costos. Sobre este punto Norman

Daniels[2] comenta que cuando comenzó a interesarse por la ética médica, a finales de la década de los setenta, efectivamente eran pocos los trabajos filosóficos que hablaban sobre la distribución de recursos en la asistencia sanitaria, o que discutieran sobre qué tipo de bien social era la salud, o que pudieran dar una explicación sobre qué principios de justicia eran los más equitativos en cuestiones de salud (cfr. Daniels, 1985: x).

Ante esta realidad, los médicos que se interesaron en las cuestiones de justicia social comenzaron a hacer el estudio que mejor saben hacer: la investigación empírica. El paso de la bioética a lo empírico y a la política no fue calculado para ser sinérgico, pero resultó así. Los políticos y los profesionales de la salud estaban felices de contar con datos empíricos sobre los que pudieran basarse para justificar sus decisiones. No obstante, la ciencia –y más una ciencia como la bioética– no puede basarse únicamente en datos empíricos y cuantificables y necesita de las consideraciones subjetivas y éticas propias de la filosofía. Así, la bioética representa ese puente que intenta unir el mundo de la ciencia empírica con el mundo de las humanidades. De ahí la importancia de incluir, a través del principio de justicia, algunos presupuestos de filosofía social y política en el ámbito de la bioética.

Es importante mencionar también que algunos de los factores que despertaron la preocupación por la justa distribución de recursos sanitarios fueron muchos de los descubrimientos científicos, así como las innovaciones tecnológicas, que incrementaron el costo de diversos tratamientos médicos. Como un ejemplo de esto se puede pensar en las técnicas de diagnóstico prenatal, en las de reanimación, en los trasplantes de órganos o en los estudios eugenésicos. Es un hecho innegable que muchos de estos adelantos médicos han logrado prolongar la expectativa de vida de las personas; sin embargo, en algunos países, por ejemplo, al aumentar la esperanza de vida y reducirse la tasa de natalidad se ha generado un desajuste entre la población de adultos mayores y niños, que se ha traducido en un

[2] Es importante recordar que Daniels publica en 1985 *Just Health Care*, y es justo con la publicación de esta obra que se inicia el debate en torno a la distribución de recursos sanitarios.

desequilibro que pone en riesgo el sistema de jubilaciones y pensiones a nivel mundial.[3]

Ahora bien, a nivel político y cultural hubo también diferentes factores que hicieron necesario el principio de justicia. Entre éstos habría que citar, en primer lugar, todo lo que ha llevado a la formación del llamado Estado de bienestar o Estado social. Dentro de este contexto se afirma que el Estado reconoce a todos los ciudadanos, sin distinción, el derecho a la salud y a la asistencia sanitaria, considerando ambos derechos como un bien social. Sin embargo, este reconocimiento por parte del Estado ha suscitado diferentes problemas de justicia.

Por ejemplo, si el Estado reconoce a todos los ciudadanos sin distinción el derecho a la salud y a la asistencia sanitaria, ¿se deben dar los mismos cuidados disponibles a un recién nacido con espina bífida del tipo encefalocele con hidrocefalia[4] y a otro con una minusvalía leve y con posibilidades de curación? ¿Se debe dar a ancianos con demencia senil lo mismo que a jóvenes sanos, víctimas de accidentes? En la búsqueda de una respuesta para estas cuestiones, así como para otros problemas, se hizo preciso un principio que marcara las pautas a seguir en cuestiones de justicia. Según Ciccone, citando a Beauchamp, este principio "exige una repartición igual de beneficios y cargas, que evite discriminaciones e injusticias en las políticas y en las intervenciones de sanidad. De modo general, se puede decir que una persona ha sido tratada según el principio de justicia cuando ha sido tratada según lo que es correcto y debido" (Beauchamp, 1995: 88, citado en Ciccone, 2005: 40).

Según lo que se ha explicado hasta este punto, todo debería ser claro y sencillo; sin embargo, nos encontramos ante una situación cargada de contrastes, comenzando por el mismo concepto de justicia, que ha sido analizado de diferentes modos y a partir de teorías éticas opuestas. Es cierto que se ha podido localizar "un principio mínimo común a todas las teorías:

---

3 Sobre este tema véase "Informe anual 2013 del FMI. Promoviendo una recuperación mundial más segura y estable".

4 Éste es un de los tipos más graves de espina bífi a y acompañado de hidrocefalia tiene 60% de probabilidades de mortalidad.

[...] casos iguales deben ser tratados de modo igual y casos diferentes, de modo diferente. Pero se trata de un principio meramente formal, puesto que no dice cómo determinar la igualdad o la proporcionalidad en este ámbito, por esto no constituye una guía específica de conducta" (Beauchamp, 1995: 90, citado en Ciccone, 2005: 41).

Es en medio de este contexto lleno de interrogantes que la teoría de la justicia de John Rawls se ha convertido en un punto de referencia. Aunque Rawls no considera el tema de la salud, sus dos principios son el centro de muchas de las teorías de la justicia distributiva sanitaria. Ejemplo de ello son la teoría del funcionamiento normal, de Norman Daniels, la propuesta del igualitarismo sanitario, de Ronald Dworkin, o la fuerte influencia que tiene para el origen del igualitarismo de la fortuna. Sin embargo, la teoría de Rawls también ha sido fuertemente criticada. Uno de sus principales opositores ha sido Robert Nozick a quien se le reconoce como uno de los principales defensores del libertarismo y fuente de inspiración para el mercantilismo sanitario.

John Rawls: la justicia como equidad

El libro *Teoría de la justicia* de Rawls provocó una revolución en el ámbito académico e hizo que diferentes grupos de intelectuales –liberales, comunitaristas, republicanos, libertarios, igualitarios y marxistas– convergieran en un punto en común: la justicia. Siguiendo el discurso de Thomas Nagel, Rawls es de los filósofos que han cambiado el tema y tienen el mérito para situarse a la altura de otros grandes pensadores como Aristóteles, Hobbes, Kant y Wittgenstein (Nagel, 2003: 62-84).

A la publicación, en 1971, de *Teoría de la justicia* se debe nada más y nada menos que el interés de algunos filósofos como Thomas Pogge, que se ha inclinado por el estudio de temas como la pobreza y la justicia global; el de Will Kymlicka en el reconocimiento de los derechos diferenciados de las minorías culturales; el de Michael Walzer y su propuesta para la distribución de bienes sociales; el de Martha Nussbaum a través de su teoría de las capacidades; o bien, el controvertido caso de la salud por Norman Daniels. Asimismo, muchos economistas, llamados desarrollistas, como Amartya Sen y Partha Dasgupta pusieron la atención en esta emblemática obra y comenzaron a aportar ideas al debate filosófico. Todos estos temas, además de tener la *Teoría* como común denominador, se han desarrollado también en el marco de lo que se conoce como justicia distributiva.

Es importante tener en cuenta que el tema de la justicia distributiva presenta dos aspectos básicos: primero, existe una discusión que se da en el seno de las teorías; segundo, una aplicación práctica, en la medida en que dichas teorías contribuyen a diseñar políticas públicas. Además de estos aspectos, la justicia distributiva está formada por tres elementos: los sujetos, los objetos y por último los criterios de distribución.

Ahora bien, para comenzar a analizar los elementos fundamentales de la justicia distributiva es necesario conocer primero cuál es la concepción que se tiene de los sujetos que reciben los bienes y los servicios. Por ejemplo, si se considera a los pobres como sujetos pasivos, ignorantes de sus necesidades, e incapaces de elegir aquello que más les conviene, se implementarán políticas paternalistas. Por el contrario, si se les considera sujetos activos se apoyarán aquellas políticas que les permitan formar sus propios planes de vida[5] (Dieterlen, 2003: 14).

En segundo lugar es importante determinar los objetos que se han de distribuir. Algunos de estos objetos pueden concebirse como los que satisfacen las necesidades básicas de las personas y algunos otros como los que

[5] Un ejemplo práctico de la aplicación de estas concepciones de la persona es el Programa de Educación, Salud y Alimentación (Progresa) en México. La ayuda que se daba a través del programa era de dos tipos: en especie y económica. En especie, en materia de alimentación, el programa proporcionaba suplementos nutricionales para los infantes en periodo de lactancia hasta los niños pequeños de cuatro años; asimismo, proporcionaba suplementos para las mujeres embarazadas. Por otro lado, en materia económica se proporcionaba una cantidad de dinero mensual que recibían las madres de familia. Esta ayuda combinada, en especie y económica, permitía a las personas satisfacer necesidades básicas como la alimentación, pero al mismo tiempo les daba la libertad para elegir en qué gastar el dinero que recibían. La posibilidad de poder elegir es un elemento esencial para el desarrollo de la libertad de las personas y la realización de su proyecto de vida. Es importante mencionar que el 15 de marzo de 2002 apareció en el *Diario Oficial de la Federación* el acuerdo mediante el cual se establecen las reglas de operación del programa de desarrollo humano Oportunidades que sustituyó a Progresa. Para un estudio más completo del programa Progresa, véase: <http://biblio.juridicas.unam.mx/3/1397/39.pdf> (c onsultado el 8 de noviembre de 2014).

les permiten expresar sus preferencias. En este sentido, y sin temor a equivocarnos, el concepto de bienes primarios de Rawls es fundamental ya que el concepto de bienes pasó de ser aquello que todo hombre racional desea –como lo sugería el utilitarismo– a bienes básicos y objetivos como la libertad y la igualdad. Sin embargo, también es posible encontrar en este contexto bienes con un significado socialmente compartido como lo propone Walzer en su libro *Esferas de la justicia* (Dieterlen, 2003: 14-15).

Por último, encontramos el elemento que constituye el núcleo de la justicia distributiva: los criterios de distribución, es decir, aquello que en palabras de Robert Nozick debe completar la frase: “A cada quien según sus...”. Los criterios de distribución son indispensables, sobre todo cuando hablamos de políticas públicas, porque casi siempre se aplican con un trasfondo de escasez de bienes y servicios y con la intención de satisfacer una determinada necesidad (Dieterlen, 2003: 15)

Dentro de este contexto de la justicia distributiva es que Rawls formuló su teoría, siendo su principal objetivo la propuesta de una concepción de justicia cuyos principios pudieran regular las desigualdades sociales. Dicho de otro modo, su interés primordial era poder responder la pregunta sobre “¿Qué principios de justicia son los más adecuados para regular las desigualdades sociales y económicas que afectan a las perspectivas de los ciudadanos a lo largo de su vida?”. Para Rawls los principios de justicia proporcionan un modo para asignar derechos y deberes en las instituciones básicas de la sociedad, y definen la distribución apropiada de los beneficios y las cargas de la cooperación social (Rawls, 2012: §12.4, 72).

Una de las cuestiones fundamentales de su teoría es que la justicia como equidad hace de la estructura básica de la sociedad el objeto principal de la justicia. La estructura básica y la manera en la que funcionan sus principales instituciones influyen, en gran medida, en las desigualdades sociales y económicas entre los ciudadanos. Por instituciones sociales Rawls entiende la constitución política, las principales disposiciones sociales y económicas, así como un determinado régimen político. Todas estas instituciones, tomadas en conjunto, definen los derechos y deberes del hombre y logran tener un impacto en las expectativas de vida, sobre lo que cada hombre puede esperar hacer y sobre lo que haga (Rawls, 1995: §2, 20-22).

El hecho del que parte Rawls es que hay personas que nacen en una posición menos afortunada respecto a otras. Para él, la forma en la que se ordenan las instituciones sociales (políticas y económicas) en ocasiones puede provocar que esta posición de desventaja llegue a influir de forma negativa en los planes de vida de las personas favoreciendo ciertas posiciones sobre otras. Precisamente, son estas desigualdades de origen las que se intentan mitigar a través de los principios de justicia con el fin de nivelar las oportunidades y expectativas de vida de las personas sin importar su posición inicial (Rawls, 1995: §2, 21).

Los principios de justicia

Según se ha visto, la teoría rawlsiana ha hecho grandes aportaciones al mundo de la filosofía política; sin embargo, se podría llegar a afirmar que una de las más importantes está en el haber logrado reunir en sus principios de justicia dos ideas que parecían opuestas entre sí: libertad e igualdad.

Así como dos grandes amores fundaron dos grandes ciudades, dos grandes familias de valores fueron las responsables de fundar el pensamiento liberal. Igualdad y libertad son los dos pilares que dieron origen al liberalismo político. Lo que en un principio se consideró una base común, con el paso de los años se fue resquebrajando hasta formar dos grupos ideológicos distintos: libertarios e igualitarios. Cada uno de estos grupos hizo del valor de la libertad y la igualdad, respectivamente, su propio estandarte.

La oposición aparente entre ambos grupos proviene de la defensa que el liberalismo clásico hace de las libertades individuales, entre las que destaca la libertad económica. En este sentido, se considera que para el pensamiento liberal de los siglos XVII y XVIII el libre mercado era el único principio distributivo legítimo y, por lo tanto, no existen argumentos suficientes para hacer una defensa de la igualdad que no dependan de actos movidos por la caridad, la filantropía o el altruismo de las personas. Además de estos argumentos, la defensa de la igualdad era considerada por los liberales –y posteriormente también por los libertarios– una pretensión de las corrientes derivadas del socialismo, que ponían en riesgo las libertades individuales.

En cuestiones de justicia distributiva la separación ideológica de estos grupos ha marcado también el camino que debe seguir el Estado en la distribución y asignación de recursos. Así como para los libertarios el Estado debe tener una participación mínima y su poder está limitado a mantener el orden público y a defender los derechos de propiedad y libertad, para los igualitarios las fuertes desigualdades sociales demandan una intervención del Estado más amplia y la aplicación de políticas sociales.

Tal y como veremos más adelante, en el debate entre libertarios e igualitarios Nozick ha sido –por antonomasia– el defensor de la libertad, mientras que Dworkin ha hecho de la igualdad su valor primordial. En medio de esta discusión, la teoría de Rawls juega un papel clave. Considerado por algunos un igualitario, su teoría muestra, al mismo tiempo, claros rasgos del más puro pensamiento liberal (Daniels, 2003: 241-270).

De esta manera, al postular dos principios de justicia, Rawls trató de proponer una teoría filosófica que incluyera tanto la libertad como la igualdad. Estos principios son:

1. Cada persona tiene el mismo derecho irrevocable a un esquema plenamente adecuado de libertades básicas iguales que sea compatible con un esquema similar de libertades para todos.
2. Las desigualdades económicas y sociales han de satisfacer dos condiciones: *a)* tienen que estar vinculadas a cargos y posiciones abiertas a todos, en condiciones de igualdad equitativa de oportunidades; y *b)* las desigualdades deben redundar en un mayor beneficio de los miembros menos aventajados de la sociedad (Rawls, 2012: §13, 73).

Cabe señalar que entre los dos principios existe una prioridad no sólo léxicográfica sino también formal. El primer principio es previo al segundo; asimismo, en el segundo principio la igualdad equitativa de oportunidades es previa al principio de diferencia. Esta priorización significa que, al aplicar un principio, asumimos que los principios previos están plenamente satisfechos. De este modo, previa garantía de las libertades básicas y una igualdad equitativa de oportunidades, es posible permitir ciertas desigualdades a favor de los menos aventajados. En otras palabras, sólo es posible la desigualdad sobre una base de igualdad. Tomando en cuenta la jerarquía entre los principios es conveniente analizar primero lo referente al principio de la libertad, el porqué de la prioridad y las implicaciones que tiene dentro de la teoría.

Primer principio: la prioridad de la libertad

Aunque las libertades básicas son un punto clave dentro de *Teoría de la justicia*, no hay que olvidar que Rawls define a los ciudadanos como personas libres e iguales y sólo de la mano de la igualdad y la libertad se logra una integración entre los principios.

Para Rawls, las libertades básicas iguales del primer principio de justicia se especifican mediante una lista como la siguiente: libertad de pensamiento y libertad de conciencia; libertades políticas, como la libertad de asociación, y, por último, los derechos y libertades que incluyen el principio de legalidad. Mediante esta lista Rawls quiere dejar claro que no existe una prioridad de la libertad como tal (como si el ejercicio de una libertad determinada fuera una acción prioritaria sobre las otras), sino que es más bien el conjunto de estas libertades el que se considera prioritario. A lo largo de la historia del pensamiento democrático el punto focal ha sido siempre la consecución de determinados derechos y libertades específicos, así como la obtención de garantías constitucionales, como las que pueden hallarse, por ejemplo, en varias cartas y declaraciones de los derechos humanos. La justicia como equidad se enmarca en esta concepción tradicional[6] (Rawls, 2010: 35; y Rawls, 2012: §13.4, 75).

A través de esta lista se logra la unión de lo que, siguiendo a Constant, Rawls llamó la "libertad de los modernos" –que se caracteriza por la defensa de las libertades individuales– con la "libertad de los antiguos", que se refiere a las libertades políticas, como el derecho a participar en la vida política de un país determinado o de una comunidad.

Para Rawls, las libertades políticas iguales y la libertad de pensamiento capacitan a los ciudadanos para desarrollar y ejercer las facultades morales de toda persona a la hora de juzgar la justicia de la estructura básica de la sociedad y sus políticas sociales; y, por otro lado, la libertad de conciencia y la libertad de asociación capacitan a los ciudadanos para desarrollar, revisar y perseguir racionalmente sus concepciones del bien. Poder ejercer las dos facultades morales –es decir, la concepción del bien y un sentido de justicia– resulta esencial para el desarrollo de las personas como ciudadanos libres e iguales. Según lo anterior, se puede afirmar que la concepción de la justicia por la que apuesta Rawls, con las libertades básicas como principio prioritario, se fundamenta y explica por una razón: que sólo desde esa concepción de la justicia donde existe una prioridad en la libertad parece posible el desarrollo de la persona moral.

Es importante tener en cuenta que tras la publicación de *Teoría de la justicia* se originó una avalancha de comentadores que pusieron en duda los principios de Rawls. Sólo por citar una de las múltiples objeciones que se hicieron a su obra, podemos mencionar las críticas hechas por el filósofo del

6 En el análisis de *Teoría de la justicia* podemos encontrar dos modos para obtener la lista de libertades básicas. El primero hace referencia a un modo histórico: a través de una revisión histórica repasamos las diversas constituciones de los regímenes democráticos y extraemos una lista de derechos y libertades que parecen básicos y están fi memente protegidos en lo que históricamente parecen ser los regímenes más exitosos. "Si bien las partes en la posición original no tienen acceso a este tipo de información, sí lo tenemos nosotros –ustedes y yo, que estamos formulando la justicia como equidad– y por ello este conocimiento histórico puede influir en el contenido de los principios de justicia que concedemos a las partes" (Rawls, 2010: 35).

El segundo corresponde a una revisión analítica. Consideramos qué libertades proporcionan las condiciones políticas y sociales esenciales para el adecuado desarrollo y pleno ejercicio de las personas libres e iguales. Esos derechos y libertades básicos protegen y garantizan el espacio necesario para el ejercicio de las dos facultades morales de las personas, a saber: la capacidad de tener una concepción del bien y un sentido de justicia.

derecho H. L. A. Hart sobre la prioridad de las libertades básicas dentro de la teoría. La primera de las críticas de Hart reclama una explicación de las razones por las que las partes en la posición original adoptan las libertades básicas y acuerdan su prioridad. La segunda crítica solicita un criterio satisfactorio acerca de cómo pueden especificarse más las libertades básicas una vez que se apliquen los principios de justicia en las etapas constitucional, legislativa y judicial (Rawls, 2010: §3, 42).

Ahora bien, respecto a las objeciones de Hart se puede considerar que el problema no está en la primera crítica sobre la prioridad de la libertad, ya que Rawls dedica muchos capítulos de análisis en *Teoría de la justicia* para justificar el porqué de la prioridad de la libertad, apelando al desarrollo de las facultades morales de la persona; sino que el verdadero problema está en la segunda crítica, esto es, en el para qué de la libertad. Dicho de otra manera, no parece tener sentido postular que somos libres de o para algo si en efecto no podemos ejercer efectivamente esa libertad.[7] La preocupación –de origen marxista– está más bien en el hecho de tener libertades o derechos que queden reducidos a una enunciación formal y que no tengan un correlato en la vida de las personas. ¿De qué me sirve tener la libertad para hospedarme en el hotel Burj Al Arab en Dubai, si no tengo el dinero suficiente para pagar la noche de estancia? En pocas palabras, ¿cuánto vale la libertad si no tenemos la capacidad para ejercerla?

Me parece que un punto crucial para el planteamiento de este problema es la distinción que hace Isaiah Berlin entre la libertad negativa y la libertad positiva. La influencia de este autor en el pensamiento de Rawls es incuestionable y por ello es conveniente revisarlo.

La libertad negativa se refiere a la esfera de acción en la que el individuo no está constreñido por quien detenta el poder coactivo a hacer lo que no quiere, y a la vez no es obstaculizado para hacer lo que quiere. Por otro lado, la libertad positiva se refiere a la autodeterminación de la persona, es decir, la libertad que se tiene para realizar un plan de acción según su

[7] Éste también es el corazón de la crítica de Sen a los bienes primarios de Rawls. No basta con tener libertad, sino que es necesaria la *capacidad* adecuada para ejercer esta libertad. Sobre este punto volveremos más adelante.

voluntad. Mientras la libertad negativa de un individuo se refiere a que "le permitan" ejercer su voluntad, pues nadie se lo impide; la libertad positiva se refiere a que "puede" ejercerla, al contar con el entendimiento necesario de sí mismo, y la capacidad personal para ejercerla. Ambas libertades aparecen como fines en sí mismos, pero pueden chocar entre sí (Berlin, 1978: 85).

En el contexto de la teoría de Rawls está claro que la igualdad en la libertad que se busca garantizar en el primer principio puede identificarse con la libertad negativa. Por ejemplo, a través de la libertad de conciencia y de pensamiento, dos de las libertades básicas que encabezan la lista, se le permite a cada quien elegir una determinada concepción de bien sin que nadie –en concreto el Estado– lo obligue a aceptar una o rechazar otra.

Por otro lado, la libertad positiva[8] se identificaría mejor con el segundo principio. La capacidad de autodeterminación en la realización de nuestras metas sólo se puede ejercer y llevar a cabo mediante la igualdad equitativa de oportunidades del segundo principio. Sin embargo, es importante considerar que para el ejercicio de la libertad positiva se requiere también de una serie de condiciones que permitan la realización de los planes que hemos elegido.

No obstante, para Rawls existe una diferencia entre la libertad y las condiciones para su ejercicio; es decir, podemos asegurar la igualdad de las libertades básicas sin que sea necesario asegurar la igualdad de condiciones efectivas para la puesta en práctica de los planes de vida libremente elegidos por los ciudadanos. Esto es, somos libres de elegir cómo vivir, pero no tenemos asegurada la posibilidad de vivir efectivamente como lo hemos elegido. ¿Esto puede ser considerado como una incongruencia dentro de la teoría de Rawls? ¿Es esto una violación a la justicia?

---

8 Según Berlin, "el sentido positivo de la palabra libertad se deriva del deseo por parte del individuo de ser su propio dueño. Quiero que mi vida y mis decisiones dependan de mí mismo, y no de fuerzas exteriores, sean éstas del tipo que sean [...] Quiero ser alguien, no nadie; quiero actuar, decidir, no que decidan por mí; dirigirme a mí mismo y no ser movido por la naturaleza exterior o por otros hombres como si fuera una cosa, un animal o un esclavo incapaz de representar un papel humano; es decir, concebir fine y medios propios y realizarlos [...] Yo me siento libre en la medida en que creo que esto es verdad y me siento esclavizado en la medida en que me hacen darme cuenta de que no lo es" (Berlin, 1978: 140).

Ésta no es una objeción menor ya que no es posible separar tajantemente las condiciones para la libertad de la libertad misma. Por ejemplo, no sería válido afirmar que todas las personas tienen libertad de movimiento si no existen carreteras o vías que les permitan trasladarse de un lugar a otro.[9] Asimismo, son necesarios también una serie de recursos, tanto naturales como económicos, que permitan realizar los planes que hemos elegido de forma libre. La pobreza o la debilidad de una persona o grupo de personas y su consecuente dificultad de acción podrían considerarse también una falta de libertad. Si esto es así, entonces el reclamo por asegurar las condiciones para el ejercicio de la libertad no sería algo tan distinto al reclamo por la libertad misma.

Ahora bien, si las condiciones socioeconómicas se consideran factores que limitan la libertad de los hombres, cabe preguntarse si es posible restringir la libertad de las personas en aras de una mayor igualdad. La respuesta de Rawls es contundente: bajo ningún concepto es posible restringir las libertades de una persona a favor de la igualdad. Aunque la situación inicial en la posición original es la igualdad, porque sólo desde la igualdad se puede asegurar la imparcialidad, esa igualdad que se demanda se fundamenta en las facultades morales de la persona y en el hecho de que la libertad es necesaria para el desarrollo de dichas facultades. De esta manera se logra establecer un equilibrio entre libertad e igualdad.

La igualdad en el esquema de derechos y libertades básicas, que demanda el primer principio, es un punto no negociable para Rawls. Mientras tengamos asegurada la igualdad en la libertad, pueden permitirse las desigualdades del principio de diferencia. De este modo la igualdad estará centrada en la igualdad de consideración y no en la paridad de recursos.[10] "Las desviaciones del tratamiento igual tienen que ser, en cada caso, defendidas

9 Con motivo del vigésimo aniversario de los Acuerdos de San Andrés Larráinzar (16 de febrero de 1996), podemos mencionar también el caso de los indígenas que viven en exclusión en México. A pesar de que en el artículo 30 de la Constitución de los Estados Unidos Mexicanos se reconoce el derecho a la educación, la mayoría de los indígenas no pueden hacer efectivo este derecho ya que no cuentan con libros de texto especiales según su lengua. Véase: ‹http://biblio.juridicas.unam.mx/libros/1/1/12.pdf›

10 Esta distinción entre la igualdad de consideración y la igualdad de recursos es la principal diferencia entre la propuesta de Rawls y la de Dworkin. La comparación entre ambas y el análisis de la objeción de Dworkin a la teoría de la justicia serán expuestas en el capítulo III.

y juzgadas imparcialmente como un sistema de principios que es válido para todos; se entiende que la igualdad esencial es la igualdad de consideración" (Rawls, 1995: §77, 458).

Como ya se mencionó, una vez asegurada la igualdad del primer principio pueden permitirse desigualdades en el reparto de recursos siempre y cuando cumplan con la mejora de la situación de los más desventajados y respetando siempre su calidad de ciudadanos dignos de estimación. "Mientras que estos principios permiten desigualdades a consecuencia de las contribuciones que se realizan en beneficio de todos, la preeminencia de la libertad implica la igualdad en las bases sociales de la estimación" (Rawls, 1995: §77, 493).

Así, la libertad no será nunca un bien secundario. Podrá estar limitada por otras libertades, pero no por otros bienes. Por ejemplo, una determinada noción de salud pública o de seguridad no debe, en principio, coartar la libertad de expresión o de asociación. Aunque sí puede hacerlo el principio de las libertades físicas e integridad de las personas. El juego está, entonces, entre libertades distintas, no entre libertad o cualquier otro derecho o bien.

Si hubiera que establecer una cierta jerarquía en el esquema de las libertades básicas, haría falta un criterio que distinga las más significativas, es decir, las que deben ser defendidas en primer término y en cualquier caso. Éstas, en la opinión de Rawls, son aquellas que protegen mejor las potestades morales de la persona y, sobre todo, los términos equitativos de la cooperación, esto es, las que resguardan y aseguran la igualdad moral de la persona.

Segundo principio: la igualdad equitativa de oportunidades

Es importante mencionar que en este capítulo sólo se hará una breve introducción de la igualdad equitativa de oportunidades y de los aspectos más relevantes de este principio, y será hasta los capítulos III y IV en donde se analizará con mayor profundidad el principio.

En palabras del propio Rawls, "la igualdad equitativa de oportunidades es una idea difícil y no del todo clara. Tal vez podamos hacernos idea de cuál es su papel si entendemos por qué se introduce, a saber: para corregir los defectos de la igualdad formal de oportunidades –la carrera abierta al talento– en lo que llamamos el sistema de libertad natural" (Rawls, 2012: §13.2, 74).

En este sentido, el principio de igualdad equitativa de oportunidades exige que los cargos y posiciones estén abiertos a todos. Según los argumentos de Rawls, la expresión "abiertos a todos" resulta más justa que la propuesta de una mera igualdad formal expresada a través de la carrera abierta al talento en el sistema de libertad natural. Considerando la distribución de dotaciones innatas, los que tienen el mismo nivel de talento y habilidad y la misma disposición a hacer uso de esos dones deberían tener las mismas perspectivas de éxito independientemente de la clase social en la que han nacido y crecido, la raza o el género (Rawls, 2012: §13.2, 74).

Para Rawls la igualdad equitativa de oportunidades debe entenderse como la igualdad liberal. Para alcanzar sus objetivos, deben imponerse ciertos requisitos a la estructura básica, requisitos mucho más exigentes que los que demanda el sistema de libertad natural. Como ya se mencionó, el objeto de la justicia es la estructura básica de la sociedad, por esta razón, es necesario aplicar en las instituciones sociales medidas preventivas y compensatorias que permitan cumplir con el principio de igualdad de oportunidades.

En este punto es importante señalar que, para Rawls: "La distribución natural [de talentos y habilidades] no es ni justa ni injusta, como tampoco es injusto que las personas nazcan en una determinada posición social. Éstos son hechos meramente naturales. Lo que puede ser injusto es el modo en el que las instituciones actúan respecto a estos hechos" (Rawls, 1995: §17, 104). Es más, el mismo Rawls llega a afirmar que estas diferencias, producto del azar natural, son consideradas como un activo común que benefician a todos. "Los dos principios son una manera equitativa de afrontar las arbitrariedades de la fortuna, y las instituciones que los satisfacen son justas, aunque en otros aspectos sean seguramente imperfectas" (Rawls, 1995: §17, 105).

Principio de la diferencia

Así como existe una ventaja de la igualdad equitativa de oportunidades sobre la carrera abierta al talento, de manera similar el principio de diferencia, en tanto que da prioridad a los intereses de los grupos menos aventajados y hace de las desigualdades del azar natural un activo común, tiene prioridad sobre el principio de eficiencia.[11]

El principio de diferencia es considerado como un principio de justicia distributiva. Rawls parte del hecho de que la cooperación social es siempre productiva y que sin cooperación no se produciría nada y, por lo tanto, no habría nada que distribuir: "La cooperación social hace posible para todos una vida mejor que la que cada uno podría tener si tuviera que tratar de vivir únicamente gracias a sus propios esfuerzos" (Rawls, 1995: §22, 126). Un esquema de cooperación[12] viene dado en gran parte por el modo en el que las reglas públicas organizan la actividad productiva: especifican la división del trabajo, asignan diversos papeles a los que participan en ella, y así sucesivamente. Estos esquemas incluyen programas de sueldos y salarios que pagan en función de la cantidad producida (Rawls, 2012: §18, 95).

Justamente el principio de diferencia toma como punto de partida las desigualdades en cuanto a los ingresos y riquezas en relación con la producción.

---

[11] Rawls compara el principio de efi iencia con el óptimo de Pareto, utilizado por los economistas, al tratar de aplicarlo a la estructura básica de la sociedad: "El principio afi ma que una config ración es efi iente siempre que sea posible cambiarla de modo que benefi ie a algunas personas (al menos una) sin que al mismo tiempo dañe a otras personas (al menos una)" (Rawls, 1995: §12, 73).

[12] Para que la cooperación humana sea necesaria y posible es preciso que existan una serie de condiciones naturales a las que Rawls llama las "circunstancias de la justicia". Siguiendo las reflexiones de Hume, Rawls divide estas condiciones en dos clases. Por un lado, las "circunstancias objetivas" que hacen posible y necesaria la cooperación humana. Éstas, a su vez, consideran dos aspectos: 1. Los individuos coexisten juntos, simultáneamente, en un determinado territorio geográfi o. Estos individuos son, en términos generales, *semejantes en sus capacidades físicas y mentales*; o cuando menos son comparables en el sentido de que ninguno de ellos puede dominar al resto; y 2. La condición de la escasez moderada. Dado que los recursos naturales y no naturales no son tan abundantes es necesario tener en cuenta planes de cooperación. Por otro lado, las "circunstancias subjetivas" son los aspectos pertinentes a los sujetos que forman parte de la cooperación. Aunque las partes tienen, en términos generales, aspectos, necesidades e intereses semejantes, de modo que la cooperación es ventajosa para todos, tienen también sus propios planes de vida. Estos planes los llevan a tener diferentes concepciones sobre cómo utilizar y racionar los recursos (Rawls, 1995: §22, 127). Esta distinción entre circunstancias objetivas y subjetivas de la justicia es relevante para el tema de la redistribución de los bienes y recursos.

El principio de diferencia requiere que, independientemente de cuáles puedan ser las desigualdades de riqueza e ingreso, y por muy dispuesta que esté la gente para ganarse una parte mayor de producto, las desigualdades existentes deben contribuir efectivamente al beneficio de los menos aventajados.

Al hablar del principio de diferencia es necesario tener en mente ciertos puntos que sirven para poder determinar su aplicación y finalidad dentro de la teoría. En primer lugar se tiene la concepción de justicia como parte de una sociedad bien ordenada. Esto es a lo que Rawls llama la teoría ideal.

> En la teoría ideal los dos principios de la justicia se tienen que aplicar a la estructura básica evaluándola desde determinados puntos de vista convencionales, a saber: los puntos de vista del ciudadano parigual representativo (cuyas libertades básicas iguales y oportunidades equitativas están aseguradas) y de los representantes de diversos niveles de ingreso y riqueza (Rawls, 2012: §18.5, 99).

Además de la teoría ideal, es preciso considerar que: *a)* el principio de diferencia está pensado para ser aplicado sólo cuando los principios previos han quedado satisfechos; *b)* que presupone una estructura básica bien ordenada; *c)* que los ejemplos arbitrariamente numéricos pueden ser engañosos a menos que prestemos cuidadosa atención al trasfondo institucional que nos dicta el sentido común; *d)* que el principio de diferencia es un principio de justicia y no es una apelación al interés egoísta de ningún grupo particular; y por supuesto, *e)* que las posiciones relevantes deben estar correctamente definidas. Si aplicamos el principio de diferencia como un principio único, ignorando otros aspectos, se puede desembocar en un sinsentido y en una aplicación injusta (Rawls, 2012: §19.5, 106).

Rawls es consciente de que sólo es posible aplicar, de un modo efectivo, el principio de diferencia si se cumplen las condiciones previas antes mencionadas. Es decir, con una estructura básica organizada y una sociedad bien ordenada a través de instituciones justas.

Ahora bien, al analizar el principio de diferencia, además de considerar las desigualdades en cuanto a los ingresos y riquezas en relación con la producción, se contempla también el papel de las dotaciones innatas en el desarrollo del proyecto de vida de las personas que integran una sociedad y las diferencias que se pudieran derivar de éstas. Una estructura básica que satisfaga el principio de diferencia recompensa a las personas, no por las capacidades que tengan, sino por adiestrar y cultivar estas capacidades y por ponerlas a trabajar en aquello que contribuya al bien de los demás y al suyo propio.

En este sentido, las contingencias sociales (como la raza o la posición social) no son las únicas contingencias que pueden influir en el desarrollo del proyecto de vida que han elegido las personas. Los talentos y habilidades (incluyendo las motivaciones personales como la determinación y la diligencia) condicionan también el desempeño de las personas en la búsqueda de sus fines.

En *Teoría de la justicia* se explica que el principio de diferencia representa un acuerdo para concebir la distribución de talentos naturales como un activo común y para compartir los beneficios de esa distribución. Cabe aclarar que las dotaciones innatas no son *per se* un activo común, sino la distribución de éstas; esto quiere decir que las diferencias entre las personas, en cuanto a sus dotaciones innatas, son una ventaja para el desarrollo de la sociedad. Esta variedad se considera un activo común porque hace posibles numerosas complementariedades entre los talentos, que permiten sacar una ventaja de esa diferencia.

Dentro de este contexto es importante explicar que se utiliza el término activo común para expresar cierta actitud o punto de vista respecto al hecho natural de la distribución de las dotaciones. Los talentos, capacidades o habilidades que cada persona tenga en lo individual son fruto de la distribución natural y, por lo tanto, no pueden ser juzgadas como justas o injustas. Si una persona nace con una discapacidad visual no puede calificarse como una injusticia ya que es un hecho natural. La falta de elementos necesarios para que pueda desarrollar sus demás capacidades dentro de la sociedad es donde radica la injusticia.

Al analizar las contingencias naturales y sociales es necesario considerar también la buena o mala fortuna de las personas. Las capacidades y habilidades de cada individuo son producto de la lotería natural y el azar.

Estas contingencias naturales forman parte de lo que Daniels llama "la suerte bruta" *(brute luck)*.[13] Supongamos que examinamos nuestros talentos y decidimos desarrollar algunos de ellos con el propósito de estudiar una carrera para alcanzar el fin de nuestro proyecto de vida. Para cumplir con este objetivo es necesario elegir una profesión determinada; sin embargo, al elegirla corremos el riesgo de optar por una carrera para la cual no somos hábiles. Si no podemos alcanzar nuestro objetivo se puede decir que tenemos una "mala suerte de opción" *(option luck)* y es nuestra responsabilidad. Nadie debe compensarnos por las elecciones que hemos hecho. Si pensamos que a causa de nuestras malas elecciones y decisiones se le debe imponer a las otras personas la obligación de asistirnos, entonces convertiríamos a los demás en los rehenes de nuestras decisiones. Por otro lado, nuestra mala suerte bruta, es decir la falta de talentos por desarrollar, nos obliga a competir con los otros en un campo de juego que no está nivelado, y por ello es necesario que las instituciones intervengan para generar una competencia más equitativa (Daniels, 2003: 253).

Por esta razón, los principios de la justicia se aplican a las instituciones sociales para que éstas logren mitigar los efectos de una mala suerte bruta, pero las instituciones no pueden hacerse responsables de las decisiones que tomemos en nuestra vida y nos lleven hacia la mala fortuna.[14]

---

13 Aunque Daniels haga un análisis sobre la *brute luck* y la *option luck*, el primero en introducir la terminología fue Dworkin al criticar el concepto de igualdad de Rawls. Sobre este punto volveremos más adelante en el capítulo III.

14 Como veremos más adelante, esta distinción entre suerte bruta y suerte de opción cobra importancia en el caso de la salud. Supongamos que una persona disfruta practicando deportes de riesgo, tales como esquí, buceo o alpinismo. Cualquier problema médico que se produzca a partir de estas elecciones forma parte de la suerte de opción y no debería demandar a las instituciones de salud pública (y en algunos casos, en los esquemas de seguros privados es discutible) una asistencia médica. De manera semejante, si un adulto sabe los riesgos que se corren al tener una dieta alta en colesterol y no modifi a sus hábitos alimenticios, los problemas médicos que se deriven por sus malos hábitos serían su *responsabilidad*. En este sentido, muchas de las políticas públicas de la salud deberían estar enfocadas a la prevención. Sin embargo, en la práctica, hacer un análisis sobre la legitimidad moral de las acciones de una persona a partir de su responsabilidad individual, en cuestiones de asistencia sanitaria, resulta bastante complejo. Son muchos los factores que influyen en la toma de decisiones (culturales, sociales, religiosos, económicos) por lo que no es fácil determinar si una persona actuó libremente y por lo tanto es responsable de sus decisiones. Esta cuestión se analizará con mayor atención en el cuarto capítulo.

En este sentido, si consideramos que los dos principios de la justicia evalúan la estructura básica y el modo en el que ésta regula el reparto de bienes primarios entre ciudadanos, las desigualdades a las que se aplica el principio de diferencia serán diferencias en las expectativas (razonables) de los ciudadanos a lo largo de toda su vida. En una sociedad bien ordenada, donde todos los ciudadanos tengan asegurados iguales derechos, libertades básicas y oportunidades equitativas, los menos aventajados serán los que pertenecen a la clase de ingreso con las expectativas más bajas.

Es necesario hacer notar que los individuos que pertenecen al grupo menos aventajado no son identificables al margen de o independientemente de sus ingresos y su riqueza. Los menos aventajados nunca son identificados como hombres o mujeres, o como blancos, negros, indios o británicos. No son individuos identificados mediante rasgos naturales como raza, género o nacionalidad que nos permitan comparar su situación en todos los demás esquemas de cooperación social que es factible considerar. Los menos aventajados en un esquema cualquiera de cooperación son sencillamente los individuos menos favorecidos en ese esquema particular, pero en otro esquema tal vez no sean los menos favorecidos.

Suponiendo que resulta, por ejemplo, que el grupo de los menos aventajados –identificados por sus ingresos y riquezas– incluye a muchos individuos nacidos en la clase social de origen menos favorecida, a muchos de los menos dotados genéticamente y a muchos que experimentan peor suerte y mayor adversidad, es necesario tener en cuenta que esos atributos no son los que definen a los menos aventajados, tal y como sugiere la sociología política, sino que es una mera coincidencia. No obstante, lo que sí es posible afirmar es que puede haber una tendencia a que sean esos rasgos los que caracterizan a muchos de los que pertenecen al grupo de los menos favorecidos. Es importante resaltar que estos rasgos no sólo caracterizan, sino que determinan, en la mayoría de los casos, las desigualdades entre ingresos y riquezas. A partir de esto es posible establecer una primera crítica al índice de medición propuesto por Rawls para determinar a los menos aventajados (Rawls, 2012: §17.3, 92).

Hasta este punto hemos analizado los aspectos que explican o justifican las desigualdades sociales y económicas, considerando dos aspectos: la igualdad equitativa de oportunidades y el principio de diferencia; sin embargo, falta analizar uno de los puntos más importantes que se considera dentro del principio de diferencia: ¿quiénes son los menos aventajados?

Para responder esta pregunta Rawls recurre a la noción de los bienes primarios para poder identificarlos. Sin la intención de explicar a fondo lo que son los bienes primarios, pues se hará en otro apartado, éstos se definen como aquellas "cosas que necesitan y requieren las personas, vistas desde la óptica de la concepción política de la persona, esto es, como ciudadanos que son miembros plenamente cooperativos de la sociedad y no meramente como seres humanos al margen de cualquier concepción normativa" (Rawls, 2012: §17, 90).

Los bienes primarios

Si bien es cierto que Rawls introduce el tema de los bienes primarios para poder determinar quiénes son los miembros menos aventajados en una sociedad, es importante mencionar también su intención de presentarlos como una alternativa al utilitarismo. Según el planteamiento presentado en *Teoría de la justicia,* una explicación de los bienes primarios surge de una comparación con el utilitarismo entendido como satisfacción subjetiva de preferencias.[15]

Rawls supone que en el utilitarismo la prioridad está en la satisfacción de un deseo, en tanto que tiene un valor en sí, que debe tomarse en cuenta al decidir lo que es justo y, por lo tanto, al calcular el equilibrio para el mayor grado de satisfacción no importa, excepto indirectamente, de qué son los

[15] Es importante destacar que la crítica que Rawls hace al utilitarismo es la misma que hace al bienestarismo, ya que ambos, al abordar la igualdad distributiva, sostienen que tratar a los otros como iguales supone hacer que las vidas que llevan los afectados sean deseables para ellos mismos, dándoles lo necesario para lograrlo y no simplemente brindándoles recursos. Tanto el bienestarismo como el utilitarismo se basan en la satisfacción subjetiva de las preferencias (Pereira, 2004: 93).

deseos. El bienestar social depende únicamente de los niveles de satisfacción e insatisfacción de los individuos. Si los seres humanos obtienen cierto placer al discriminarse los unos a los otros, o al someter a otros a menor libertad como un medio para aumentar su respeto propio, entonces la satisfacción de esos deseos debe ser sopesada. Según Rawls el utilitarismo aceptaría de esta forma lo que podemos denominar "gustos ofensivos" (Rawls, 1995: §6, 41).

Sin embargo, en opinión de Peter Singer, la interpretación que hace Rawls del utilitarismo respecto a los gustos ofensivos es errónea y bajo ningún concepto serían aceptables este tipo de preferencias ofensivas o discriminatorias. Sobre este punto volveremos más adelante en el capítulo V.

De forma análoga, Rawls lanza también una objeción a la igualdad de bienestar considerando los llamados gustos caros. En su argumentación Rawls pide que imaginemos el caso de dos personas, una de las cuales se satisface con leche, pan y frijoles, mientras que la otra lo hace con vinos y platillos exóticos. Según Rawls, un igualitarista del bienestar debería sostener que el segundo merece más recursos para que su nivel de satisfacción coincida con el del primero. Rawls da argumentos en contra de esta posición y afirma que "como personas morales, los ciudadanos intervienen en la formación y el cultivo de sus fines últimos y sus preferencias" (Rawls, 1986: 196). Sobre la satisfacción y responsabilidad de los gustos caros volveremos más adelante.

De acuerdo con esto, Rawls considera que al hablar de justicia social es necesario encontrar bases objetivas que todos los seres humanos puedan reconocer y aceptar, que nos permitan hacer comparaciones entre unos y otros y tal parece que el utilitarismo carece de estas bases. Asimismo, señala que una de las verdaderas dificultades es que aunque puedan hacerse comparaciones interpersonales, éstas deben reflejar ciertos valores que es necesario perseguir (Dieterlen, 2015: 41).

De esta manera –explica Paulette Dieterlen– el principio de diferencia trata de establecer de dos maneras objetivas bases para las comparaciones interpersonales. En primer lugar, una vez que se haya identificado a los representantes menos aventajados sólo se requerirán juicios ordinales de bienestar, es decir, juicios que midan el orden en el que están las personas y no la intensidad de sus preferencias. En segundo lugar, el principio de diferencia introduce una simplificación para llevar a cabo las comparaciones interpersonales: las comparaciones se hacen en función de las expectativas de los bienes primarios. Las expectativas se definen como el índice de los bienes que una persona pueda querer. Las expectativas de una persona son superiores a las de otra si este índice es mayor para alguien que esté en su misma posición (Dieterlen, 2015: 42).

Según Rawls, estos bienes son las diversas condiciones sociales y los medios de uso universal para que los ciudadanos puedan desarrollarse adecuadamente y ejercer plenamente sus dos facultades morales, y para que puedan promover sus concepciones específicas del bien. Así como el fin de los principios de justicia es regular las desigualdades a través de las instituciones sociales, el fin de los bienes primarios será establecer las condiciones necesarias para el desarrollo de una vida buena (Rawls, 2012: §17, 90).

En resumen, se puede afirmar que los bienes primarios no son cosas que las personas pueden querer, preferir, desear o incluso ansiar, sino que son condiciones necesarias para el desarrollo de los ciudadanos.

Según Rawls,

> lo que cuenta como bienes primarios depende, por supuesto, de diversos hechos generales sobre las necesidades y las habilidades humanas, sobre sus fases y requisitos normales de nutrición, sobre las relaciones de interdependencia social, y sobre otras muchas cosas. Necesitamos al menos una idea aproximada de los planes racionales de vida que muestre por qué dichos planes suelen tener una determinada estructura y dependen de ciertos bienes primarios para su formación, revisión y exitosa ejecución. Pero como subrayamos más arriba, la descripción de los bienes primarios no se basa solamente en hechos psicológicos, sociales o históricos. Aunque la lista de bienes primarios en parte se basa en hechos y requisitos generales de la vida social, lo hace sólo de la mano de una concepción política de la persona, como

> persona libre e igual, dotada de facultades morales y capaz de ser un miembro plenamente cooperativo de la sociedad. Esta concepción normativa es necesaria para identificar la lista adecuada de bienes primarios (Rawls, 2012: §17.1, 91).

Según la cita anterior la determinación de los bienes primarios depende directamente de los aspectos que forman parte de la cultura política pública junto con una concepción política de la persona. Estos elementos que forman parte de la cultura política son aquellos que se encuentran presentes en las concepciones de las personas dentro de una sociedad democrática avanzada y se transmiten a través de la educación.

Es de justicia, por tanto, que se den esos bienes básicos, como condición para que cada uno pueda reclamar y procurarse otros bienes en función del fin de cada persona. Los bienes primarios son:

1. Los derechos y libertades básicos: la libertad de pensamiento y la libertad de conciencia, junto con las demás. Estos derechos y libertades (contemplados en el primer principio) son condiciones institucionales esenciales requeridas para el adecuado desarrollo y el pleno e informado ejercicio de las dos facultades morales.
2. La libertad de movimiento y la libre elección del empleo en un marco de oportunidades variadas que permitan perseguir diversos fines y que dejan lugar a la decisión de revisarlos y alterarlos.
3. Los poderes y prerrogativas que acompañan a cargos y posiciones de autoridad y responsabilidad.
4. Ingresos y riqueza, entendidas ambas cosas como medios de uso universal (con un valor de cambio) que suelen necesitarse para lograr un amplio abanico de fines, cualesquiera que sean éstos.
5. Las bases sociales del autorrespeto, con lo que entendemos aquellos aspectos de las instituciones básicas normalmente esenciales si los ciudadanos han de tener clara la conciencia de su valor como personas y han de ser capaces de promover sus fines (Rawls, 2012: §17.2, 91).

No es difícil ver en esta lista otra formulación de los principios de justicia.[16] Las libertades básicas, en primer lugar; luego, la igualdad de oportunidades, en especial como igualdad de acceso al poder y a la toma de decisiones colectivas; y, finalmente, una igualdad económica básica que, sin duda, es el fundamento del autorrespeto. Es evidente que tales bienes primarios son la base para la comparación interpersonal y, a la vez, constituyen el criterio fundamental para la aplicación y puesta en práctica del principio de diferencia.

Según lo que se ha expuesto se podría considerar que el quinto de los bienes primarios debería ser el más importante de la lista, sin por ello despreciar o quitarles valor a los otros, pues en cada uno de ellos se puede encontrar una interrelación que los implica entre sí, tal y como sucede con los dos principios de la justicia. Sin embargo, la conciencia de autorrespeto presenta las bases para el desarrollo de los ciudadanos desde una dimensión más personal e involucra la manera en la que se conciben como libres e iguales. Esto, en otras palabras, es a lo que Rawls llama la "base social de la igualdad". Sobre este punto es necesario precisar –para poner de manifiesto el valor objetivo de los bienes primarios– que no es el autorrespeto entendido como una actitud hacia uno mismo (esto se llamaría autoestima y es meramente subjetivo) lo que se considera como un bien primario, sino las bases sociales que permiten el desarrollo de éste.

Para poder ampliar este sentido de autorrespeto, expresado en las bases de la sociedad, es oportuno hacer referencia –de manera breve– a lo expuesto por Iris Marion Young a este respecto. Según Young una concepción de justicia no debe centrarse en la mera distribución de los bienes o riquezas. Los objetivos de la justicia deben ser aquellos problemas y demandas presentes en la sociedad que se derivan de los conflictos de opresión y dominación. Para ella, la opresión se fundamenta en cinco aspectos

16 Si bien es cierto que en los bienes primarios es posible encontrar otra formulación de los principios de la justicia, es necesario hacer una distinción según sus objetivos. Los principios de la justicia están orientados hacia un adecuado desarrollo institucional que permita regular las desigualdades sociales; mientras que los bienes primarios –como ya se mencionó– son las condiciones necesarias para que las personas se desarrollen plenamente. En otras palabras, los principios de la justicia regulan la estructura básica de la sociedad y los bienes primarios son mínimos indispensables para los individuos.

fundamentales: explotación, marginación, carencia de poder, imperialismo cultural y violencia. Estos cinco aspectos pueden ser en un momento dado los obstáculos que limiten o impidan la construcción de una sólida base social del autorrespeto (Young, 2000: 15).

Uno de los puntos medulares dentro de la teoría de Young es considerar la estructura, las instituciones y la dinámica misma de la sociedad como el origen de la opresión, la cual se expresa y manifiesta de diferentes maneras, impidiendo así el desarrollo de las personas y fracturando las bases del autorrespeto y la autoconfianza. Para Young, una teoría de la justicia que sea independiente del contexto social y cultural está condenada a fracasar. Según lo explica,

> para que pueda servir como una medida útil de la justicia e injusticias reales tal teoría debe contener algunas premisas sustantivas sobre la vida social que normalmente se derivan, explícita o implícitamente, del contexto social en el que tiene lugar la reflexión sobre la teoría. Se ha sostenido que la Teoría de la Justicia de Rawls, por ejemplo, debería incluir algunas premisas sustantivas si pretende servir de base a conclusiones sustantivas, y dichas premisas se derivan implícitamente de la experiencia de la gente en las modernas sociedades capitalistas y liberales (Young, 2000: 13).

Según la cita anterior, la crítica de Young se centra en la falta de contexto cultural y social en *Teoría de la justicia*. Sin embargo, aunque Rawls no se detiene a revisar las condiciones concretas de los grupos sociales y las demandas que expresan éstos –tal y como lo hace Young–, el planteamiento de Rawls presenta las estructuras y condiciones necesarias básicas que son el marco para determinar precisamente cuáles son las demandas, así como las situaciones que pueden generar actitudes de opresión.

De fondo, el punto que critica Young –no sólo a Rawls, sino a las teorías igualitarias y liberales– es que una teoría de la justicia que pretenda ser universal, comprensiva y necesaria implícitamente está combinando reflexión moral con conocimiento científico. Para ella, el verdadero sentido de la justicia no surge del acto de mirar sino a través de la escucha. La reflexión racional sobre la justicia comienza con el acto de escuchar o de prestar atención a una demanda, más que con la acción de afirmar o controlar un estado de cosas que, en cualquier caso, es ideal (Young, 2000: 14). En otras palabras, aunque se establezcan las condiciones estructurales para asegurar la igualdad entre los ciudadanos, en tanto que personas libres e iguales –esto desde un punto de vista institucional–, las actitudes de opresión seguirán presentes pues éstas han permeado la estructura social, más allá de las instituciones, de tal modo que forman parte de la vida misma. Es por esta razón que la acción de escuchar, que tiene cinco áreas problemáticas, cobra una importancia fundamental para Young.

Cabe aclarar que los comentarios de Young sobre la teoría de Rawls son de un modo general y no directamente dirigidos a los bienes primarios, aunque en el quinto de estos bienes pueden tener un punto de encuentro ambas posturas. Serán Sen y Nussbaum quienes critiquen de manera directa el índice de los bienes primarios como mecanismo de medición para las posiciones sociales en relación con los ingresos y la riqueza, en lugar de que se use un conjunto de índices más heterogéneo y plural, como las capacidades.

Sen y la crítica a los bienes primarios

Desde sus primeros años en Calcuta, Amartya Sen respira las inequidades económicas en el mundo. Toda su teoría económica está marcada por una reflexión constante sobre temas como "la elección", "las oportunidades", "la pobreza y la hambruna". Sin embargo, es hasta 1979 cuando expone por primera vez su teoría de las capacidades frente a la comunidad académica de la Universidad de Stanford con la conferencia titulada Equality of What?, en donde muestra, en aras de una equidad mundial, la importancia de una reformulación en los parámetros de evaluación de las condiciones en las que viven las personas. En pocas palabras, podemos decir que para Sen la igualdad se basa en la posibilidad de desarrollar ciertas capacidades y ciertos funcionamientos.

Según lo anterior se puede considerar que la crítica de Sen a la teoría de Rawls pone de manifiesto el carácter insensible e inflexible de los bienes primarios ante las diferencias que existen entre las personas. Estas diferencias, en ocasiones fruto de la discapacidad y la enfermedad, no les permiten convertir los bienes primarios con la misma eficiencia. Por ejemplo, una persona que necesita una silla de ruedas para moverse será menos eficiente al convertir el bien primario de la libertad de movimiento que una persona que no sufre ninguna discapacidad. A partir de esto, Sen intenta demostrar cómo el índice de bienes primarios no es un mecanismo de medición adecuado para la realización de una persona.

Para Sen la justicia se encuentra en las libertades reales que gozan los individuos, ya que no todas las personas tienen la misma capacidad para convertir esos bienes en realidades. Si sólo nos enfocamos en los medios y no en los fines, explica Sen, es posible que se cometan fuertes arbitrariedades. En este sentido, las reivindicaciones individuales se han de evaluar no por los medios sino por las libertades de que gozan realmente las personas para elegir entre alternativos modos de vivir. Precisamente en esto radica la libertad real de una persona y se representa por su capacidad para conseguir un proyecto de vida. Lo que Sen pretende es encontrar un estándar para evaluar cuáles son las condiciones en las que viven los seres humanos. Este interés surge del hecho de que para Sen el desarrollo de una nación tiene un referente directo con el nivel de vida de cada uno de sus ciudadanos.

Por otro lado, siguiendo también a Isaiah Berlin, Sen defiende una idea de libertad no sólo negativa sino también positiva, pues no sólo le interesa lo que las personas no deben hacer, sino que también le preocupa lo que pueden hacer y ser. Ahora bien, Sen entiende por funcionamiento los elementos constitutivos de una vida. Un funcionamiento es un logro de una persona, lo que puede hacer y ser. Por capacidad entiende la libertad que cada persona tiene para elegir entre diferentes formas de vida (Sen, 1990: 29).

De esta manera, Sen propone un tipo de equidad que llama "igualdad de capacidades básicas", que consiste en la interpretación de necesidades e intereses en virtud de una demanda por la igualdad. Sen reconoce que la elaboración de un índice de las capacidades básicas es una labor complicada.

Pero destaca que cualquier propuesta que pretenda uniformar preferencias personales debe estar apoyada en el establecimiento de convenciones de una relativa importancia (Sen, 1979: 195-220).

Atento a las críticas que recibió en su última obra, *Justicia como equidad. Una reformulación,* Rawls responde a la objeción de Sen. Según apunta Rawls, en la objeción de Sen "los bienes primarios no deberían entenderse en sí mismos como la encarnación de la ventaja, pues la ventaja depende de hecho de una relación entre las personas y los bienes. Una base aceptable de las comparaciones interpersonales, continúa la objeción [de Sen], debe descansar, al menos en parte, en una medida de las capacidades básicas de una persona" (Rawls, 2012: §51, 224).

Rawls responde a Sen afirmando que los bienes primarios sí toman en cuenta las capacidades básicas de las personas, a saber: las capacidades de los ciudadanos como personas libres e iguales en virtud de sus dos facultades morales. De hecho, el índice de los bienes primarios se construye a base de preguntar qué cosas, dadas las capacidades básicas incluidas en la concepción de los ciudadanos, son necesarias para que logren mantener su estatus de personas libres e iguales y sean miembros normales y plenamente cooperativos de la sociedad (Rawls, 2012: §51.1, 225).

Aunque la solución de Rawls es clara y sencilla, no parece que logre responder a la observación de Sen. Si bien es cierto que existe una relación entre los bienes primarios y las capacidades básicas de las personas, que permite hacer una comparación interpersonal entre éstas, en el fondo no se llegan a tomar en cuenta los mecanismos mediante los cuales se pueden poner en práctica estos bienes ni las diferencias que impiden convertirlos en realidad, tal y como apunta Sen.

No obstante, es necesario tener en cuenta que uno de los objetivos de Rawls es establecer las condiciones necesarias para ser miembro de una sociedad. Él mismo reconoce que los casos especiales de discapacidad y enfermedad, dada su complejidad, deben ser tratados en una etapa posterior. Considerando lo anterior, podríamos afirmar que no hay una incongruencia en la teoría de Rawls y que su planteamiento es razonable; sin embargo, sí es necesario hacer una extensión de su teoría –tal y como él mismo lo sugiere– que permita incluir los casos de discapacidad y enfermedad. De esta manera, podríamos considerar que la propuesta de Sen, más que una objeción, es una extensión de la teoría de Rawls.

Nussbaum: capacidades vs. bienes primarios

Según Martha Nussbaum son cinco las áreas problemáticas en *Teoría de la justicia* que demandan una revisión: 1. El uso del índice de los bienes primarios (en concreto los ingresos y la riqueza) como criterio para evaluar las posiciones sociales relativas; 2. El uso de una concepción kantiana de la persona y de la reciprocidad; 3. El compromiso con las circunstancias de la justicia; 4. El compromiso con la idea del beneficio mutuo como razón por la cual la cooperación es superior a la no cooperación y 5. La simplificación metodológica utilizada por Rawls al construir su teoría. De estos cinco puntos nos centraremos únicamente en la crítica a los bienes primarios, dada la semejanza con la teoría de Sen.[17]

No obstante, si analizamos con detenimiento estos cinco puntos podemos encontrar un común denominador que constituye el núcleo de la crítica. Según Nussbaum, el principal problema de *Teoría de la justicia* es que las partes contratantes en la posición original se consideran adultos racionales, con necesidades parecidas y capaces de un nivel "normal" de productividad y cooperación social. De acuerdo con esta concepción de las personas, Rawls omite de la situación de elección política las formas más extremas de la necesidad y dependencia que pueden experimentar los seres humanos, ya sean físicas o mentales, y ya sean permanentes (en el caso de la discapacidad) o temporales (en el caso de la enfermedad). Sin embargo, como ya mencionamos, esta exclusión no se trata de un descuido, sino de un diseño deliberado de la teoría (Nussbaum, 2012: 121).

En su última obra, *Justicia como equidad. Una reformulación,* Rawls deja claro que entiende que en el concepto plenamente cooperantes excluye

[17] Para un análisis más extenso de todas las críticas se puede revisar Martha Nussbaum (2012).

a las personas con deficiencias físicas y mentales y, por lo tanto, las necesidades especiales de las personas con discapacidades sólo serán consideradas una vez diseñada la estructura básica de la sociedad; por esta razón, decide posponerlas al estadio legislativo, una vez que estén reguladas las instituciones políticas básicas (Rawls, 2012: §51.3-51.6, 226-231).

En ese texto Rawls establece también una clara distinción entre las variaciones de capacidades, que sitúan a las personas por encima o por debajo de una línea que separa a aquellos que tienen más y a aquellos que tienen menos de las capacidades mínimas requeridas para ser un miembro normalmente cooperante de la sociedad. Las variaciones que sitúan a las personas por encima de esta línea quedan recogidas por la teoría, tal y como ha sido desarrollada, en especial por las ideas de la igualdad equitativa de oportunidades y la libertad de competición; las variaciones que sitúan a algunas personas por debajo de esta línea sólo quedarán recogidas más adelante, en el estadio legislativo, cuando se conozca la importancia y la clase de estas desgracias, y puedan determinarse y evaluarse los costes de su tratamiento dentro del conjunto del gasto gubernamental (Rawls, 2012: §51.6-51.7, 230-231).

Sin embargo, desde un punto de vista metodológico, posponer los casos de discapacidad y enfermedad para una instancia legislativa supone un desafío para la teoría. Por ejemplo, al postergar los casos de discapacidad y enfermedad se pueden afectar cuestiones básicas de la teoría, tales como: la concepción de la libertad, de las oportunidades y de las bases sociales del autorrespeto, pues todos estos conceptos están adaptados a las necesidades de unos ciudadanos plenamente cooperantes.

En este punto, Nussbaum se plantea dos cuestiones: en primer lugar, ¿por qué piensa Rawls que debemos posponer estos casos? En segundo, ¿tiene razón Rawls al pensar que una teoría del contrato social como la suya debe posponer estos casos? Según el pensamiento de Nussbaum, la principal razón por la que Rawls decide postergar el caso de la discapacidad se deriva de la doctrina de los bienes primarios, ya que si admitiera a las personas con deficiencias físicas y discapacidades en el cálculo de las necesidades de bienes primarios perdería una vía simple y directa para medir quiénes son los más desfavorecidos dentro de la sociedad, una determinación que necesita para poder reflexionar sobre la distribución y la redistribución material, y que ahora lleva a cabo exclusivamente a través de la referencia de los ingresos y la riqueza (Nussbaum, 2012: 126).

Si los bienes primarios se definen como las condiciones necesarias que un ciudadano tiene que satisfacer para realizar y cumplir su proyecto de vida, entonces es indispensable ampliar estos bienes para las personas discapacitadas y enfermas que también tienen un proyecto de vida por realizar. La condición especial de estas personas las sitúa en una posición de desventaja que no está vinculada, necesariamente, con los ingresos y las riquezas. Una persona en silla de ruedas puede tener el mismo ingreso (o en algunos casos superior) que una persona con una movilidad completa, y sin embargo su capacidad para desarrollarse en la sociedad está más limitada por su condición. Un claro ejemplo de esto puede ser el caso del físico Stephen Hawking, cuyo ingreso superaba la media del salario común, sin embargo era una persona que no podía valerse por sí misma y requería un cuidado especial. Nussbaum, a partir del trabajo realizado con Sen, define las capacidades humanas como aquello que las personas pueden hacer y ser, informadas por una idea intuitiva de lo que para los seres humanos es una vida digna (Nussbaum, 2012: 145; Sen, 1995: 32).

Rawls ve claramente las ventajas de concebir los bienes primarios como una lista de capacidades asociada a las facultades morales de la persona y, por lo tanto, la propuesta de Sen le parece valiosa. Pero en último término la rechaza. Una de las razones de este rechazo deriva claramente de su compromiso con la evaluación de las posiciones sociales relativas según un criterio único y lineal, en referencia a los ingresos y la riqueza. En su defensa del principio de diferencia le atribuye una considerable importancia a la capacidad de determinar en una escala definida unidimensional quién está más o menos favorecido. Si los criterios fueran plurales y heterogéneos –como lo propone Sen–, no quedaría claro quién es el más desfavorecido y todo el argumento a favor del principio de diferencia se vería amenazado.

Toda esta cuestión, que podríamos llamar el "problema discapacidad/bienes primarios", está, pues, estrechamente relacionada con el uso específico que hace Rawls de los bienes primarios para medir las posiciones sociales relativas en su defensa del principio de diferencia. Según Nussbaum, cuando Rawls evalúa quién está más desfavorecido en una sociedad se olvida del autorrespeto al medir las posiciones solamente en función del ingreso y las riquezas, y con ello la base social se ve afectada (Nussbaum, 2012: 126).

Sin embargo, Rawls subraya que su teoría tiene dos partes independientes: los principios de justicia y la posición original como mecanismo de elección. Según él, podemos aceptar una parte y rechazar otra. Precisamente la crítica de Nussbaum se centra en los elementos contractualistas de la posición original, pero acepta ciertos aspectos de los principios de justicia. En palabras de Nussbaum,

> el enfoque de las capacidades ha llegado a unos principios que convergen de forma sorprendente, en muchos aspectos, con los dos principios de Rawls. La motivación filosófica es muy parecida, pues en ambos casos los principios intentan reconocer y concretar políticamente la idea de una vida acorde con la dignidad humana [...] Es probable que Rawls hubiera llegado a un planteamiento parecido [al enfoque de las capacidades] si hubiera aceptado la propuesta de Sen de optar por una lista heterogénea de capacidades en lugar de su lista de bienes primarios, y renunciar a la evaluación de las posiciones relativas por referencia a los ingresos y la riqueza (Nussbaum, 2012: 183).

Ahora bien, si se consideran los principios de justicia como un punto de encuentro entre las posturas de Nussbaum y Rawls, es posible establecer una serie de similitudes entre ambas teorías. La primera similitud parte de la diferencia entre talentos y habilidades. Precisamente, éste es uno de los pilares sobre los que se construyen las capacidades. Este punto es considerado por Rawls y queda explicado mediante el principio de diferencia. Según se señaló anteriormente, la distribución de las dotaciones innatas es considerada como un activo común. Las diferencias en cuanto a talentos y habilidades no son injustas en sí mismas; sin embargo, la manera en la que se estructura la sociedad y la forma en la que se distribuyen los beneficios que se obtienen en la cooperación social a partir de éstas debe redundar en un mayor beneficio de los menos aventajados, esto, mediante políticas de redistribución. Tanto en el enfoque de las capacidades como en la teoría de la justicia es necesaria una política de redistribución de los beneficios provenientes de la cooperación social.

La segunda similitud es posible establecerla si se consideran las capacidades desde un punto de vista socialmente relativo. Para la teoría de las capacidades son muy importantes los contextos sociales, culturales e históricos. Sobre este punto es posible afirmar que, a pesar de las críticas recibidas, el contexto sociocultural e histórico también es considerado por Rawls al exponer el pluralismo razonable como una de las características de las sociedades democráticas avanzadas.

La tercera similitud se presenta en la medida en que ambas posturas buscan poder obtener el óptimo funcionamiento del ser humano en todas sus dimensiones, pues eso es lo único que va a garantizar una vida digna y la equidad de oportunidades. Como se sugirió en un principio, Rawls sienta las bases para una teoría de tipo universal, mientras que Nussbaum, al hacer la extensión a la teoría, logra aterrizarla a los casos prácticos.

Sin embargo, existe un inconveniente en el planteamiento de Nussbaum: según el enfoque que propone, se busca que cada individuo ejerza sus capacidades completamente en función de sus características personales. Ante este punto, parece que la teoría de las capacidades pudiera presentar una fractura, pues es difícil comprender cómo es posible considerar las condiciones propias de cada persona para el desarrollo de sus capacidades. Nussbaum intenta responder a esta cuestión a través de una lista de capacidades básicas y universales basada en las condiciones necesarias para el desarrollo de la dignidad humana. En el siguiente capítulo se expondrá y analizará brevemente esta lista de capacidades.

Fundamentos para la asistencia sanitaria en la teoría de Rawls

Es importante destacar que a pesar de que Rawls no habla de una justicia sanitaria, la teoría está estructurada de tal manera que es posible encontrar los fundamentos necesarios para desarrollarla. Desde un punto de vista metodológico, Rawls parte de casos que se pueden considerar universales (personas normales y con capacidad para cooperar dentro de la sociedad) para después descender a los casos particulares (personas discapacitadas y enfermas), esto con el fin de explicar cómo debe estructurarse una sociedad y determinar los principios básicos que debieran regularla.

Según explica, "para elaborar una concepción de la justicia política podemos hacer completa abstracción de la enfermedad y del accidente, y considerar la cuestión fundamental de la justicia política simplemente como un problema de especificación de los términos equitativos de la cooperación entre ciudadanos libres e iguales" (Rawls, 2012: §51.5, 228).

Sin embargo, confía también en que la justicia como equidad no sólo pueda ayudar a resolver esa cuestión sino que pueda extenderse también para cubrir las diferencias de necesidad a las que la enfermedad y el accidente dan origen. Para hacer la extensión de la teoría, Rawls toma tres características de los bienes primarios que dan a los principios de justicia cierta flexibilidad para ajustarlos a las diferencias entre ciudadanos en cuanto a las necesidades de asistencia médica.

En primer lugar, los bienes primarios, al no estar especificados con pleno detalle en la posición original, permiten que su contenido sea determinado en las etapas constitucional, legislativa y judicial, una vez que se pueda disponer de más información y tomar en consideración las condiciones sociales particulares. Para Rawls, es muy importante que al momento de delinear la forma y el contenido generales de los derechos y las libertades básicos, en la posición original, se deje suficientemente claro el papel que juegan en el desarrollo de los ciudadanos como personas libres e iguales en la sociedad y cuál es su ámbito de aplicación; de esta manera, en cada etapa posterior el proceso de especificación será más conveniente.

En segundo lugar, los bienes primarios de ingreso y riqueza no deben identificarse sólo con la renta y la riqueza privadas. Como ciudadanos, también somos los beneficiarios de la provisión por parte del gobierno de diversos bienes y servicios personales a los que tenemos derecho, como es el caso de la asistencia sanitaria, o de la provisión de bienes públicos, o de las medidas para garantizar la salud pública (aire limpio y agua libre de agentes contaminantes, por ejemplo).

En tercer lugar, el índice de bienes primarios es un índice de expectativas sobre esos bienes en el transcurso de una vida completa. Estas expectativas se entienden adscritas a las posiciones sociales relevantes dentro de la estructura básica. Esto permite que los dos principios den cabida a las diferencias de necesidad que surgen de la enfermedad y el accidente en el curso normal de una vida completa.

Con estas tres características de los bienes primarios, Rawls continúa su exposición y explica la manera en la que se aplican los principios a las necesidades médicas y sanitarias de los ciudadanos como miembros cooperativos normales de la sociedad, cuyas capacidades caen durante un tiempo por debajo del mínimo. Las cuestiones de salud, explica Rawls, tienen que decidirse en la etapa legislativa y no en la posición original o en la convención constituyente, pues la aplicación factible de los dos principios de justicia a este caso depende en parte de la información sobre la incidencia de las diversas enfermedades y su gravedad, de la frecuencia de accidentes y sus causas, y de otras muchas cosas. En la etapa legislativa esta información está disponible, por lo que es ahí donde deben ponerse en marcha las políticas de protección de la salud pública y de provisión de asistencia médica. Puesto que el índice de bienes primarios se entiende en términos de expectativas, un rasgo de los principios de justicia es la considerable flexibilidad que tienen para ajustarse a las diversas necesidades de los ciudadanos (Rawls, 2012: 229).

El rango normal de oportunidades: una extensión a la teoría de Rawls

Ahora bien, así como Nussbaum hizo la extensión de la teoría de Rawls hacia el caso de la discapacidad, Norman Daniels lo hizo para la salud. Según Daniels, Rawls conecta el principio de la equitativa igualdad de oportunidades con el de la diferencia y llama a esta conexión la igualdad democrática. El principio de la diferencia afirma que las desigualdades en los proyectos de vida, medidas por el índice de bienes primarios, son permisibles sólo si se logra que quienes están en peores condiciones mejoren su situación. Por su parte, la equitativa igualdad de oportunidades, señala Rawls, corrige las arbitrariedades morales de las contingencias sociales, como son el nacimiento en una familia determinada o en una posición social específica. Además de esta lotería social, existe la lotería natural en la que se incluyen los talentos y las habilidades, además de rasgos motivacionales como la determinación y la diligencia. Entonces, se necesita el principio de la equitativa igualdad de oportunidades, porque ésta permite mitigar los efectos tanto de las loterías sociales como de las naturales (Daniels, 2012: 54-55).

La equitativa igualdad de oportunidades y el principio de la diferencia producen una tendencia hacia la igualdad, pues ponen límites a las desigualdades permitidas. Un argumento a favor del principio de la equitativa igualdad de oportunidades y el principio de la diferencia es que nos dan una base social para alcanzar el respeto propio que, como ya mencionamos, es uno de los bienes primarios; esto significa la promoción de un reconocimiento público que fomenta el respeto propio.

Una vez que Daniels finaliza con el análisis de algunos elementos de la teoría de Rawls explica cómo es posible extenderla hacia el problema de la distribución de la salud. En primer lugar, Daniels examina la posibilidad de incluir la salud en la lista de los bienes primarios; sin embargo, le parece que se corre el riesgo de perder la noción de lo que es un bien primario como medio para todos los propósitos que las personas en culturas democráticas estarían de acuerdo en perseguir como ciudadanos libres e iguales.

Según Daniels, una manera más convincente y simple de relacionar la explicación de las necesidades de la salud con el índice de bienes primarios es ampliar la noción de oportunidad para incluir las instituciones de salud entre las instituciones básicas encargadas de promover una equitativa igualdad de oportunidades. La distribución de los bienes que satisfacen las necesidades relacionadas con la salud debe estar regulada por el principio de la equitativa igualdad de oportunidades. En consecuencia, es la equitativa igualdad de oportunidades y no la asistencia sanitaria lo que queda como un bien primario. Así como utilizamos el principio de equitativa igualdad de oportunidades para contrarrestar las diferencias producto de las loterías naturales o sociales, lo debemos emplear también para disminuir las desventajas atribuidas a la enfermedad (Daniels, 2012: 55-60).

Es necesario destacar que dicho principio no rectifica todas las desigualdades que surgen de las diferencias por las condiciones patológicas; sólo pretende mantener a las personas funcionando normalmente para asegurarles una gama normal de oportunidades. Daniels afirma que usar la explicación más amplia de la oportunidad en una teoría de la justicia cuya meta es la asistencia sanitaria nos da ventajas más amplias, y, además, se preservan varias características de la justicia como equidad con la extensión a la salud (Daniels, 2012: 60). Ahora bien, sobre la teoría de Daniels y el rango normal de funcionamiento volveremos más adelante. El análisis más extenso sobre la teoría de Daniels y la relación con el principio de la equitativa igualdad de oportunidades se verá en el capítulo **IV**.

Reflexiones finales sobre la justicia como equidad

Según lo que se ha expuesto en este capítulo es posible sacar varias conclusiones que para el desarrollo de este libro son importantes. En primer lugar, es preciso mencionar que la prioridad de las libertades básicas que se estipula en el primer principio de justicia se fundamenta y explica por una sola razón: sólo desde la libertad parece posible el desarrollo de las facultades morales de la persona. Es decir, mediante las libertades básicas, como la libertad de conciencia y de expresión, es posible tener una concepción del bien y la elección de un plan de vida que se adecue a dicha concepción; asimismo, la libertad política permite el desarrollo del sentido de justicia.

Hay que destacar también el hecho de que bajo ningún concepto Rawls permitiría restringir la libertad a favor de la igualdad, ya que la libertad es una de las condiciones necesarias para la igualdad. A partir de aquí se puede entender mejor el vínculo entre libertad e igualdad.

Por otro lado, también se puede concluir que el orden establecido entre los principios de justicia viene dado por la prioridad de la libertad. Sin embargo, sólo si se garantiza la igualdad en la libertad es posible cumplir con los dos principios de justicia. O sea que sólo son aceptables las desigualdades sociales una vez que se haya logrado garantizar la igualdad en la libertad y la equitativa igualdad de oportunidades.

Según lo anterior, se puede decir que una de las aportaciones más importantes de la teoría de Rawls está, precisamente, en haber logrado reunir en sus principios de justicia dos ideas que parecían opuestas entre sí: la libertad y la igualdad.

Por último, es importante destacar los fundamentos para la asistencia sanitaria que se encuentran en *Teoría de la justicia*. Como ya se ha mencionado en varias ocasiones, la teoría de Rawls no fue pensada para el caso de la salud; sin embargo, sus principios –tal y como se expuso a lo largo de este capítulo– permiten hacer una extensión para las cuestiones sanitarias. Un ejemplo de esto es la extensión que hizo Daniels de los principios de Rawls para construir su propia teoría. Para los fines de este libro es importante tener en cuenta que los principios de justicia de Rawls son el punto de referencia para el análisis de las diferentes teorías que serán analizadas en los siguientes capítulos.

Capítulo II

El mercantilismo sanitario

La asistencia sanitaria no es ni un derecho ni un privilegio, es un servicio que ofrecen los médicos a quienes quieran pagar por él.
R. M. Sade

Según se expuso en el capítulo anterior, dentro de la tradición liberal Rawls ocupa un lugar importante. Su fuerte visión y defensa de la igualdad lo hacen distinto del resto de los liberales, aunque las bases de su teoría y sus principios se encuentren en los fundamentos más profundos del liberalismo clásico. En este sentido, Thomas Nagel comenta que lo que hizo Rawls fue combinar los firmes principios de igualdad social y económica, asociados al socialismo europeo, junto con los principios de la tolerancia pluralista y la libertad personal, asociada con el liberalismo americano. Precisamente, estos rasgos son los que hacen que su pensamiento sea tan controversial y altamente criticado por diferentes frentes tanto de igualitarios como de libertarios (Nagel, 2003: 63).

Centrándonos en el objetivo del libro es posible afirmar que en cuestiones de justicia sanitaria aquellos sistemas de salud de raíces libertarias –la mayoría sustentados en la teoría de Robert Nozick– forman parte de lo que se ha definido como "mercantilismo sanitario". Es preciso señalar que el mercantilismo sanitario parte de la consideración de que los recursos o servicios de salud son un bien más dentro de la lista de bienes que una persona puede consumir y, por lo tanto, se puede definir su distribución siguiendo las reglas del mercado y sin la intervención del Estado. Mientras que para los defensores del igualitarismo, como Daniels[1] y Dworkin, el Estado debe garantizar un cuidado sanitario mínimo con base en el principio de igualdad equitativa de oportunidades (Zúñiga, 2013: 335).

En este capítulo se hará un resumen de la teoría de Nozick y de las críticas que hizo a la teoría de Rawls. Al analizar ambas posturas se intentará demostrar la compatibilidad que hay entre libertad e igualdad en los principios de justicia de Rawls. Asimismo, se hará una revisión de *Los fundamentos de la bioética* de H. T. Engelhardt y de los argumentos que lo llevaron a defender el mercantilismo sanitario.

Más allá de la justicia como equidad: anarquía, Estado y utopía

El liberalismo clásico[2] fue fundado por dos grandes ideales: libertad e igualdad. Sin embargo, con el paso de los años, el sentido original del término fue cambiando tanto en los aspectos políticos como en los sociales y económicos hasta hacerse algo ambiguo. En la actualidad,

> "liberalismo" significa diferentes cosas para diferentes personas. Este término es usado comúnmente en Europa por la izquierda para castigar a la derecha de una fe ciega en el valor de la economía de mercado sin trabas e insuficiente atención a la importancia de la acción del

1 Precisamente, el argumento central de la teoría de Norman Daniels pretende demostrar que la asistencia sanitaria no es un bien más, sino que es un bien especial, cuya distribución no puede limitarse a las leyes del mercado. La importancia de la asistencia sanitaria como un bien moral especial se sostiene sobre el principio de igualdad de oportunidades de Rawls (cfr. Daniels, 1985 y 2012). Aunque este argumento será expuesto con mayor precisión en el capítulo IV, es importante tenerlo presente aquí para el desarrollo del capítulo.

2 El liberalismo como movimiento social es un movimiento de oposición al modo de concebir y organizar la sociedad que resulta de la evolución del mundo medieval hacia el mundo de los Estados-nación centralizados y regidos por monarquías absolutas. Tanto en el Medievo como en la Edad Moderna se mantuvo la concepción de que la sociedad estaba formada por personas situadas –por nacimiento– en estados o estamentos sociales, subordinados unos a otros bajo la autoridad real. Normalmente la movilidad social era rara e imperfecta. Sólo se llegaba a las cimas de la sociedad por el heroísmo en las guerras o por la conquista de nuevas tierras en ultramar (De Sebastián, 1990: 111-129). Así como el liberalismo clásico critica la construcción de una sociedad basada en privilegios por nacimiento, Rawls retomará la misma crítica como argumento central de su teoría.

> Estado en el cumplimiento de los valores de igualdad y la justicia social. (Algunas veces es usado como sinónimo el término "neoliberalismo"). Por otro lado, en los Estados Unidos, el término es usado por la derecha para castigar a la izquierda de una fijación irreal de los valores de igualdad social y económica y el uso del poder del gobierno para perseguir esos objetivos a costa de la libertad individual[3] (Nagel, 2003: 62).

Asimismo, la diferencia entre economía de libre mercado y las políticas de bienestar marcaron el rumbo para la distinción entre libertarios e igualitarios. Sin embargo, es importante destacar que a pesar de que estas visiones son radicalmente opuestas, ambas hunden sus raíces en la tradición liberal entendida como un movimiento político y social.

En este contexto, la publicación de *Teoría de la justicia* provocó un sinfín de críticas en el mundo académico, siendo la de Robert Nozick la primera de éstas. Férreo defensor de la libertad, por encima de la igualdad, articula una aguda crítica a la teoría de Rawls y fortalece la visión del liberalismo más conservador. Nozick, que para aquel entonces ya era conocido en el mundo académico como un libertario, orienta su principal obra –*Anarquía, Estado y utopía*– hacia una crítica a las teorías de la justicia distributiva, siendo *Teoría de la justicia* el eje de sus disertaciones.

Tal y como se expresa en el título, la obra de Nozick está divida en tres partes. En la primera refuta al anarquista mediante una defensa del Estado mínimo sobre el anárquico estado de naturaleza; en la segunda, critica las teorías de la justicia distributiva –como la de Rawls– en las que el Estado tiene una participación activa en la distribución de recursos; y, por último, en la tercera parte presenta su propuesta como una alternativa razonable e interesante hasta para los defensores de la utopía.

"¿Si no existiera el Estado, sería necesario inventarlo? ¿Sería requerido uno y habría que inventarlo?" (Nozick, 1990: 17). Éstas son las preguntas

---

[3] Según estas categorías un digno representante de las políticas del *laissez faire*, en los Estados Unidos, sería el republicano Ronald Reagan (defensor de las políticas neoliberales junto con Margaret Thatcher), mientras que el demócrata Lyndon B. Johnson, con su "Guerra contra la pobreza", será quien impulse las políticas sociales de bienestar, prueba de ello serían los programas de Medicare y Medicaid.

con las que Nozick inicia el primer capítulo y su análisis sobre el "estado de naturaleza". Al igual que la teoría política clásica, que parte del hipotético estado de naturaleza para justificar el Estado, Nozick toma el mismo punto de partida para argumentar la necesidad de un Estado ultramínimo. ¿Por qué el Estado es mejor que la anarquía? La respuesta a esta pregunta es el objetivo de la primera parte.

Para Nozick, en el anárquico estado de naturaleza es en donde impera un Estado ultramínimo y, por lo tanto, existe un esquema de moralidad directa, el cual está orientado a la protección de los asociados a través de una idea de beneficio mutuo. Según los postulados de Nozick, la agencia de protección dominante concentrará recursos, métodos y castigos en torno a la seguridad de los miembros del grupo, ejerciendo así un tipo de justicia redistributiva (Nozick, 1990: 25-30).

El objetivo de Nozick, frente al anarquista, es demostrar que es posible pasar del Estado ultramínimo al Estado mínimo –que él propone– sin incurrir en violaciones de derechos. En general, a Nozick le interesa demostrar que el Estado mínimo no viola derechos como la vida y la libertad –que parecen centrales para el anarquista– y al mismo tiempo respeta el derecho a la propiedad, que es un derecho fundamental para el liberalismo conservador, aunque menospreciado por el anarquismo (Gargarella, 1999: 46).

Una vez que ha logrado vencer al anarquista y demostrado la necesidad del Estado, Nozick se propone una nueva batalla: justificar por qué dicho Estado mínimo es preferible a otros modelos de Estado más robustos y comprometidos con la igualdad de sus miembros. De forma muy resumida este tema es el objetivo de la segunda parte del libro y marcará las pautas a seguir en la crítica a la teoría de Rawls.

Una de las discrepancias más significativas entre Rawls y Nozick es la idea del beneficio mutuo o cooperación social. Nozick se cuestiona: "¿Por qué la cooperación social crea el problema de la justicia distributiva? ¿No habría ningún problema de justicia ni necesidad de una teoría de justicia, si no hubiera en absoluto ninguna cooperación social, si cada persona obtuviera su parte únicamente por sus propios esfuerzos?" (Nozick, 1990: 185). Sin embargo, es un hecho innegable que vivimos en una sociedad y que se obtienen mayores beneficios dentro de la cooperación que de forma independiente.[4] Este hecho nos obliga a preguntarnos: ¿cómo se deben distribuir los beneficios que se obtienen de esta cooperación? Este tipo de cuestionamientos son los que conducen a Nozick a proponer un tipo de justicia retributiva o de las pertenencias.

Justicia retributiva o de las pertenencias

La justicia retributiva o de las pertenencias consta de tres principios fundamentales: adquisición, transferencia y retribución. Estos tres principios constituyen también el eje sobre el cual gira la crítica de Nozick a la teoría de Rawls.

En primera instancia, es importante aclarar que para Nozick no hay nada de malo en que las personas formen una sociedad de iguales, lo que resulta incorrecto es que se impongan sobre otros y en contra de su voluntad pautas igualitarias.[5] Para él, la igualdad promovida contra la voluntad de alguno o algunos no sólo es moralmente objetable, sino que constituye, además, un esfuerzo vano. Siguiendo a Hume, Nozick afirma que las personas son naturalmente diferentes entre sí, por lo que cualquier esfuerzo orientado a igualarlas carece de sentido. La libertad –afirma– quiebra cualquier pauta

4 Según Rawls, las circunstancias de la justicia pueden describirse como las condiciones normales en las cuales la cooperación humana es tanto posible como necesaria. Estas condiciones pueden dividirse en dos clases: primera, las circunstancias objetivas que hacen posible y necesaria la cooperación humana. Así, muchos individuos coexisten juntos, simultáneamente, en un determinado territorio geográfi o; estos individuos son, en términos generales, semejantes en sus capacidades físicas y mentales, o cuando menos son comparables en el sentido de que ninguno de ellos puede dominar al resto: son vulnerables a los ataques y están sujetos a la posibilidad de ver bloqueados sus planes de vida por la fuerza conjunta de los otros; fi almente, dentro de las circunstancias objetivas existe también la condición de la escasez moderada. Por otro lado, las circunstancias subjetivas son los aspectos pertinentes de los sujetos de la cooperación, esto es, de las personas que trabajan juntas; así pues, aunque las partes tienen en alguna medida necesidades e intereses semejantes, o incluso complementarios, de modo que la cooperación mutuamente ventajosa sea posible, tienen, no obstante, también sus propios planes de vida (Rawls, 1995: §22, 126-127).

5 Una pauta es el criterio según el cual se hace una distribución. Existen diferentes pautas de distribución: según el mérito moral, según la necesidad, o el producto marginal, etc. De forma general, estos principios pautados se expresan de la siguiente manera: "A cada quien según su..." (Nozick, 1990: 159).

igualitaria y la única forma de mantener ésta es suprimiendo la libertad o a través de una intervención permanente por parte del Estado. Para ilustrar tal afirmación, Nozick recurre al ejemplo más clásico y comentado de todo su libro, el famoso caso de Wilt Chamberlain.

> Supongamos que Wilt Chamberlain se encuentra en gran demanda por parte de los equipos de baloncesto, por ser una gran atracción de taquilla (supóngase también que los contratos duran sólo por un año y que los jugadores son agentes libres). Wilt Chamberlain firma la siguiente clase de contrato con un equipo: en cada juego en que su equipo sea local, veinticinco centavos del precio de cada boleto de entrada serán para él (ignoramos la cuestión de si está "saqueando" a los propietarios, dejando que se cuiden solos). La temporada comienza, la gente alegremente asiste a los juegos de su equipo; las personas compran sus boletos depositando, cada vez, veinticinco centavos del precio de entrada en una caja especial que tiene el nombre de Chamberlain. Las personas están entusiasmadas viéndolo jugar; para ellos vale el precio total de entrada. Supongamos que en una temporada, un millón de personas asisten a los juegos del equipo local y que Wilt Chamberlain termina con 250 mil dólares, suma mucho mayor que el ingreso promedio e incluso mayor que el de ningún otro. ¿Tiene derecho a este ingreso? ¿Es injusta esta nueva distribución de D2? Si es así, ¿por qué? (Nozick, 1990: 164).

El ejemplo de Nozick es claro y sirve para ilustrar la manera en la que concibe sus principios. Si se parte de una distribución inicial (D1) que ha sido aceptada por todos y en una igualdad de condiciones, las ganancias que se obtengan, fruto de los contratos firmados entre dos particulares o bien por medio del esfuerzo extra de cada persona, generará una nueva situación (D2) que no será objeto de una redistribución, en tanto que se partió de una distribución inicial (D1) equitativa. Si se intentara hacer una nueva distribución de (D2), las consecuencias serían desastrosas; por ejemplo, un Estado permanente e intrusivo orientado a regenerar la situación inicial (D1); o bien, un Estado autoritario que prohibiera la celebración de contratos entre personas racionales y razonables. Para Nozick, si la situación de partida es justa y todo lo que ha ocurrido en medio no son más que actos libres entre personas autónomas que los consienten ¿qué se le puede objetar a (D2)? ¿Por qué consideramos inaceptables los acuerdos libres entre personas autónomas? (Nozick, 1990: 163-167).

Es importante tener en cuenta que, para que el ejemplo de Nozick funcione, es necesario partir del supuesto de que las pertenencias de los individuos en (D1) se adquirieron de forma legítima (principio de la adquisición) para que así las transferencias (principio de transferencia) sean también legítimas; el argumento es: "Una transferencia legítima depende de una previa adquisición legítima". En el caso de que una adquisición sea ilegítima, se tendría que apelar a una retribución que beneficie a las personas afectadas (principio de retribución).

Nozick dedicó gran parte de su trabajo a desarrollar una teoría de la adquisición[6] (o de las pertenencias) justa. Lo que Nozick intentaba demostrar es cómo se puede pasar de una afirmación sobre la autopropiedad o propiedad sobre uno mismo (la cual, a primera vista, parece intuitivamente inobjetable) a otra afirmación más fuerte y más polémica sobre la propiedad de recursos externos. Cabe señalar que el arduo esfuerzo de Nozick para justificar la propiedad privada resultó especialmente significativo para los argumentos a favor del capitalismo.

6 Hasta antes de Nozick la teoría clásica a la que se apelaba para justifi ar la adquisición justa era la de John Locke. El argumento presentado por Locke consta de dos premisas: 1) una persona es dueña de su propio cuerpo y, por consiguiente, de su propio trabajo y 2) La tierra, originalmente, no tenía dueño alguno. De esta manera, el argumento de Locke se construye suponiendo que la propiedad sobre un objeto, que no le pertenece a nadie, le corresponde a una persona cuando ésta trabaja en él. Por ejemplo, un agricultor será dueño de la parte de tierra que cultiva. Pero ¿por qué el trabajo nos hace dueños de algo? La respuesta se basa en la idea común de que hemos mejorado y aportado valor al objeto con nuestro trabajo, de lo cual se sigue que cualquiera tiene derecho a poseer una cosa cuyo valor ha creado o aumentado considerablemente (Nozick, 1990: 174-175). Sin embargo, debe existir un límite en la apropiación de un objeto. Este límite queda marcado por la famosa estipulación de Locke, según la cual para que una apropiación sea legítima debe dejarse a los demás una porción sufi iente e igualmente buena de ese bien sin empeorar su situación. Apropiarse de un bien determinado puede empeorar la situación de una persona de dos maneras: haciendo perder a los demás una oportunidad de mejorar su situación o impidiendo que usen libremente lo que antes podían usar. Un ejemplo de esto sería que una persona se adueñe de un determinado recurso natural, como puede ser el agua, impidiendo que las otras personas gocen de este recurso (Nozick, 1990: 179-182).

Sin embargo, si se analiza con atención el ejemplo de Chamberlain es posible percatarse de algunos de los errores en el planteamiento de Nozick. Según el ejemplo, la distribución inicial de la que se parte (D1) es una situación justa y equitativa para todos; sin embargo, existen una serie de factores económicos, sociales y culturales que hacen que esta equidad original sea inexistente. Es un hecho innegable que el lugar de nacimiento, el género y las condiciones socioeconómicas, derivadas del azar natural, influyen en el desarrollo y ejercicio de la libertad de las personas. Precisamente, son estas diferencias, fruto del azar natural, a las que Rawls –y posteriormente el igualitarismo de la fortuna– intentará hacer frente. Sobre este punto volveremos más adelante.

A manera de resumen, se puede decir que la teoría de Nozick se fundamenta en un Estado mínimo cuya acción se limita al mantenimiento del orden público y a la defensa de la propiedad privada. La no intervención del Estado en la distribución de recursos se justifica a partir de los principios de adquisición y transferencia. Las pertenencias de cada persona son producto –si bien de una cierta cooperación social– de las transferencias que realizan las personas a través de contratos o por medio de obsequios. Si las transferencias se realizan de forma legítima, en tanto que la adquisición inicial también lo es, el Estado no tiene por qué intervenir para regular dicha distribución. En términos generales, se podría decir que la participación del Estado es lo que marca la distinción entre la justicia distributiva y la justicia retributiva.

Crítica de Nozick a la teoría de Rawls

Según se mencionó al inicio de este capítulo, una de las primeras críticas que recibió la teoría de Rawls fue la de Nozick. De manera general se puede decir que las objeciones a la justicia como equidad se centran en tres puntos clave: a) la concepción de los derechos, b) los principios de justicia y c) la posición original como mecanismo de elección de los principios de justicia. Dada la importancia de cada una de las críticas vale la pena analizar con detalle cada una de éstas.

a) Crítica a la concepción de los derechos

La teoría defendida por Nozick es, como la de Rawls, una teoría deontológica que afirma la existencia de ciertos derechos básicos inviolables y que como tal rechaza la posibilidad de que los derechos de algún particular resulten violentados a favor del mayor bienestar de otros. Aunque más adelante analizaremos las diferencias entre ambas concepciones, cabe decir que la posición de Nozick en materia de derechos, en principio, podría ser semejante a la de Rawls, ya que ambos rechazan la posibilidad de que algunos individuos sean sacrificados en beneficio de otros y ambos afirman la independencia y separabilidad de las personas. Sin embargo, los derechos básicos en los que piensa Nozick[7] –a diferencia de Rawls– se fundamentan en la intuición básica de la autopropiedad, es decir, cada uno es el legítimo propietario de su propio cuerpo. Los derechos asumidos por Nozick se distinguen por dos características fundamentales: son sólo derechos negativos y actúan como restricciones laterales frente a las acciones de los demás (Gargarella, 1999: 47).

En primer lugar, afirmar que los derechos son sólo negativos implica creer exclusivamente en derechos de no interferencia; es decir, reconocer sólo los derechos a que otros no me dañen y a la vez rechazar la existencia de derechos positivos, esto es, derechos a que otros me asistan en algunas necesidades básicas. En otras palabras, los derechos positivos son aquellos derechos que están destinados a proveer bienes que son necesarios

---

7 La idea de que hay un estado de naturaleza, y que en él existen el derecho a preservar la propia naturaleza y el deber moral de hacerlo es un lugar común en la politología de los siglos XVII y XVIII. En 1690 John Locke publica su obra *Segundo tratado del gobierno civil,* en la que expone los fundamentos de la teoría moderna de los derechos humanos. Según lo expuesto por Locke, el estado natural tiene una ley natural por la que se gobierna, y esa ley obliga a todos. La razón que coincide con esa ley enseña a cuantos seres humanos quieren consultarla que, siendo iguales e independientes, nadie debe dañar a otro en su vida, *salud*, libertad o posesiones. Estos derechos –el derecho a la vida, a la salud o integridad física, a la libertad y a la propiedad– se denominan derechos humanos individuales, porque su realización depende única y exclusivamente de la iniciativa de los individuos, como sucede en los actos de pensar, rezar, hablar, escribir, reunirse o asociarse, y a la vez se consideran negativos porque obligan a todos aun antes de que haya ninguna ley positiva que los explicite (Gracia, 2008: 134). Esta consideración de los derechos humanos hecha por Locke cobra importancia en relación al tema de la justicia sanitaria. Considerando la influencia de Locke en la obra de Nozick es importante tenerla en cuenta para hacer una distinción entre libertarismo sanitario e igualitarismo sanitario.

para vivir.[8] Para los libertarios, los únicos derechos positivos concebibles son aquellos que resultan de las transacciones voluntarias entre las personas (como los que aparecen cuando contrato un cierto servicio asistencial, por ejemplo, un seguro médico). En segundo lugar, decir que los derechos actúan como restricciones laterales frente a las acciones de otros implica sostener el criterio liberal según el cual la esfera de los derechos ha de resultar inviolable frente a las pretensiones de los demás.

Sin embargo, la concepción defendida por Nozick respecto a los derechos encuentra profundas diferencias con la concepción que tiende a defender el liberalismo igualitario. Entre las diferencias que merecen citarse, la más relevante es la que se refiere al lugar y a la significación de los derechos positivos tanto para el igualitarismo como para el libertarismo. De hecho, algunos autores consideran que este punto constituye el eje principal de la distinción entre éstos.

En este sentido, se le podría cuestionar a Nozick por qué sólo reconoce los derechos negativos para asegurar las condiciones de una vida significativa y un ejercicio pleno de la libertad, y no afirma también los derechos positivos que otorgan beneficios básicos de seguridad social para que cada uno pueda diseñar y ejercer su proyecto de vida. Ante esta objeción, Nozick respondería que si comenzamos a hacer exigibles ciertos derechos positivos ponemos en riesgo la posibilidad de que cada uno diseñe según su criterio su propia vida: siempre se nos podría exigir algún sacrificio adicional, en pos de mejorar las condiciones de algún otro. Si consideramos el objetivo de Nozick de minimizar la acción e intervención del Estado y con ello evitar un estado paternalista, su argumento es válido; pero es un hecho innegable que sin el reconocimiento de los derechos positivos (tales como los derechos sociales) muchas personas no tendrían la posibilidad de tomar el control de su propia vida.

8 Hasta cierto punto es posible establecer una relación entre derechos positivos y libertad positiva. Según se explicó, la libertad positiva para Berlin es aquella que está enfocada a la autodeterminación de la persona. En este sentido, los derechos positivos, al tener un objetivo asistencial de proveer los bienes básicos para vivir, permiten también la autodeterminación y realización del proyecto de vida de cada persona.

Para el libertarismo, lo único que debe asegurar el Estado son los derechos negativos de las personas. Esto es, el Estado debe guardar que nadie interfiera en los derechos básicos de cada uno (como son los derechos a la vida y a la propiedad). El Estado, en cambio, no debe preocuparse por los llamados derechos positivos o asistenciales. Esto es, no tiene la obligación de proveerles nada a los individuos para que puedan llevar adelante sus planes de vida. Por el contrario, los igualitaristas le otorgan una gran importancia a la libertad positiva de las personas y consideran, en principio, que las omisiones tienen, en algunos casos, el mismo rango moral que las acciones.

En este debate sobre el contenido y alcance de los derechos se hace presente otra de las distinciones fundamentales entre libertarios e igualitarios: la concepción de la autopropiedad. El liberalismo igualitario, a diferencia de lo que opinan los libertarios como Nozick, considera que nadie merece las capacidades y talentos que posee y que, por lo tanto, nadie merece que la sociedad le premie o castigue por tales cuestiones circunstanciales. En palabras de Rawls, "la distribución natural no es justa ni injusta, como tampoco es injusto que las personas nazcan en una determinada posición social. Éstos son hechos meramente naturales" (Rawls, 1995: §17, 104). Como se mencionó anteriormente, lo que puede ser justo o injusto es el modo en que las instituciones actúan –tanto por omisión como por comisión– respecto a estos hechos. Las sociedades aristocráticas y de castas, por ejemplo, son injustas porque hacen de estas contingencias el fundamento adscriptivo para pertenecer a clases sociales más o menos cerradas y privilegiadas.

Tal y como ya se expuso, según el principio de diferencia la distribución de los talentos naturales es considerada, en ciertos aspectos, como un acervo común y es posible participar de los beneficios de esta distribución, cualesquiera que sean. Aquellos que han sido favorecidos por la naturaleza, quienesquiera que sean, pueden obtener provecho de su buena suerte sólo en la medida en que mejoren la situación de los menos favorecidos. Nadie merece una mayor capacidad natural ni tampoco un lugar inicial más favorable en la sociedad. En otras palabras, las personas no son dueñas de sus talentos y por ende no deben adueñarse tampoco de los bienes que adquieren a través de esos talentos, tal y como propone Nozick, sino que los talentos, como sugiere Rawls, deben ser considerados un acervo común para la cooperación social. Es justo y razonable defender un sistema institucional en el cual los más dotados sean llevados a poner sus talentos al servicio de los menos talentosos (Rawls, 1995: §17, 104).

Esta nueva diferencia entre el liberalismo de Nozick y el igualitarismo de Rawls muestra el abismo que separa a ambas concepciones, a pesar de algunas coincidencias iniciales, en cuanto a la concepción de derechos básicos inviolables (ambos coincidirían en que no se puede violar la libertad de una persona a favor del bienestar de la mayoría). No es de extrañar que lo que para Rawls representa un sistema institucional justo, para Nozick constituye un sistema temible. Según Nozick, cuando parte del esfuerzo de algunos se destina a mejorar la suerte de otros se violenta el principio de autopropiedad al punto tal de que cobre sentido hablar de una nueva forma de esclavitud, defendida en el nombre de la justicia. Nozick toma la idea de Rawls, según la cual los talentos individuales serían considerados parte de un acervo común, para formular una de sus críticas más agudas contra el igualitarismo. Si es cierto que el igualitarismo parte de consideraciones como la mencionada, y tiene como preocupación principal la de disminuir el peso de estas arbitrariedades morales, ¿por qué no promueve, entonces, la intervención del Estado para transferir, digamos un ojo o una pierna desde la persona que tiene plenas capacidades hacia los que se encuentran discapacitados? (Nozick, 1990: 180).

A pesar de la perspicacia que encierra la objeción de Nozick es posible descubrir la falacia que enmarca la crítica. Según Gargarella, Thomas Scanlon presenta una fuerte defensa de la teoría de Rawls y logra dar una respuesta convincente a Nozick. Para Scanlon, según explica Gargarella, existen una serie de distinciones cuando se habla del derecho de propiedad, como, por ejemplo, la distinción entre la posesión y el disfrute de la propiedad, y el derecho al pleno usufructo de la misma. A partir de dicha base, Scanlon sostiene que cuando Rawls niega la propiedad personal de los talentos y capacidades no pretende negar el derecho a la posesión y disfrute de nuestras habilidades, sino el derecho a reclamar plena propiedad sobre todas las ganancias que generamos a partir de tales recursos, que recibimos por mera suerte (Gargarella, 1999: 50).

Esta distinción introducida por Scanlon también es acorde con la estipulación de Locke. Locke restringe el derecho de los individuos de tomar posesión de los objetos materiales señalando que debe quedar lo suficiente, y de igual calidad, en común para los demás. A partir de estas distinciones, entre posesión y usufructo, y siguiendo la estipulación de Locke, es posible justificar la recaudación de impuestos como mecanismo de retribución. En este sentido, la recaudación de impuestos puede ser concebida como un pago debido a los demás, ya que un individuo que reclama la propiedad particular mediante su trabajo y la aplicación de sus talentos y habilidades, reduce las oportunidades de los demás a reclamar una propiedad similar a través del trabajo.

Por otro lado, cabe aclarar que *per se* las dotaciones innatas no son un activo común, sino la distribución de éstas. Por dicha razón, pedirle a una persona que tiene dos piernas se ampute una para dársela a un cojo –tal y como sugiere Nozick en su crítica– resulta absurdo. Tanto que una persona sea coja como que una persona tenga dos piernas son meros hechos naturales que devienen del azar y, por lo tanto, no son justos ni injustos en sí mismos.

Son hechos meramente desafortunados (como la cojera) o afortunados (como poseer dos piernas para andar). Lo que sería injusto es que las ganancias obtenidas por la persona que tiene dos piernas no se utilizaran a favor de la persona menos aventajada, mediante la construcción de rampas en los espacios públicos. O que la persona que no tiene ninguna discapacidad reclamara como propios todos los bienes que ha obtenido por medio de su trabajo, sin considerar que la falta de movilidad limita las oportunidades de trabajo de otras personas.

Hasta este punto sólo se ha expuesto lo referente a la primera crítica de Nozick a la teoría de Rawls. Crítica que está enfocada a la concepción y contenido de los derechos. Haciendo un resumen de lo mencionado, la distinción entre los derechos positivos y negativos marca una de las principales diferencias entre libertarios e igualitarios y da origen a diversas discusiones en torno a la distribución de los recursos. Es importante tener en cuenta esta distinción entre derechos positivos y negativos para la fundamentación de lo que llamaremos, en la segunda parte de este capítulo, el mercantilismo sanitario.

b) Crítica a la concepción de los principios

Respecto a la segunda crítica, el argumento de Nozick se centra en demostrar la incompatibilidad de los principios de Rawls para el planteamiento sugerido por la justicia retributiva. Según la justicia retributiva, "una distribución es justa si surge de otra distribución justa a través de los medios legítimos. Los medios legítimos para pasar de una distribución a otra están especificados por el principio de justicia en la transferencia y los primeros pasos legítimos están especificados por el principio de la adquisición" (Nozick, 1990: 154).

En este sentido, la justicia de las pertenencias se considera histórica, en tanto que toma en cuenta los medios a través de los cuales se adquirieron los bienes y la forma en la que éstos se han transferido. "Algunas personas roban a otros; los defraudan o los esclavizan, tomando sus productos e impidiéndoles vivir como ellos desean, o bien excluyéndolos –por la fuerza– de participar en los intercambios" (Nozick, 1990: 154). Según el planteamiento, todas estas acciones se consideran ilegítimas según el principio de la adquisición. Por lo tanto, el garante de legitimidad del principio de adquisición es el acuerdo voluntario y libre entre las personas. Cualquier acción coercitiva, como el robo o el fraude, hace ilegítima la adquisición y, por ende, su transferencia.

Sin embargo, para Nozick, los principios de la justicia distributiva sólo consideran las condiciones actuales de la estructura del grupo, sin tener en cuenta las acciones pasadas. Por esta razón, se consideran principios ahistóricos o de resultado final. "En contraste con los principios de justicia de resultado final, los principios históricos sostienen que las circunstancias o acciones pasadas de las personas pueden producir derechos diferentes o merecimientos diferentes sobre las cosas" (Nozick, 1990: 158).

Nozick, al considerar los principios de pertenencias como históricos, pondrá un gran énfasis en las acciones pasadas, las cuales pueden llegar a producir derechos diferenciados entre las personas. Sin embargo, distingue los principios de las pertenencias de otra subclase de principios históricos, como, por ejemplo, los principios de distribución conforme con el mérito moral.

Según el mérito moral, nadie debe tener una porción mayor que alguna otra cuyo mérito moral sea más grande. Este tipo de principios históricos son descalificados por Nozick, porque terminan haciendo referencia a un cierto tipo de pauta de distribución. Al establecer una pauta, explica Nozick, en ocasiones se deja de lado el análisis histórico de las acciones y sólo se considera el estado final de la estructura social, y es a partir de ésta que se establece una determinada pauta (Nozick, 1990: 159).

Según la consideración de Nozick, casi todos los principios de justicia distributiva son pautados. Prácticamente, todos están formulados según la premisa "a cada quien según su... mérito moral, o sus necesidades, o su producto marginal o la suma de estos dos". Como ya se mencionó, el establecimiento de pautas condiciona la distribución de recursos y limita la libertad. Un principio pautado, como es el mérito moral, no considera las diversas acciones a través de las cuales se pueden adquirir bienes y que carecen de cualquier tipo de mérito moral, como, por ejemplo, los obsequios o donaciones. Lo que hace válida la justicia retributiva son los objetivos individuales de las transacciones individuales. En otras palabras, los acuerdos voluntarios entre personas libres.

> El conjunto de pertenencias que resulta cuando algunas personas reciben sus productos marginales, algunas ganan apostando, algunas otras reciben parte de su ingreso de su pareja, otras reciben donativos de fundaciones, otras reciben intereses por préstamos, algunas otras reciben obsequios de admiradores, otras reciben beneficios por inversiones, otras obtienen por sí mismas mucho más de lo que tienen, algunas otras encuentran cosas (Nozick, 1990: 160).

Según lo expuesto hasta este punto, se puede afirmar que la incompatibilidad entre los principios distributivos y los de la justicia retributiva es que los primeros son principios ahistóricos, de estado final y pautados. Esto quiere decir que sólo parten del estado final en el que se encuentra una sociedad para hacer la distribución de recursos, según una determinada pauta, sin considerar un análisis histórico sobre las acciones que favorecieron o fueron un obstáculo para la distribución de los recursos.

Llama la atención que la misma crítica que Nozick hace a los principios distributivos –como son los principios de Rawls– se le puede hacer también a los principios de la justicia retributiva. Partiendo del supuesto de que los principios de las pertenencias son históricos, ¿por qué no considerar aquellos factores económicos y sociales que afectan los objetivos individuales de las transacciones individuales? ¿Por qué considera hechos como el robo o la esclavitud como elementos que interfieren en la libertad y no la discapacidad que también influye en la posibilidad de autodeterminación?

Al hablar de las dotaciones naturales y la arbitrariedad, Nozick lanza una nueva crítica a los principios de Rawls. Según Nozick, la explicación de Rawls sobre el sistema de libertad natural es muy cercana al sistema retributivo. Sin embargo, Rawls rechaza, de forma rotunda, el sistema de libertad natural –la carrera abierta al talento– para defender el principio de la igualdad equitativa de oportunidades.[9]

En términos de Nozick, la razón que esgrime Rawls para rechazar el sistema de libertad natural es porque éste permite que las partes que se distribuyen estén influidas por factores arbitrarios desde un punto de vista moral. Uno de estos factores es la distribución previa de talentos y habilidades naturales. El desarrollo de estos talentos y habilidades ha sido determinado, en muchos casos, por las circunstancias sociales y por contingencias de oportunidad como acciones y buena suerte (Nozick, 1990: 210-211).

Para Nozick, la línea de argumentación planteada por Rawls puede bloquear la toma de decisiones y acciones autónomas de la persona. Si seguimos la propuesta de Rawls, todo lo que es valioso en la persona, como la autonomía y la libertad, quedará subordinado a factores externos a ésta.

9 Según se ha mencionado, la idea de igualdad equitativa de oportunidades parte del supuesto de que habiendo una distribución de dotaciones innatas, los que tienen el mismo nivel de talento y habilidad y la misma disposición a hacer uso de esos dones deberían tener las mismas perspectivas de éxito independientemente de su clase social de origen, la clase en la que han nacido y crecido hasta la edad de la razón (Rawls, 1995: §12, 74).

Según Nozick "de esta manera, se denigra la autonomía de una persona y la genuina responsabilidad de sus acciones; es una postura arriesgada, para una teoría que al mismo tiempo desea reforzar la dignidad y el respeto propio de seres autónomos y defiende las opciones de las personas" (1990: 211).

En este sentido, los factores sociales y económicos –al ser factores externos– no deben considerarse como elementos determinantes para la toma de decisiones y el desarrollo de dotaciones y habilidades naturales. En este punto es donde recae el peso histórico de los principios. El desarrollo de las acciones, voluntarias y libres, implica un devenir histórico.

Sin embargo, tal y como se había anticipado, esta crítica puede revertirse al mismo Nozick. Si bien es cierto que los elementos sociales y económicos son factores externos a la toma de decisiones de una persona y que las dotaciones naturales son producto del azar natural, no es posible cerrar los ojos ante las arbitrariedades e injusticias que se han cometido, de forma sistemática, a lo largo de la historia, a causa de estos factores. Análisis que Rawls sí considera al establecer sus principios y hacer de la estructura básica de la sociedad el objeto de la justicia.

Aunque es un hecho que la autonomía y la libertad son dos de los valores primordiales de la persona y forman parte de su dignidad y esencia, es también una realidad que la toma de decisiones estará influida por diversos factores externos. Es una realidad que una mujer en silla de ruedas jamás podrá ser una bailarina de ballet y que un hombre con el bolsillo lleno de dinero será más libre al tener más posibilidades de elegir gracias a su capacidad de pago. Cuando sólo tienes dos opciones para elegir, la libertad se limita, aunque no se anula.

Esta discrepancia sobre considerar o no los elementos sociales y económicos como determinantes para la toma de decisiones, y el desarrollo de los talentos naturales, así como las arbitrariedades y desigualdades que se siguen del azar natural, es un punto clave en las discusiones entre libertarios e igualitarios. Asimismo, la postura de Nozick sobre estos puntos se convertirá en el argumento base para eliminar la responsabilidad del Estado en el establecimiento de políticas de bienestar. El énfasis que pone Nozick en el valor de la autonomía y la libre elección será un principio fundamental para justificar el llamado mercantilismo sanitario.

c) Crítica a la posición original

La tercera de estas críticas está dirigida a la posición original como mecanismo de elección de los principios de justicia. Dicha objeción se centra en dos puntos medulares: el primero se resume en la imposibilidad de determinar –de forma racional– los principios de justicia según las condiciones de la posición original; el segundo se centra en las condiciones que exige el velo de la ignorancia para la elección de los principios. Para Nozick, dichas condiciones impiden que se puedan elegir principios históricos como los principios de la justicia retributiva.

> Un procedimiento que funda los principios de justicia distributiva sobre lo que acordarían personas racionales, que no saben nada sobre sí mismas de sus historias, garantiza que los principios de justicia de estado final sean tenidos como fundamentales. Tal vez algunos principios de justicia histórica sean derivables de los principios de estado final, tal y como los utilitaristas tratan de derivar derechos individuales, prohibiciones de castigar al inocente, etc., de su principio de estado final. Quizás tales argumentos puedan formularse incluso para el principio retributivo. Pero ningún principio histórico, al parecer, podría ser acordado en primera instancia por los participantes de la posición original de Rawls. Puesto que las personas que se reúnen tras un velo de ignorancia para decidir quién obtiene qué, sin conocer nada sobre ningún derecho especial que las personas pudieran tener, tratará como maná del cielo cualquier cosa que deba distribuirse (Nozick, 1990: 197).

La respuesta a la objeción de Nozick no fue inmediata y llegaría años más tarde en la última obra de Rawls. En *Justicia como equidad. Una reformulación*, de forma clara y concisa, explica que:

los principios de justicia acordados no se deducen de las condiciones de la posición original: se seleccionan de una lista previa. La posición original es un mecanismo de selección: opera sobre una conocida familia de concepciones de justicia que se encuentra en nuestra tradición de filosofía política o que ha sido conformada por ella. Si se objeta que hay ciertos principios que no se hallan en la lista, pongamos que los principios libertarios de justicia, dichos principios deben añadirse a la lista. Aun así, la justicia como equidad arguye que se seguirían acordando los dos principios de justicia. De acertado este argumento, los libertarios tendrían que objetar la configuración misma de la posición original como mecanismo de representación. Por ejemplo, deberían decir que no consigue representar las consideraciones que ellos reputan esenciales, o que las representa de forma equivocada (Rawls, 2012: §23.4, 122).

El derecho a la salud y el derecho a la asistencia sanitaria desde la perspectiva del libertarismo

Gran parte de las discusiones que giran en torno al derecho a la salud y a la asistencia sanitaria se derivan de la distinción que hay entre derechos positivos y derechos negativos. Algunos filósofos, entre ellos Norman Daniels, han señalado que hablar del "derecho a la salud" encierra una confusión sobre el tipo de demandas que pueden ser objeto de dicho derecho. La salud *per se* sería un objeto de derecho equívoco. Si la mala salud de una persona no es el resultado de que alguien la haya dañado o de que alguien haya dejado de prestarle la asistencia necesaria para ser curada, sino que es la consecuencia de sus malos hábitos ¿qué derecho se ha violado?, ¿a quién se le puede culpar de la mala salud de esta persona? (Daniels, 1985: 6).

A pesar de la objeción de Daniels, cabe decir que el derecho a la salud se puede definir como un derecho negativo, es decir, como un derecho de no interferencia, como son también el derecho a la vida, a la libertad de expresión, de conciencia o de pensamiento.[10] Por derecho a la vida se debe entender el derecho que todo ser humano tiene a que nadie le quite la vida de un modo injusto y violento. Y por derecho a la salud, se puede entender, entonces, el derecho que toda persona tiene para que nadie dañe su integridad física y mental.[11] Según lo anterior se podría decir que el derecho a la salud es una extensión del derecho a la vida. Por otro lado, el derecho a la asistencia sanitaria sería considerado un derecho positivo. Los derechos positivos implican el deber de ayudar al titular del derecho a obtener el objeto de ese derecho como, por ejemplo, recibir educación. Dada su función asistencial, los derechos positivos son conocidos también como derechos económicos y sociales de beneficencia o asistenciales.

Para muchos autores, entre ellos Engelhardt, los derechos y las obligaciones a la tolerancia y no interferencia (como son los derechos negativos) poseen un carácter absoluto y, por ende, una mayor capacidad para mantenerse vigentes de un modo transcultural, a diferencia de los derechos o deberes de beneficencia o asistenciales.[12] De esta manera, los derechos y deberes negativos son más fuertes que los positivos. Así, por ejemplo, el deber de no matar y el derecho a no ser asesinado son más fuertes que el deber de proporcionar recursos para salvar una vida o que el derecho a tener acceso a los recursos necesarios para salvar la propia (Engelhardt, 1995: 145).

Siguiendo los comentarios de De Lora y Zúñiga es posible afirmar que para los libertarios –al ser la justicia retributiva la única dimensión posible de la justicia– la única obligación que existiría para con los demás sería aquella derivada de acciones que causan daños a otros sujetos y, por lo tanto, los individuos carecen de derecho alguno a exigir una asistencia como

---

10 Según la explicación de Locke, el estado natural tiene una ley natural por la que gobierna, y esa ley obliga a todos. La razón que coincide con esa ley enseña a cuantos seres humanos quieren consultarla que, siendo iguales e independientes, nadie debe dañar a otro en su vida, salud, libertad o posesiones (Locke [1688] 1988: 6-7).

11 Una violación del derecho a la salud sería, por ejemplo, las aguas contaminadas por una industria cercana a una comunidad, la polución del aire, o cualquier factor que pueda poner en riesgo la salud de una persona.

12 En este sentido, por ejemplo, podríamos decir que la afi mación de que las mujeres tienen derecho al aborto (entendido como un derecho negativo) sería más fácil de justifi ar que la afi mación de que las mujeres tienen derecho a que otros paguen por ese aborto (es decir, como un derecho positivo), en el caso de que ellas no pudieran hacerlo.

la que brindan los sistemas nacionales de salud (De Lora y Zúñiga, 2009: 52). Desde la perspectiva libertaria la idea de derechos positivos es económicamente ineficiente y administrativamente imposible, pues implica la redistribución de los recursos conforme a las necesidades de las personas.[13]

Para los libertarios, por ejemplo, en los derechos de asistencia se hace presente la máxima "debe implica puede", y, en tal sentido, una obligación de asistencia sanitaria basada en una definición de salud como la empleada en el Preámbulo a la Constitución de la Organización Mundial de la Salud, de 1946, resulta quimérica. Según la oms "la salud es un estado de completo bienestar físico, mental y social y no solamente la ausencia de enfermedad o dolencia". Esta definición tan amplia exigiría acordar un estándar tan alto para la satisfacción del derecho que implicaría que el Estado habría de gastar prácticamente todos sus recursos en atención sanitaria, impidiendo la persecución de otros bienes sociales también importantes. Se dice por ello que, así como los deberes negativos son perfectos, los deberes positivos son imperfectos (De Lora y Zúñiga, 2009: 191). Considerando lo anterior, los libertarios optan por un sistema de derechos negativos en el que la gente empieza su vida con sus atributos, su libertad y riquezas iniciales, negociando con ellos como mejor les parezca.

Por otro lado, autores como Richard Epstein no consideran que la asistencia sanitaria sea un bien especial –tal y como lo afirma Daniels– y lo compara con otro tipo de bienes de consumo como son las casas o los autos[14] y, por lo tanto, debe someterse también a las leyes del mercado. Es importante señalar que para Epstein el mercado ha de ser el único mecanismo para distribuir no sólo la asistencia sanitaria, sino todo aquello que

13 Sobre este punto no hay que perder de vista la discusión que retoman De Lora y Zúñiga respecto al coste de los llamados derechos asistenciales (positivos) frente a los derechos políticos (negativos). Según estos autores "el argumento del coste" que muchos libertarios defienden es falaz ya que la protección de los derechos civiles y políticos también exige la distribución de recursos. De hecho, para asegurar el disfrute de ciertos derechos de libertad hubo que esperar a que se desarrollaran instituciones clave o bien hacer un despliegue de recursos, como puede ser el pago de los policías, para asegurar la protección de las personas (De Lora y Zúñiga: 2009: 192).

14 Si tomamos en cuenta la postura de Epstein, exigir asistencia sanitaria para todas las personas sería semejante a exigir casas de vacaciones en la playa para todas las personas, ya que ambos bienes producen un bienestar y satisfacción.

los individuos estén dispuestos a intercambiar, ello incluye los órganos, los óvulos, vientres de alquiler o los propios niños (Epstein, 1999: 112, citado en De Lora y Zúñiga, 2009: 53).

De Lora y Zúñiga comentan que, por su parte, R. M. Sade sostiene que el concepto mismo de derecho a la asistencia sanitaria es inmoral. La asistencia sanitaria "no es ni un derecho ni un privilegio", es un servicio que ofrecen los médicos a quienes quieran pagar por él. Por lo tanto, cualquier regulación por parte del Estado será simplemente deshonesta y el único mecanismo válido para regular la asistencia sanitaria será el mercado. En este sentido, el mejor sistema sanitario, para Sade, es el "no sistema" (Sade, 1971: 1289-1292, citado en De Lora y Zúñiga, 2009, 52).

Es importante tener en cuenta que el mercado es descrito por Sade como la expresión social de las características centrales y definitivas del ser humano, es decir: la racionalidad y la elección (Sade, 2002: 55-74, citado en De Lora y Zúñiga, 2009: 52). Luego, el derecho a la asistencia sanitaria sería sólo un derecho negativo que contempla la libertad de adquirir, sin la interferencia de un tercero, asistencia en el mercado de la protección de la salud. De ahí, la expresión acuñada por de De Lora y Zúñiga de "mercantilismo sanitario" (De Lora y Zúñiga, 2009: 52).

Ahora bien, considerando lo anterior se puede llegar a afirmar que la misma crítica que se le hizo a Nozick, de no considerar los factores económicos y sociales en las elecciones de las personas –ya que se consideran factores externos–, se le puede hacer también a Sade. Por ejemplo, en el mercado de seguros médicos uno de los elementos esenciales para adquirir una póliza de seguro es la posibilidad económica y por lo tanto la capacidad de pago de una persona. Supongamos que una persona, a pesar de gozar de un buen estado de salud, desea adquirir una póliza con la cobertura más amplia, pero no tiene el dinero suficiente para comprarla. Al final, la elección de la persona para comprar una póliza dependerá de su capacidad económica. Sin embargo, si esta persona lo que desea comprar es un Lamborghini, pero sólo tiene dinero para un coche utilitario, su elección –aunque también estará determinada por el dinero– no tendrá tantas implicaciones negativas como puede ser tener una póliza de seguro más económica. La asistencia sanitaria, a diferencia de los coches de lujo (o incluso de un simple coche), es una necesidad básica. Asimismo, la falta de conocimiento de las personas en materia sanitaria también hace que su capacidad de elección esté limitada.

A manera de resumen y tomando en cuenta las diferentes posturas para rechazar la asistencia sanitaria como un derecho, se puede decir que son dos los argumentos centrales que sostienen al mercantilismo sanitario: el primero de estos argumentos considera que la asistencia sanitaria es uno de los muchos bienes de consumo que hay en la sociedad y, por lo tanto, es sólo un servicio cuya distribución depende de las leyes del mercado; el segundo sólo reconoce los derechos negativos y considera que los derechos positivos son una vana ilusión.

Una objeción al primer argumento es posible encontrarla en la teoría de Norman Daniels. Para Daniels, la asistencia sanitaria es un bien especial, diferente a los bienes de consumo (como las casas de verano o los autos de lujo), porque de ella depende también la igualdad equitativa de oportunidades. Tal y como se verá en el siguiente capítulo, uno de los principales objetivos de Daniels –al extender la teoría de Rawls– es demostrar la relación que hay entre la igualdad equitativa de oportunidades y la asistencia sanitaria (Daniels, 1985: 1-18).

Por otro lado, pretender que el mercado se convierta en el único mecanismo de distribución justa (como pretendía Adam Smith a través de "la mano invisible") tiene consecuencias que pueden resultar desastrosas. Existen ciertos bienes a los que no es posible asignarles un costo –es el caso de un órgano o de los vientres de alquiler–, como sugiere Epstein, ya que no se puede cuantificar su grado de deseo o rechazo respectivo y, por ende, no pueden regularse bajo la ley de la oferta y la demanda. Como señala Dworkin "no es posible transformar el valor de una vida plena y de las actividades que son indispensables para conservarla, como una simple cuestión de dinero" (Dworkin, 1980: 132).

En este sentido Michael Sandel señala que la entrada de ciertos bienes al mercado puede generar la corrupción del mismo bien o una terrible desigualdad social en términos de justicia. Supongamos que un día nos enteráramos que la asignación del Premio Nobel se diera a través de una subasta. Claramente, el valor meritocrático que tiene dicho premio se anularía y, por ende, acabaría por corromperse este bien. Otro ejemplo es el caso de la compra y venta de la sangre humana. Al permitir que la distribución de transfusiones sanguíneas fuera a través de un intercambio mercantil, se limitaría la posibilidad de poner en práctica la virtud de la generosidad y, además, se provocaría una desigualdad social entre aquellos que tienen una mejor capacidad de pago que otros (Sandel, 2013: 11-22).

En el ámbito de la sanidad, esta actitud mercantilista ha llevado a concebir la asistencia sanitaria como un derecho exigible en justicia y no sólo como un acto de beneficencia o caridad, como pretenden los libertarios. Las grandes desigualdades en el acceso sanitario han hecho de la sanidad una parte fundamental de las políticas de justicia social. Hoy parece existir cierto consenso, en la mayoría de las sociedades occidentales y democráticas, en el reconocimiento del derecho a la asistencia sanitaria como condición necesaria para la vida propiamente humana, que debe garantizar un mínimo de atención.[15]

Respecto al segundo argumento, es preciso mencionar que aunque exista una distinción entre los derechos positivos y los derechos negativos, ambos son derechos humanos pues permiten la realización y autodeterminación de la persona.[16] En este sentido, es preciso recordar cómo los movimientos

---

15 En el *Informe sobre la salud en el mundo 2010* de la OMS se considera que la promoción y la protección de la salud son esenciales para el bienestar humano y el desarrollo socioeconómico sostenido. No es de sorprender que las personas también consideren la salud como una de sus mayores prioridades, situándose en la mayoría de los países sólo por detrás de problemas económicos como el desempleo y los salarios bajos. Como consecuencia, la salud suele convertirse en un tema político, ya que los gobiernos intentan satisfacer las expectativas de la población. Asimismo, el acceso oportuno a los servicios sanitarios también se ha vuelto crítico: una combinación de promoción, prevención, tratamiento y rehabilitación. Esto no se puede conseguir, excepto para una pequeña minoría de la población, sin un sistema de fi anciación sanitaria que funcione correctamente.

16 Cabe señalar que en la actualidad el tema de derechos humanos, dentro del ámbito académico, es sumamente controvertido y ha sido víctima de severas críticas y objeciones. La literatura académica identifi a cuatro escuelas de pensamiento sobre derechos humanos. La primera, la escuela naturalista, concibe los derechos humanos como dados (en este tipo de pensamiento entrarían los derechos humanos negativos); en segundo lugar, la escuela deliberativa los concibe como fruto de un acuerdo (éstos podrían ser los derechos positivos); otra es la escuela de protesta que los define como el resultado de una lucha y reivindicación; y, por último, la escuela del discurso que afi ma su existencia sólo en la medida en la que se habla de éstos; en otras palabras,

sociales del siglo XIX dieron origen a una nueva tabla de derechos humanos, como son los derechos económicos, sociales y culturales. Así como la primera generación de derechos humanos dio por resultado la tabla de derechos negativos, entre ellos el derecho a la salud, la segunda generación permitió el origen de los derechos positivos, entre ellos, el derecho a la asistencia sanitaria. Conviene no perder de vista que la teoría de los derechos sociales surgió como un intento de mediación entre el liberalismo radical y el marxismo extremo. No obstante, para el pensamiento liberal de derecha, entre la primera tabla de derechos y la segunda hay un conflicto insalvable, de modo que todo incremento de los segundos va en detrimento de los primeros. La igualdad destruye la libertad, sería la consigna del libertarismo. Sin embargo, el socialismo democrático, como podría entenderse la teoría de Rawls, creyó en un equilibrio entre libertad e igualdad (Gracia, 2008: 246).

Por lo general, los derechos negativos suelen identificarse con la libertad –razón por la cual son reconocidos por los libertarios– mientras que los positivos se identifican con la igualdad. Según los principios de justicia de Rawls, la igualdad está cimentada en la libertad. Todas las personas somos iguales en tanto que somos libres.[17] A partir de este supuesto, podríamos afirmar que ambos derechos proceden –aunque por diferentes caminos– de la libertad. Por más que uno esté "libre de" coacciones externas (derechos negativos) para actuar, no podrá vivir en sociedad de un modo adecuado si no tiene la "libertad para" (derechos positivos) trabajar, formar una familia, educar a sus hijos, etc. Todas estas libertades son reconocidas a través de los derechos económicos, sociales y culturales. Ya que ambos derechos permiten la realización y libre autodeterminación de la persona son considerados derechos humanos.

Según comenta Pogge, el derecho a tener derechos humanos no se declara fuente de los derechos humanos en sí; sino que, por el contrario,

los derechos humanos sólo existirían en tanto que forman parte de un discurso, pero no tienen una existencia como entes individuales (Dembour, 2010: 1-20).

17 No hay que olvidar que para el socialismo la igualdad es condición de posibilidad para la auténtica libertad, de ahí su interés por defender los derechos económicos y sociales. Según los postulados socialistas, los derechos negativos son derechos puramente formales, mientras que los positivos son derechos reales.

afirma que todos los seres humanos tienen ciertos derechos, independientemente de si están reconocidos en un territorio determinado o incluso de si lo están en algún lugar del mundo. Los derechos humanos se establecen en el derecho de un modo que implica que tienen una existencia independiente y, por lo tanto, que existían antes de ser codificados y que seguirán existiendo incluso si los gobiernos retiran su reconocimiento jurídico (Pogge, 2013a: 24-28).

Es así como en el artículo 25 de la Declaración Universal de los Derechos Humanos, promulgada por las Naciones Unidas en 1948, se hace referencia al derecho a la asistencia sanitaria:

> Toda persona tiene derecho a un nivel de vida adecuado que le asegure, así como a su familia, *la salud*, el bienestar, y, en especial la alimentación, el vestido, la vivienda, *la asistencia médica* y los servicios sociales necesarios; tiene asimismo derecho a los seguros en caso de desempleo, enfermedad, invalidez, viudez, vejez u otros casos de pérdida de sus medios de subsistencia por circunstancias independientes de su voluntad [mis cursivas].

Justicia distributiva y mercantilismo sanitario

Cuando hablamos de la justicia distributiva, mencionamos que son tres los elementos que la conforman: 1. Los sujetos de la distribución, 2. Los objetos y 3. Los mecanismos mediante los cuales se lleva a cabo la distribución. A continuación revisaremos cada uno de esos elementos desde el enfoque del mercantilismo sanitario.

1. Sujetos de distribución

Según se mencionó, el tema de los sujetos de distribución se refiere a la manera de concebir e identificar a las personas que son susceptibles de recibir algún bien, servicio o carga. Sin embargo, cuando hablamos de los sujetos de distribución podemos referirnos también a aquellos que tienen la responsabilidad de otorgarlos, como es el caso del Estado. En este sentido existen tres posiciones.

La primera posición afirma que el Estado tiene una responsabilidad con los ciudadanos y, por lo tanto, tiene la obligación de reconocer los derechos sociales y económicos. La idea que subyace a esta concepción considera que el Estado, mediante sus instituciones, debe promover diferentes bienes y servicios a través de políticas asociadas con el Estado de bienestar.

La segunda posición considera que el Estado no debe hacerse cargo de ninguna política social o de bienestar, puesto que su único compromiso debe ser con la seguridad de los ciudadanos. Asimismo, tiene la obligación de asegurar que se cumplan los contratos, celebrados de forma libre y voluntaria entre los individuos. Los libertarios que defienden esta posición piensan que un Estado que se comprometa a llevar a cabo políticas de corte social, impone cargas fiscales injustas y viola los principios de adquisición. Las personas que han adquirido de forma legítima sus bienes y tienen los medios económicos para disfrutar de éstos, así como de los servicios que puedan obtener a través del intercambio de otros bienes y servicios, no tienen por qué hacerse responsables del bienestar de las personas menos aventajadas (Dieterlen, 2014: 46).

En este sentido Hayek afirma que

> la justicia social no es una inocente expresión de buena voluntad para con los menos afortunados, sino que se ha convertido en una insinuación deshonesta, según la cual debemos dar nuestro consentimiento a la solicitud de todo interés especial, que no puede aducir ninguna razón real para que tengamos que hacerlo. Para que el debate político sea honesto, las personas tienen que darse cuenta de que esta expresión es intelectualmente vergonzosa, caracteriza la demagogia y al periodismo barato y los pensadores responsables deben avergonzarse de utilizarlo, ya que una vez reconocida su vacuidad, su uso es deshonesto (Hayek, 1976: 97).

En la misma línea de pensamiento de Hayek, Engelhardt critica el modo deshonesto de hablar de la justicia social, ya que sugiere un acuerdo canónico en la reflexión moral secular que es injustificado y además inexistente; también es demagógico porque incita al uso coercitivo de la fuerza estatal (Engelhardt, 1995: 402). Lo que afirman estos pensadores, junto con otros libertarios, es que los sujetos particulares o las empresas pueden llevar a cabo la distribución mediante actos de caridad y de filantropía.

La tercera posición, probablemente la más generalizada en los países democráticos, consiste en una mezcla de las posturas anteriormente mencionadas. Los que defienden esta posición piensan que el Estado, principalmente, tiene la obligación de establecer políticas encaminadas a la justicia social, pero no ven con malos ojos que los particulares, mediante organizaciones no gubernamentales o empresas particulares, conjuguen esfuerzos con éste para mejorar la situación de los ciudadanos. Sin embargo, admiten que, a fin de cuentas, la responsabilidad es del Estado[18] (Dieterlen, 2014: 46).

A partir de estas posiciones se han originado diferentes sistemas de salud que, en última instancia, responden a tres modelos sanitarios. En el cuadro que se presenta a continuación se analizan cada uno de estos modelos.

2. Objetos de distribución

El segundo tema que le preocupa a la justicia distributiva es el de los objetos que se distribuyen. Algunas veces, los objetos serán bienes como el dinero; otras veces se tratará de bienes como la educación, la asistencia sanitaria,

[18] Esta posición nos recuerda el informe dictado por la ONU el 3 de octubre de 2014 sobre los derechos de las personas con discapacidad en México. En dicho informe la ONU expresó su preocupación por la falta de atención a las personas discapacitadas por parte del gobierno mexicano. En el artículo 8º del informe, en el apartado "Toma de conciencia", refie e que: "Al Comité le preocupa que buena parte de los recursos para la rehabilitación de las personas con discapacidad sean objeto de administración en un ente privado como Teletón. Además, observa que dicha campaña promueve *estereotipos de las personas con discapacidad como sujetos de caridad"* [mis cursivas]. En el mismo artículo, también instó al gobierno mexicano a que "establezca una distinción clara entre el carácter privado de las campañas Teletón y las obligaciones que el Estado debe acometer para la rehabilitación de las personas con discapacidad. Asimismo, le recomienda desarrollar programas de toma de conciencia sobre las personas con discapacidad como titulares de derechos". Preocupado por la desigualdad que impera en México y haciendo énfasis en la justicia social, así como en una línea de pensamiento de corte igualitario, el comité de la ONU hace un énfasis en el deber por parte del Estado de asegurar la atención y los derechos de las personas discapacitadas. Ahora bien, que el Estado tenga la obligación de atender a estas personas con discapacidad no signifi a que no puedan existir instituciones privadas, como es Teletón, que apoyen y ayuden a la rehabilitación de este grupo de personas. En este sentido, es posible afi mar que la caridad no está peleada con la justicia social, antes bien, deben colaborar de la mano.

	MODELO LIBERTARIO	MODELO SOCIALISTA	MODELO MIXTO
Características	La salud en este modelo es considerada como un bien de consumo, que no necesariamente tiene que estar protegida por los poderes públicos en toda su amplitud. La responsabilidad del Estado queda resumida a atender a los grupos más vulnerables, a través de programas asistenciales. El resto de la población se adhiere a compañías de seguros privados o contrata directamente al proveedor de prestación médica, sin intermediarios. La utilización de los servicios se basa en la ley de la oferta y la demanda.	Las prestaciones se dan en condiciones de equidad, gratuidad y universalidad para todos los segmentos de la población. Es financiado en su totalidad por presupuestos generales del Estado. El sector privado es inexistente. De este modelo derivan dos tipos: **A) Modelo Semashko:** comenzó en la antigua URSS y los países del bloque soviético después de la Segunda Guerra Mundial. Desde 1990, Rusia y todos los países comunistas de Europa han abandonado el sistema centralizado, totalmente controlado y operado por el Estado. **B) Modelo público unificado:** aplicado en Cuba y Corea del Norte.	Se define por la contribución que tienen el sector público y el privado en la gestión del sistema. Según el país, difiere la participación de ambos sectores, dándole características propias en la financiación, en los modos de provisión y en la funcionalidad, así como en los distintos niveles de asistencia. Dos modelos europeos le dieron origen: **A) Modelo de Seguridad-Social Bismarck**. Es el más antiguo y avanzado del mundo, inspirado en la legislación social de Alemania de 1883. **B) Modelo Beveridge.** Inspirado en el informe Beveridge de 1942, dio origen a la mayoría de los sistemas nacionales de salud, como el National Health Service.
Principios de justicia	Este tipo de modelo se justifica a partir de los principios de justicia retributiva como los propuestos por Nozick.	Principios igualitarios de corte marxista.	Principios de justicia distributiva como los propuestos por Rawls.
Ejemplo de sistema	El sistema de salud de Estados Unidos. Los dos programas asistenciales con los que cuenta son: Medicaid (personas con bajos recursos) y Medicare (jubilados y ancianos).	Actualmente son pocos los sistemas de salud donde los servicios privados son inexistentes. Cuba y Corea del Norte son ejemplo de modelos socialistas.	La mayoría de los países de Europa y América han construido sus sistemas nacionales de salud basándose en el modelo de Bismarck o en el de Beveridge.

Cuadro obtenido de: ‹http://www.politicaspublicas.uncu.edu.ar/articulos/index/caracterizacion-de-modelos-sanitarios-y-sistemas-sanitarios› (Consultado el 10 de octubre de 2014).

la vivienda, el agua o la electricidad. Muchos de estos bienes se consideran escasos, lo que hace que su distribución sea complicada y en algunos casos irrealizable en la práctica. En este sentido, Engelhardt explica que

> no es posible prestar la mejor asistencia sanitaria a todos y contener los gastos al mismo tiempo. No se puede prestar igual asistencia a todos y a la vez respetar la libertad individual de perseguir de forma pacífica, junto con otros, la propia visión de la sanidad o de utilizar los propios recursos y energías como cada cual decida. No se puede mantener la libertad en la elección de asistencia sanitaria y al mismo tiempo contener los costes. Tampoco es posible proporcionar a todos igual asistencia, y que al mismo tiempo sea la mejor, debido a la misma insuficiencia de los recursos (Engelhardt, 1995: 403).

La cita de Engelhardt revela una de las cuestiones más importantes y problemáticas de la justicia distributiva sanitaria. Es un hecho innegable que no es posible proporcionar a todos igual asistencia debido a la insuficiencia de recursos. Queda claro, por ejemplo, que no es viable darle un corazón a todas las personas que están en lista de espera para un trasplante. Tampoco es factible atender todas las necesidades de salud de todas las personas; en otras palabras, no es posible darle todo a todos y, además, de la mejor calidad. La escasez de recursos generará forzosamente desigualdad; sin embargo, ¿hasta qué punto esta desigualdad puede llegar a afectar las oportunidades que tiene una persona? Precisamente, ésta es una de las preguntas clave para el igualitarismo sanitario. En palabras de Daniels, ¿cuándo son injustas las desigualdades en materia de salud?, ¿cómo es posible satisfacer las necesidades de salud con equidad cuando no es posible satisfacerlas todas?

La respuesta a estas preguntas, junto con el resto de la teoría de Daniels, serán expuestas en los capítulos III y IV.

3. Criterios de distribución

El tercer tema de la justicia distributiva son los criterios de distribución. Los criterios para alcanzar una distribución justa van desde el mercado –como apoyan los libertarios– hasta la distribución por necesidades básicas no satisfechas –que defienden los igualitarios–, por lo que hay que hacer énfasis en que cualquiera que sea el principio que se elija debe cumplir con un criterio subyacente, que es el de la equitativa igualdad de oportunidades.

Para entender los mecanismos de distribución según las leyes del mercado, es preciso considerar la teoría de Adam Smith. Según el pensamiento de este economista y filósofo escocés, el hombre por naturaleza es un ser egoísta, pero el egoísmo es imprescindible para la vida. La vida humana sería imposible si los hombres no fueran buscando, egoístamente, sus propios intereses mediante el trabajo, la diligencia, la economía y los demás ámbitos de la vida. Cuando el hombre actúa así, protegiendo sus propios intereses, aun en el caso de que lo haga de modo desordenado y vicioso, dice Smith, es conducido como por una especie de *mano invisible* a producir efectos virtuosos y altruistas. He aquí como lo expone en *Teoría de los sentimientos morales:*

> Los ricos escogen del montón sólo lo más preciado y agradable. Consumen poco más que el pobre, y a pesar de su egoísmo y rapacidad natural, y aunque sólo procuran su propia conveniencia, y lo único que se proponen con el trabajo de esos miles de hombres a los que dan empleo es la satisfacción de sus vanos e insaciables deseos, dividen con el pobre el producto de todos sus progresos. Son conducidos por una mano invisible que les hace distribuir las cosas necesarias de la vida casi de la misma manera que habrían sido distribuidas si la tierra hubiera estado repartida en partes iguales entre todos sus habitantes; y así, sin proponérselo, sin saberlo, promueven el interés de la sociedad y proporcionan medios para la multiplicación de la especie (Smith [1759] 1983: IV) [mis cursivas].

Por su parte el igualitarismo tomará como criterio de distribución las necesidades básicas. Siguiendo a Wiggins se dice que las necesidades básicas se definen como "aquello que en todos los mundos posibles en donde existan las mismas leyes de la naturaleza, las mismas condiciones ambientales y una determinada constitución humana, los seres humanos sufrirían un daño si no tienen acceso a los bienes que las satisfagan" (Wiggins, 1985: 167). Según el pensamiento de Wiggins, el concepto mismo de necesidades básicas encierra la idea de una situación y de un bien no negociable.

Es importante mencionar que la mayoría de los bienes o servicios que se distribuyen según las reglas del mercado corresponden a un tipo de deseos o preferencias. Sin embargo, encontramos ciertos bienes, como son los alimentos, que a pesar de ser considerados una necesidad básica para la vida de las personas, hay un mercado para su distribución. No obstante, aun en el caso de la comida existe una diferencia entre aquellos alimentos que se consideran básicos para el desarrollo de una persona y aquellos que corresponden a una preferencia.[19]

Ahora bien, si se considera la salud como un elemento esencial para el desarrollo de la vida de una persona y el ejercicio pleno de las libertades y derechos, es necesario considerar también a la asistencia sanitaria como una necesidad básica. Sin embargo, si se toma en cuenta que existe un mercado para ciertos bienes que corresponden a necesidades básicas, como son la vivienda o la comida, y que se distinguen entre lo necesario y las preferencias, ¿por qué no podemos hablar de un mercado sanitario? Sin embargo, para poder justificar esta idea es necesario hacer una distinción entre lo que se considera una necesidad básica y una preferencia.

[19] En México, así como en otros países del mundo, existe una canasta básica de alimentos. La canasta básica es un conjunto de bienes indispensable para que una familia pueda satisfacer sus necesidades básicas de consumo a partir de su ingreso. La canasta básica mexicana contempla alrededor de 80 artículos, entre los cuales encontramos productos como: maíz, frijol, arroz, azúcar estándar, harina de maíz, aceite vegetal comestible, atún, sardina, leche en polvo, chiles enlatados, café soluble, sal de mesa, avena, pasta para sopa, harina de trigo, chocolate en polvo, galletas Marías y de animalitos, jabón de lavandería, jabón de tocador, papel higiénico, detergente en polvo y crema dental. Para más información sobre la canasta básica mexicana, consultar la página de la Secretaría de Bienestar (Sedesol): ‹www.sedesol.gob.mx›.

Necesidades básicas *vs.* deseos y preferencias

La discusión sobre las necesidades básicas, explica Paulette Dieterlen, se ha bifurcado en dos grandes vertientes: por un lado, existen pensadores que las consideran universales, y por otro, hay quienes las consideran relativas al contexto cultural. Los defensores de la primera posición piensan que es posible hablar de necesidades básicas aplicables a cualquier ser humano independientemente de su historia y cultura. Por su parte, aquellos que defienden la segunda rama piensan que las necesidades son relativas a las circunstancias históricas y culturales, y que por ello una política distributiva debe, como menciona Walzer (1996: 149), proporcionar a las comunidades étnicas ayuda financiera para programas de educación bilingües y servicios de bienestar que tengan orientación al grupo[20] (Dieterlen, 2001: 14).

Por su parte, Martha Nussbuam junto con Len Doyal e Ian Gough apoyarán una visión universalista o esencialista de las necesidades básicas con rasgos y objetivos semejantes, pero también con ciertas diferencias. Como señala el propio Gough,

> las dos obras tienen muchos puntos en común, incluyendo la adopción de una concepción plenamente universal de las capacidades/necesidades humanas, una crítica al relativismo y un planteamiento a favor de los derechos constitucionales de todas las personas y pueblos para que se vean colmadas sus necesidades/capacidades. Ambas articulan una concepción del bien que aspira a ser universal, pero que al mismo tiempo es dinámica y abierta. Ambas son también más ricas que la de

[20] México es un claro ejemplo de la necesidad de reconocer derechos diferenciados según el grupo, como sugieren Walzer (1996) y Kymlicka (1996). Zapotecos, mayas, nahuas, purépechas, mixtecos, yaquis, kikapúes y otomíes son sólo algunos de los grupos que tienen, actualmente, representación en el territorio nacional. La mayoría de estos grupos no tienen acceso a servicios de salud y en aquellas comunidades donde hay un centro de salud no es fácil que las personas indígenas puedan comunicarse porque la atención no es bilingüe. Si un indígena no habla castellano, la mayoría de las veces los médicos lo regresan a su casa sin haberlo atendido. Esto ha provocado que en México existan casi ocho millones de indígenas sin atención médica. En relación a este tema, véase: Luévano (2012).

Sen en su concepción del florecimiento humano, por ejemplo al reconocer el papel de las capacidades emocionales (Gough, 2007/2008: 201).

Compartiendo este punto de vista, Martha Nussbaum (1998: 60-61) propone una teoría de las funciones más importantes del ser humano que, una vez identificadas, servirán de punto de partida de las políticas sociales. Su posición comprende tanto los fines que persiguen los hombres, como una idea del contenido general de la vida humana. Nussbaum nos proporciona una lista normativa de las funciones humanas, y si bien admite que dicha lista es vaga, piensa que es mejor acertar vagamente que errar con precisión.

Para argumentar a favor del esencialismo de las necesidades básicas, Nussbaum parte de dos supuestos: el primer supuesto afirma que siempre reconocemos a otros como humanos, a pesar de las diferencias de tiempo y lugar; el segundo supuesto considera que existe un consenso general y ampliamente compartido sobre ciertas características cuya ausencia significa el fin de una forma humana.

Entre las funciones humanas básicas que propone Nussbaum destacan las siguientes: poder vivir hasta el final de una vida humana completa, tener buena salud, estar suficientemente alimentado, tener alojamiento y libertad de movimiento; evitar el dolor innecesario y perjudicial, tener experiencias placenteras; usar los cinco sentidos, imaginar, pensar, razonar; relacionarse con personas y cosas fuera de nosotros mismos, amar a quienes nos aman y se preocupan por nosotros, sentir pena por su ausencia; formarse una concepción del bien y comprometerse a una reflexión crítica acerca de la planificación de la propia vida; vivir con y para otros, reconocer y mostrar preocupación por otros seres humanos, comprometerse en varias formas de interacción familiar y social; vivir preocupado por animales, plantas, y el mundo de la naturaleza; reír, jugar, disfrutar de actividades recreativas, vivir la propia vida y la de nadie más en el propio entorno y contexto (Nussbaum, 1998: 71).

Tiempo después, estas funciones humanas quedarán sintetizadas en esta lista de capacidades:

1. Vida. Digna y de duración normal.
2. Salud corporal. Reproductiva y alimentaria. Alojamiento adecuado.
3. Integración corporal. Libertad de movimiento y seguridad.
4. Sentidos, imaginación y pensamiento. Información, educación, expresión.
5. Emociones. Desarrollo adecuado.
6. Razón práctica. Planificar la propia vida. Libertad de conciencia y religión.
7. Afiliación. Vida con otros e interacción social. Protección contra la discriminación.
8. Respeto a otras especies. Consideración de animales, plantas y medio natural.
9. Juego. Poder reír, jugar y disfrutar.
10. Control sobre el medio. Participación política y derecho de propiedad.

(Nussbaum, 2002: 120-123).

Para Nussbaum es perfectamente compatible exponer una lista de necesidades básicas o capacidades universalmente aceptables en todas las sociedades, la cual, al mismo tiempo, pueda ser aplicable en casos particulares y obedecer a las circunstancias propias de una persona que vive en una sociedad y tiempo determinados. Esta compatibilidad radica en dos elementos: a) en una teoría ideal sólidamente articulada sobre la base de argumentos rigurosos y b) en el análisis empírico de casos particulares. La comparación y combinación de ambos elementos permite, por un lado, desarrollar una ética general y, por otro, tener la flexibilidad para adecuar los casos particulares a un esquema general no rígido. Esta comparación y combinación debe aplicarse en cada caso particular para poder obtener una solución éticamente válida.

Según Nussbaum, si rechazamos la noción de las necesidades básicas esenciales rechazaríamos una guía crucial para construir una teoría de la justicia distributiva que nos sirva para implementar las políticas públicas.

Ella piensa que la lista de capacidades es lo suficientemente amplia como para incorporar diferencias culturales y sociales. También cree que una política social no debe guiar la conducta de los ciudadanos, sino procurar que éstos tengan los recursos y las condiciones necesarias para actuar como más les convenga; y garantizar, de esta manera, que las oportunidades estén efectivamente disponibles (Nussbaum, 1998: 72).

Sin embargo, una lista tan amplia de capacidades, como la que propone Nussbaum, que incluye aspectos tanto físicos como psicológicos, biológicos y sociales, puede llegar a generar controversias. Como afirma Onora O'Neill, "no genera controversias el hecho de que los seres humanos necesitan una dieta equilibrada, vivienda, ropa adecuada para el clima, servicios sanitarios y cuidados médicos. Sin embargo, provoca controversias la necesidad de compañía, actividades políticas, culturales y alimento para el espíritu" (O'Neill, 1986: 95).

Una posición menos radical es la que asumen Len Doyal e Ian Gough. En la opinión de Doyal (1998: 157-172), los intentos de ciertos pensadores por negar la existencia de necesidades básicas han sido populares pero plausiblemente superficiales. Dichos intentos son populares porque no es difícil sostener que las personas tienen sentimientos fuertes sobre sus necesidades básicas y sobre los cambios que éstas sufren dependiendo de las culturas. Asimismo, es fácil creer que los sentimientos subjetivos no constituyen una fuente confiable para atender las demandas sobre las necesidades. Ello obedece a que en ocasiones podemos desear fuertemente cosas que nos hacen daño y podemos desconocer aquello que se requiere para evitar dicho daño.

Siguiendo la teoría de Doyal y Gough, Boltvinik supone que en el rechazo de la existencia de necesidades humanas comunes a todos los seres humanos y en la creciente consideración de las necesidades humanas como concepto subjetivo y culturalmente relativo subyace un interés mercantilista (Boltvinik, 2003: 410): si la noción de necesidades humanas objetivas carece de fundamento, entonces ¿qué alternativa queda sino creer que los individuos saben mejor que nadie lo que conviene más para ellos mismos y alentarlos a perseguir sus propias metas o preferencias? ¿Y qué mejor mecanismo hay para ello que el mercado? El desplazamiento de las necesidades por las preferencias permite justificar plenamente el dominio del mercado sobre la política (Doyal y Gough, 1991: 1-2).

Por esta razón, es indispensable justificar el carácter objetivo y universal de las necesidades básicas. Una base objetiva es aquella que, empírica y teóricamente, es independiente de los deseos y las preferencias subjetivas. Una base universal significa que el daño provocado por la ausencia de un bien determinado es igual para todo el mundo.

Según Doyal, la palabra necesidad se usa –explícita o implícitamente– para referirnos a una categoría particular de metas pensadas como universalizables. Es importante destacar que, en este sentido, las necesidades se distinguen de otras metas que se refieren a lo que las personas quieren o desean, y que dependen de las preferencias particulares y del medio ambiente cultural. Los seres humanos tienen metas universales que corresponden a las necesidades básicas, y es necesario que las alcancen para que no sufran un daño específico y objetivo. Así, según Doyal, las necesidades básicas son precondiciones universalizables que permiten la participación, tan activa como sea posible, en aquellas formas de vida que tanto los hombres como las mujeres podrían elegir si tuvieran la oportunidad de hacerlo (Doyal, 1998: 157-172).

Para Doyal y Gough las necesidades básicas son la salud y la autonomía personal. De esta manera, para que las personas puedan actuar y sean responsables deben tener determinada capacidad física y mental consistente en la posesión de un cuerpo que esté vivo, gobernado por todos los procesos causales relevantes, y deben tener, al mismo tiempo, la competencia mental para deliberar y elegir. La competencia y la capacidad de elección constituyen el nivel más básico de autonomía personal. Así, la supervivencia física y la autonomía son precondiciones para que los individuos puedan actuar, independientemente de su entorno cultural. Doyal examina la salud física y afirma que puede ser definida de una manera negativa, es decir, como aquello sin lo cual sería imposible tener una expectativa de vida y cuya ausencia provocaría la aparición de enfermedades físicas que pueden ser conceptualizadas en términos biomédicos (Doyal, 1998: 159).

En cuanto a la autonomía, distingue tres ideas indispensables para comprenderla. La primera se refiere a la comprensión que las personas tienen de sí mismas, de su cultura y de lo que se espera de ellas. La segunda se relaciona con la capacidad psicológica que tienen los hombres y las mujeres para crear sus propias opciones. Por último, la tercera se refiere a las oportunidades objetivas que permiten que una persona actúe o deje de actuar. La autonomía se relaciona íntimamente con la educación formal y, según Doyal, sus niveles mínimos pueden describirse mediante las siguientes características: los agentes tienen la capacidad intelectual para fijar metas de acuerdo con su forma de vida; poseen la suficiente confianza en sí mismos para desear actuar y participar en la vida social; pueden formular fines consistentes y son capaces de comunicarlos a los otros; perciben sus acciones como propias; tienen la posibilidad de comprender las restricciones empíricas que dificultan o impiden el logro de sus metas; pueden sentirse responsables de las decisiones que toman y de sus consecuencias (Doyal, 1998: 60). Así, al igual que la salud, la autonomía personal puede entenderse por la vía negativa, esto es, resaltando el daño objetivo que resultaría si las características señaladas anteriormente no se dieran.

En este sentido, conviene resaltar la consideración de Ricardo Parellada respecto al contenido axiológico de la teoría de las necesidades y las capacidades, pese al rechazo de Doyal y Gough dentro de su planteamiento. De acuerdo con Parellada, "el aspecto más relevante del objetivismo axiológico para el tema de las necesidades y las capacidades es la idea de rangos de valores. En la propuesta de Scheler, seguida por Ortega, los valores tienen tres características principales: polaridad, materia y rango" (Parellada, 2008: 83). De estos tres atributos, la idea de rango, orden o jerarquía está presupuesta en las necesidades o capacidades.

> Como hemos visto, la teoría de las necesidades ofrece dos criterios distintos para justificarlas: por un lado, las necesidades serían condiciones para que cada individuo pueda perseguir su propia concepción de lo valioso. Y, por otro, las necesidades se revelan de forma negativa, pues si no se satisfacen, se producen perjuicios graves y objetivos.

> Ahora bien, Doyal y Gough reconocen que para concebir cabalmente los perjuicios graves y objetivos es necesario presuponer la idea de una vida humana plena y próspera. Si esto es así, el criterio instrumental es insuficiente para la determinación de las necesidades humanas (Parellada, 2008: 85).

Ahora bien, si se acepta la posición de las necesidades básicas como mecanismo de distribución, convendría analizar la conexión que guardan con los derechos que todo ciudadano debe gozar. Tomando como punto de referencia la noción de necesidades básicas de Wiggins, así como la de Doyal y Gough, la pregunta que surge es: ¿podemos afirmar que las personas tienen derecho a exigir que les sean satisfechas sus necesidades básicas por parte del Estado?

Según lo que se ha expuesto en este capítulo, la respuesta a esta pregunta dependerá del enfoque que se tenga del Estado. Para los defensores de un Estado mínimo –como es el caso de los libertarios–, que sólo reconocen derechos negativos, las personas no tendrían derecho a exigir que sean satisfechas sus necesidades básicas. En este sentido, el derecho a la asistencia sanitaria constituye el derecho a exigir una parte de los servicios y de los bienes de otras personas, así como una acción asistencial. Al contrario que el derecho de tolerancia, que requiere que otros se abstengan de intervenir (lo que implica una omisión) y que demuestra la unidad de la autoridad para utilizar a otras personas. En términos de Engelhardt,

> el derecho a la asistencia sanitaria, excepto cuando derive de acuerdos contractuales especiales, dependerá de una interpretación determinada de beneficencia más que del permiso y, por consiguiente, puede entrar en conflicto con las decisiones de personas que no desean participar y pueden, de hecho, oponerse moralmente a la realización de un determinado sistema sanitario (Engelhardt, 1995: 402-403).

Sin embargo, los partidarios del igualitarismo o del Estado de bienestar considerarán como *conditio sine qua non* que el Estado satisfaga las necesidades básicas de los ciudadanos para la realización y ejercicio de las libertades y derechos. En este sentido, las necesidades básicas serían concebidas como parte de las políticas de bienestar.

Que la necesidad y no la capacidad de pago –o algún otro criterio semejante– sea el principio que gobierne la asistencia sanitaria es un lugar común dentro del debate contemporáneo. Tal y como defendía Bernard Williams, la provisión de tratamiento médico debe tener como fundamento propio el estado de enfermedad. Cuando, sin embargo, quienes tienen la misma necesidad de recibir asistencia sanitaria no la reciben por falta de dinero implica un hecho irracional (Williams, 1962: 121-122).

Distribuir de acuerdo con la necesidad es, como ya se mencionó, una típica manifestación de la concepción igualitaria. Sin embargo, son certeras las críticas de Engelhardt a los presupuestos igualitaristas. Es una realidad fáctica la finitud de los recursos en materia sanitaria, tanto desde un punto de vista económico, como desde un punto visto material (no es posible otorgarle un corazón a todo aquel que necesite un trasplante); asimismo, si se intenta invertir todos los recursos disponibles en la prolongación de la vida de todas las personas el mayor tiempo posible y a cualquier precio, supondría agotar los recursos de otras empresas sociales importantes, como podrían ser la vivienda o la educación (Engelhardt, 1995: 406). Si existe un mercado para la vivienda y para la alimentación, ambas consideradas necesidades básicas para el desarrollo plenamente humano, ¿por qué no podría existir un mercado para la asistencia sanitaria?

Si se mantiene la analogía entre la asistencia sanitaria y la alimentación, se puede encontrar otra distinción entre la necesidad y las preferencias. Tanto la alimentación como la asistencia sanitaria son consideradas una necesidad básica para el desarrollo humano. La ausencia de cualquiera de éstas supondría un daño para la vida de una persona; sin embargo, tanto en la alimentación como en el cuidado de la salud podemos encontrar elementos que no corresponden a una necesidad, sino que son fruto de un deseo o una preferencia. En estricto sentido, para que una persona pueda mantener el funcionamiento normal de su cuerpo requerirá una dieta balanceada, rica en vegetales, frutas, y proteínas, así como un consumo moderado de hidratos de carbono y grasas saturadas. Sin embargo, una persona puede preferir comer caviar a un plato de verduras. En este sentido, el consumo de caviar no puede considerarse como un alimento necesario para la dieta de una persona, sino como una preferencia o un deseo.

De igual manera, en la asistencia sanitaria podemos encontrar ciertos procedimientos que son fruto de las preferencias y deseos de una persona, como las cirugías estéticas. Ahora bien, más allá de las cuestiones estéticas, podemos encontrar más casos que se pueden considerar una preferencia o un deseo, por ejemplo, durante el embarazo es recomendable hacer tres ecografías[21] (una en cada trimestre), las cuales están cubiertas por la seguridad social; sin embargo, ¿quién podría prohibirle a una mujer embarazada hacerse más ecografías de las recomendadas? Asimismo, ¿bajo qué argumento se le puede prohibir a una persona elegir el médico, el hospital o el tratamiento que mejor le convenga?

Por ello, Engelhardt afirma que

> se tienen motivos de peso para censurar moralmente los sistemas que intentan imponer un plan de asistencia sanitaria global que requiere igualdad en la asistencia, en el sentido de evitar la creación de un sistema de varios niveles, proporcionando cuidados basados únicamente en los diferentes grados de necesidad, y no en características individuales o de grupo. *Las personas acaudaladas siempre son moral y secularmente libres de adquirir más y mejor asistencia sanitaria* (Engelhardt, 1995: 410) [mis cursivas].

Para los igualitaristas es inaceptable y completamente injusta la afirmación de Engelhardt ya que no existe ningún tipo de argumento que permita justificar la ventaja de las personas ricas para adquirir más y mejor asistencia sanitaria. Al afirmar la libertad que tienen las personas con mejores posibilidades económicas para adquirir asistencia sanitaria, Engelhardt

[21] La recomendación de hacer tres ecografías durante el periodo de gestación solamente es para el caso de un embarazo normal y sin ningún tipo de complicación. Queda claro que en los embarazos de alto riesgo, cuando sean necesarias más ecografías, la seguridad social también asumiría el costo.

no considera los factores sociales, culturales y económicos que pueden limitar la libertad de una persona para tomar una decisión. Sin embargo, si consideramos una sociedad en la que el Estado es responsable de proveer un mínimo sanitario y todas las personas –sin considerar su raza, género o condición social– tienen acceso a la asistencia sanitaria básica, ¿cómo podemos prohibirle a una persona que adquiera asistencia sanitaria por sus propios medios?

Supóngase el caso de dos mujeres (A) y (B) que víctimas del cáncer de mama se encuentran en lista de espera de la seguridad social para una cirugía de reconstrucción mamaria. Supóngase que (A) tiene un seguro privado que le permite ser operada antes que (B). En este caso, existe una clara desigualdad entre los recursos de (A) y (B). Sin embargo, ¿qué argumento se podría esgrimir para prohibirle a (A) hacer uso de su seguro privado?

Según comentan De Lora y Zúñiga (2009: 171-173), éste es igualmente el criterio impuesto por la Suprema Corte canadiense en la sentencia Chaoulli *vs.* Quebec. En ese caso se juzgaban los recursos interpuestos por el médico Jacques Chaoulli –que pretendía, en vano, desarrollar su profesión médica de manera privada– y el paciente George Zeliotis –aquejado de problemas cardiacos y de cadera– contra los artículos 15 de la Health Insurance Act[22] y 11 de la Hospital Insurance Act[23] ambas leyes del Estado de Quebec que prohibían la cobertura sanitaria privada mediante pólizas de seguro. Los dos ciudadanos quebequenses consideraban que dichos preceptos, al impedir el acceso a servicios sanitarios libres de listas de espera, o el ejercicio privado de la medicina, vulneraban los derechos a la vida, a la libertad y a la seguridad de la persona previstos en el artículo 7 de la Carta Canadiense de

22 Que reza: "Nadie podrá suscribir o renovar un contrato de seguro o hacer un pago en cumplimiento de un contrato de seguro bajo el que se proporciona un servicio asegurado o se cubre en todo o en parte el coste de dicho servicio a un residente de Quebec, o asimilado, o a su representante" (De Lora y Zúñiga: 2009: 172).

23 Que dispone: "(1) Nadie podrá suscribir o renovar, o hacer un pago en cumplimiento de un contrato bajo el que: a) se presta a un residente cualquier servicio hospitalario que fig re entre los servicios asegurados o se le reembolsa su coste; b) el pago se condiciona a la hospitalización de un residente o c) el pago depende del tiempo en el que el residente es paciente de un establecimiento mantenido por una institución contemplada en la sección 2" (De Lora y Zúñiga, 2009: 172).

Derechos y Libertades,[24] y el derecho a la vida e inviolabilidad de la persona garantizado en el artículo 1º de la Carta de los Derechos Humanos y Libertades de Quebec.[25]

¿Cuál era la razón de estas restricciones frente a las que reaccionaron Chaoulli y Zellotis? Claude Castonguay, quien era primer ministro de Sanidad de Quebec cuando dichas normas fueron aprobadas, guiado por un estricto igualitarismo, señaló ante el tribunal que "quería asegurarse de que todos tuvieran acceso al cuidado sanitario independientemente de su capacidad de pago [...] Quería que el acceso *fuera lo más igual posible en todo Quebec, independientemente del lugar de residencia, de las circunstancias económicas*" (De Lora y Zúñiga, 2009: 173).

La Corte Suprema entendió, en cambio, que, en el caso de ciertos procedimientos quirúrgicos, las demoras resultantes de la existencia de una lista de espera incrementan el riesgo de mortalidad o de daños en el paciente y en general un dolor afecta la calidad de vida de los enfermos. En palabras del tribunal: "El propósito de la prohibición del seguro privado en los artículos 11 y 15 es preservar la integridad del sistema sanitario público. La preservación del sistema público es un objetivo acuciante y sustancial, pero no hay proporcionalidad entre la medida adoptada para lograr el objetivo y éste mismo". En el fondo, y como el propio tribunal señala, el efecto de la prohibición es permitir que sólo los muy ricos, es decir, quienes pueden pagar asistencia médica privada sin póliza de seguro, sean atendidos sin demoras (De Lora y Zúñiga, 2009: 173).

A través de este ejemplo se logra descubrir la postura de Rawls respecto a la igualdad y la libertad. Según se mencionó en el capítulo I, bajo ningún concepto es válido sacrificar la libertad de las personas en aras de la igualdad. Ese equilibrio entre igualdad y libertad presente en los principios de justicia de Rawls es lo que permite en un momento dado fundamentar

[24] En este artículo se establece: "Todos tienen derecho a la vida, a la libertad y a la seguridad personal, y el derecho a no ser privado de aquéllos salvo en aplicación de los principios fundamentales de la justicia" (cfr. De Lora y Zúñiga, 2009: 172).

[25] "Todos los seres humanos tienen derecho a la vida, a la seguridad personal, a la inviolabilidad y a la libertad" (De Lora y Zúñiga, 2009: 172).

un modelo sanitario mixto en el que haya una participación tanto pública como privada.

Considerando lo expuesto hasta ahora, es posible afirmar entonces una dualidad en la asistencia sanitaria. Por un lado, la asistencia sanitaria se considera una necesidad básica ya que permite la igualdad equitativa de oportunidades y el desarrollo de una persona. Sin embargo, también puede contener elementos que sean producto de un deseo o preferencia por parte de las personas.[26] En este sentido es posible afirmar que la salud es un bien especial (porque permite el desarrollo de la igualdad de oportunidades y porque corresponde a una necesidad básica), pero no tanto como para prohibir toda mercantilización, tanto del lado de los prestadores de servicios (el personal sanitario) así como para la asignación de bienes que implican su protección.

Reflexiones finales sobre el mercantilismo sanitario

Quizá no hay mejores palabras que las de Engelhardt para resumir algunos de los puntos centrales del capítulo. En su opinión,

> John Rawls en *A Theory of Justice* y Robert Nozick en *Anarchy, State and Utopia* ofrecen concepciones opuestas de la justicia y la imparcialidad. Defienden sugerencias divergentes acerca de la naturaleza de la justicia en materia sanitaria [...] Rawls presenta la perspectiva ahistórica como recurso explicativo, desde la cual se puede descubrir el modelo adecuado de distribución de recursos sanitarios. En esta concepción se da por

26 Otro ejemplo, aunque controvertido, sería el caso del aborto. En estricto sentido un aborto inducido o interrupción voluntaria del embarazo (IVE) no debería incluirse en la lista de servicios sanitarios mínimos y, por ende, ser cubierto por la seguridad social, ya que no se considera una necesidad básica. En términos de Daniels, un aborto voluntario no es un procedimiento que contribuya al buen funcionamiento normal de las personas (Daniels, 1985: 30-31). Queda claro que en los casos de abortos terapéuticos, en el que está en riesgo la vida de la madre o el feto no es viable (como es el caso de anencefalia, por ejemplo) y se tenga que hacer un legrado, éste debe ser considerado como un servicio sanitario mínimo y básico. Sin embargo, la cuestión cambia cuando se trata de fi anciar abortos tardíos, cuando el feto es viable. En este caso es preciso distinguir la posición que toma el Estado frente a la despenalización del aborto y frente a la fi anciación de éste. Que el Estado permita practicar un aborto no implica que tenga que fi anciarlo.

> sentado que los derechos con base social tienen prioridad moral. Por el contrario, Nozick presenta una explicación histórica de la distribución justa, en la cual la justicia depende de lo que los individuos han acordado hacer con y por los demás. Nozick defiende que los derechos con base individual son moralmente superiores a los derechos con base social (Engelhardt, 1995: 423).

Según se mencionó al inicio del capítulo, Nozick critica los principios de justicia de Rawls porque los considera ahistóricos, pautados y porque sólo consideran el estado final de la estructura social. Sin embargo, se llegó a la conclusión que la misma crítica que Nozick hace a los principios de Rawls se le puede aplicar a él también, ya que no toma en cuenta las desigualdades económicas y sociales, fruto del azar natural, que pueden llegar a afectar la libertad de las personas y su posibilidad para adquirir o transferir bienes. Al final, los principios de Nozick, al dejar fuera de su teoría estas contingencias que generan una desigualdad en la situación inicial, no pueden ser considerados históricos.

Esta distinción entre los principios de Nozick y Rawls no sólo marcará otra de las pautas para los debates entre libertarios e igualitarios, sino que también será motivo de discusión en el seno mismo del igualitarismo, dando como resultado el igualitarismo de la fortuna. En relación con esto se puede afirmar que uno de los aciertos de la teoría de Rawls es, precisamente, considerar las consecuencias de la fortuna o mala fortuna en las acciones de una persona.[27] Aunque son factores externos a la voluntad del individuo

[27] En *Lecciones sobre la historia de la filosofía moral* Rawls retoma las críticas de Hegel al liberalismo, de origen individualista y ajeno a las condiciones sociales, que se identifi a con el libertarismo. Hegel, comenta Rawls, fue consciente del profundo enraizamiento social de la gente dentro del marco establecido de sus instituciones políticas y sociales. De ahí que las ideas de persona y sociedad sean capitales para la teoría de la justicia; ambos conceptos se requieren mutuamente y ninguno se sostiene por sí solo. Queda claro que las diversas contingencias de la vida social afectan los fine y propósitos últimos de las personas, así como el vigor y la confianza con que persiguen dichos fine . Por otro lado, las dotaciones innatas, como, por ejemplo, la inteligencia y los demás talentos con los que nacemos, no son bienes naturales fi os con una capacidad constante; no son más que meras potencialidades que no pueden fructifi ar al margen de las condiciones sociales, y cuando se realizan, no pueden adoptar más que una o algunas de las muchas formas posibles. Las aptitudes educadas y entrenadas representan siempre una selección, y una selección de un amplio abanico de posibilidades que

afectan directamente en el desarrollo de su libertad y, por lo tanto, deberían considerarse como parte de un análisis histórico para la construcción de los principios de justicia; análisis que, como ya se mencionó, Nozick no toma en cuenta, por considerarlo contrario a la autonomía del individuo.

Al igual que Rawls, Engelhardt supone que si ignoramos la suerte que tendremos en la lotería natural y social (como sucede al estar tras el velo de la ignorancia), querremos distribuir los recursos de manera que no resultemos perjudicados por alguna de estas dos loterías. Para Engelhardt, los resultados desafortunados se convierten, de esta manera, en resultados injustos que las personas en su posición de partida, y considerando su aversión al riesgo, pensarían que requieren compensación[28] (Engelhardt, 1995: 425).

En este sentido, tanto para Nozick como para Rawls, los resultados de la lotería natural y social son hechos desafortunados, pero no injustos. En el caso de Rawls, lo que es injusto es la manera en la que se estructura una sociedad a partir de eventos fortuitos. Mientras que para Nozick los resultados de la buena o mala fortuna, en la medida en que no se han producido baja la influencia de fuerzas, coacciones o engaños injustificados, no tienen por qué considerarse como injustos, ni forman parte de un análisis histórico para la retribución por pasadas injusticias en adquisiciones o transferencias. Para Nozick los resultados desafortunados, o también los afortunados, no crean por sí mismos obligaciones de justicia y, por lo tanto, los agentes morales no están obligados por consideraciones de imparcialidad a intentar paliar las consecuencias de la lotería natural, por la que unos nacen saludables y otros con enfermedades graves.

---

podrían haberse realizado. Entre las cosas que afectan su realización están las actitudes sociales de estímulo y apoyo, y las instituciones que se encargan de disciplinarlas y usarlas tempranamente. No sólo nuestra concepción de nosotros mismos y nuestros objetivos y ambiciones, sino también nuestras aptitudes y talentos realizados, reflejan nuestra historia personal, nuestras oportunidades y posición social, y la influencia de la buena y mala fortuna. Razones de esta índole son las que muestran nuestro enraizamiento en la sociedad, algo que reconoce plenamente un liberalismo razonable, como el que propone Rawls (Rawls, 2007: 447-448).

28 El miedo a las fuerzas ciegas de la naturaleza, comenta Engelhardt (1995: 530), ha sido un tema recurrente a lo largo de toda la historia de la humanidad. El desarrollo de la medicina preventiva, del tratamiento médico moderno y del seguro de enfermedad han restado fuerza al miedo a la enfermedad y a la peste. Para darse cuenta de este miedo hay que mirar el pasado, cuando había menos sensación de control y un mayor sentimiento de desesperanza ante el destino.

Es importante tener en cuenta que esta distinción entre las desigualdades que se derivan de las acciones voluntarias y las que son fruto del azar natural es, en el fondo, el punto donde convergen todas las discusiones de justicia sanitaria. Sobre este punto hablaremos en el próximo capítulo.

Otro de los puntos importantes del capítulo fue la distinción que se hizo entre el derecho a la salud y el derecho a la asistencia sanitaria. El primero se definió como parte de los llamados derechos negativos, mientras que el segundo se consideró como parte de los derechos positivos. Sin embargo, se llegó a la conclusión de que ambos tipos de derechos son concebidos como derechos humanos y, por ende, se deben respetar y garantizar a todas las personas sin importar su género, raza, condición social o posición económica. No obstante, al ser limitados los recursos sanitarios y en un contexto de escasez es preciso preguntarnos hasta dónde se puede extender el derecho a la asistencia sanitaria.

¿Cómo se pueden satisfacer las necesidades de salud con equidad cuando no es posible satisfacerlas todas? Para responder a esta pregunta cabe apelar a argumentos tanto libertarios como igualitarios. Según se expuso, para los libertarios –guiados por la teoría de Nozick– como Engelhardt, Epstein o Sade, no es posible prestar la mejor asistencia sanitaria a todos y contener los gastos al mismo tiempo; tampoco es posible prestar igual asistencia y a la vez respetar la libertad individual. Al considerar la libertad individual un valor más importante que la igualdad, terminarán los libertarios por negar los derechos positivos, como la asistencia sanitaria, y dejar que su distribución dependa de las leyes del mercado. En el caso de los igualitarios, la asistencia sanitaria, al igual que el derecho a la salud, son bienes que satisfacen algunas de las necesidades básicas de las personas y, por ende, su distribución no puede depender únicamente de las reglas del mercado.

Sin embargo, aunque la asistencia sanitaria sea un bien que satisface necesidades básicas (al igual que los alimentos), no todo lo que está involucrado con el campo de la salud puede considerarse una necesidad básica, sino que puede corresponder también a un deseo o una preferencia. Tal es el caso de las cirugías estéticas. Por ello es posible afirmar que la salud es un bien especial (porque permite el desarrollo de la igualdad de oportunidades y porque corresponde a una necesidad básica), pero no tanto como para prohibir toda mercantilización. Sin embargo, es importante hacer una distinción entre necesidades básicas y preferencias que permita establecer las pautas para determinar un mínimo sanitario y los límites permitidos dentro de un mercado sanitario.

Considerando la dualidad que presenta la asistencia sanitaria es posible hablar de un modelo sanitario mixto que permita la participación tanto pública como privada en los servicios sanitarios. Asimismo, este modelo mixto, según lo que se expuso a lo largo de este capítulo, puede ser fundamentado a través del equilibrio entre libertad e igualdad que se encuentra en los principios de justicia de Rawls. Se señaló que para Rawls es indispensable garantizar la igualdad y la libertad de las personas; sin embargo, bajo ningún concepto acepta que se coarte la libertad de una persona en aras de la igualdad.

Precisamente, uno de los puntos que se intentan defender en este libro es que a través de un modelo sanitario mixto se logra garantizar tanto la igualdad como la libertad. A través del principio de la equitativa igualdad de oportunidades es posible defender una atención mínima sanitaria que garantice la igualdad y, por otro lado, a través del mercado sanitario se logran satisfacer los deseos y preferencias de las personas.

Capítulo III

El igualitarismo sanitario

El vicio inherente al capitalismo es el desigual reparto de bienes. La virtud inherente al socialismo es el reparto equitativo de miseria.
Winston Churchill

Según se ha mencionado, dentro de la tradición liberal es posible encontrar diferentes posturas que en ocasiones pueden resultar contrarias entre sí. Desde una postura abiertamente a favor de la libertad, pues la considera un valor primordial –como es el caso de los libertarios–, hasta los simpatizantes de la igualdad radical, que llegan a poner en riesgo la libertad individual. Estas posiciones extremas han llegado a encabezar algunos de los principales debates en filosofía política y, de forma más precisa, las discusiones sobre justicia distributiva. En medio de estas álgidas disputas la obra de John Rawls representa un punto de equilibrio entre ambas posiciones.

En el capítulo I se expuso la particular visión liberal de la obra de Rawls y se dejaron ver algunos destellos de su compleja postura igualitaria. En este capítulo se tiene como propósito profundizar en los elementos igualitarios de su teoría, así como en las críticas que se gestaron en torno a ésta, empezando por la de Dworkin.

El liberalismo igualitario de John Rawls a través de la equitativa igualdad de oportunidades

Uno de los logros indiscutibles de la obra de John Rawls, apunta Ángel Puyol, ha sido la revitalización del concepto de igualdad en la ética y la filosofía política de los últimos años, desligándolo de las ideologías que han influido, con mayor o menor fuerza, todo el siglo XX y acercándolo de nuevo al rigor analítico y conceptual de la filosofía. Además, con la virtud añadida de armonizar el valor de la igualdad con los valores de la libertad y la eficiencia: un esfuerzo no siempre valorado con suficiente comprensión. En este sentido, no hay duda de la influencia que la teoría de la justicia ha tenido en el pensamiento igualitarista actual, que, de algún modo, se ha construido a partir de la senda que él trazó (Puyol, 2004: 115).

Aunque en términos filosóficos se puede considerar a Rawls como un heredero de la tradición contractualista, su intención al escribir *Teoría de la justicia* era darle un giro a la clásica idea del contrato social. Precisamente, uno de los elementos innovadores del contractualismo rawlsiano es que toma como objeto del pacto los principios de justicia y no la legitimidad del Estado. Tal y como él mismo lo explica:

> el propósito de la doctrina del contrato es, precisamente, dar cuenta del carácter estricto de la justicia mediante la suposición de que sus principios provienen de un acuerdo entre personas libres, iguales e independientes en una posición originaria de igualdad y, en consecuencia, refleja la integridad y soberanía equitativa de las personas racionales que son los contratantes (Rawls, 1967: 132).

Según se mencionó, la defensa que hace Rawls de su particular contrato social lo coloca en una posición contraria a la de otros modelos de contrato. Mientras que para Hobbes, por ejemplo, la igualdad está cimentada en una igualdad de poder, para Rawls la igualdad se fundamenta en nuestro estatus moral. Es decir, en la capacidad de tener un sentido de justicia y una concepción de bien. Para Rawls la igualdad es un derecho que se le debe a todos los seres humanos en cuanto personas morales y se sigue de la personalidad moral que distingue a los humanos de los animales (Rawls, 1975: 455-463).

Por esta razón, Dworkin llega a afirmar que la justicia como equidad se basa en una igualdad de consideración y respeto, esto es, en un derecho que poseen todas las personas no en virtud de su nacimiento, méritos o género, sino simplemente en cuanto seres humanos libres y con la capacidad de hacer planes y administrar justicia (Dworkin, 1984: 274).

Es importante mencionar también que según lo expuesto por Rawls en *Teoría de la justicia,* el concepto de igualdad se despliega en dos niveles de aplicación distintos: el primero es un nivel básico que busca la igualdad en la distribución de las libertades y derechos propios de una ciudadanía democrática (precisamente, éste es el fundamento moral de la teoría), y el segundo es un nivel estructural que se aplica directamente a las instituciones sociales; el objetivo dentro de este nivel es asegurar la igualdad en el reparto de las oportunidades de acceso a las trayectorias profesionales y a todas las posiciones sociales relevantes.

Ahora bien, aunque en el capítulo I se expusieron de forma general los aspectos más relevantes del principio de la igualdad equitativa de oportunidades, vale la pena recordar algunos de los puntos más importantes que caracterizan a este principio para poder entender después el origen y los fundamentos del igualitarismo de la fortuna.

Al analizar los principios de justicia podemos observar que la igualdad absoluta sólo se garantiza en el primer principio, mientras que en el segundo conviven tanto la igualdad como la desigualdad. Esta aparente contradicción puede superarse si hablamos de tres principios de justicia en lugar de dos. Según esta consideración los principios quedarían expresados de la siguiente manera:

1. Principio de la igualdad de los derechos y las libertades básicas.
2. Principio de la equitativa igualdad de oportunidades.
3. Principio de diferencia.

Según el orden serial de los principios se exige el cumplimiento de los dos primeros para que el tercero sea realizable. Es decir, sólo si se garantiza la igualdad de los primeros dos principios se puede permitir la desigualdad del tercero. Esta continuidad puede notarse también en la inclusión de la equitativa igualdad de oportunidades como uno de los bienes primarios cuyo acceso justo debe estar garantizado a todos los sujetos.

Tal y como ya se mencionó, el principio de la equitativa igualdad de oportunidades toma lugar dentro de la teoría para hacer frente al llamado sistema de libertad natural.

> En el sistema de libertad natural, la distribución inicial está regulada por los acuerdos implícitos en la concepción de las trayectorias laborales como sujetas a los talentos [...] Estos acuerdos presuponen un soporte de libertad equitativa (como la que se especifica en el primer principio) y una libre economía de mercado. Estos acuerdos requieren también una igualdad formal de oportunidades según la cual todos tengan, al menos, los mismos derechos legales de acceso a las posiciones sociales aventajadas (Rawls, 1995: §12, 72).

Sobre este punto, es importante destacar que, aunque no lo cite de manera explícita, al hablar de la libertad natural Rawls alude la famosa obra de Adam Smith *Investigaciones sobre la naturaleza y la causa de la riqueza de las naciones* publicada en 1776. En esta obra se acuñó el concepto de libertad natural para identificar las relaciones de libre mercado.[1]

Para Rawls el principal inconveniente con el sistema de libertad natural es que sólo se considera la equidad en el derecho de acceso a las posiciones más altas de la estructura social. Es decir, no existe ninguna preocupación por la desigualdad en las posiciones de partida que, en muchas ocasiones, afecta la competencia laboral. En este sentido, el sistema de libertad natural sería la ampliación y reproducción de las desigualdades sociales de origen que han sido tomadas como naturalmente dadas.

Por esta razón, la primera concepción alternativa al llamado sistema de libertad natural es la que Rawls denomina igualdad liberal. La igualdad liberal trata de compensar las desigualdades que dan lugar a que prevalezcan

1 Adam Smith, en una frase que ha sido fuente de análisis e inspiración para varios autores, entre ellos Robert Nozick, expresa lo siguiente: "Proscritos enteramente todos los sistemas de preferencia o de restricciones, no queda sino el sencillo y obvio sistema de la libertad natural, que se establece espontáneamente y por sus propios méritos. Todo hombre, con tal que no viole las leyes de la justicia, debe quedar en perfecta libertad para perseguir su propio interés como le plazca, dirigiendo su actividad e invirtiendo sus capitales en concurrencia con cualquier otro individuo o categoría de personas" (Smith [1776] 2005: li bro IV, cap. IX: 612).

las ventajas de unas posiciones sociales sobre otras. A partir de esta concepción, surge el principio de la igualdad equitativa de oportunidades como un mecanismo para corregir los defectos de la igualdad formal representada por la carrera abierta al talento (o sistema de libertad natural). En este sentido, el principio de la equitativa igualdad de oportunidades exige que los cargos y posiciones estén abiertos a todos. Esto implica que quienes poseen similares capacidades y talentos, además de una similar disposición para ejecutarlos, deben tener las mismas oportunidades para cumplir sus expectativas sin importar su clase social.

La propuesta de una equitativa igualdad de oportunidades introduce la exigencia de compensar la desigualdad, proveniente de las contingencias sociales, por medio de políticas de promoción y afirmación de las posiciones sociales menos favorecidas. No es difícil ver en este modelo de igualdad los principios que guían en general la filosofía del Estado de bienestar. Las acciones públicas orientadas hacia el equilibrio en la distribución de la riqueza y el ingreso público a través de una política fiscal muy exigente; los programas de salud pública; la ampliación de las expectativas profesionales y vitales, derivadas de un sistema educativo público e incluyente, y la protección económica frente a las adversidades laborales, como los sistemas de seguro de desempleo y pensiones, son en este contexto los elementos característicos de este modelo de igualdad de oportunidades (Gutmann, 1980: 3-12).

A pesar de las ventajas que presenta la igualdad liberal sobre la igualdad formal del sistema de libertad natural, Rawls argumenta que la igualdad liberal deja sin resolver un problema de orden, a saber, el de la desigualdad en la distribución de los talentos y habilidades naturales. Según el planteamiento de Rawls, el desarrollo de talentos y habilidades de una persona está influido por factores arbitrarios, como son la distribución genética, circunstancias sociales y por contingencias de oportunidad como acciones y buena suerte.

A partir de este planteamiento han surgido diferentes críticas. Una de ellas, como ya se ha mencionado, es la de Nozick, que considera que las circunstancias sociales y económicas son factores externos que no deben considerarse como elementos determinantes para la toma de decisiones y el desarrollo de dotaciones y habilidades naturales. Sin embargo, la crítica de Nozick no es la única. Por ejemplo, se ha llegado a suponer también que si los talentos y habilidades con que contamos son el resultado tanto de nuestro entorno familiar (circunstancias sociales) como de nuestra dotación genética, entonces podría pensarse que la nivelación de las condiciones de vida familiar, la atención y cuidado en los procesos de gestación de los seres humanos, e incluso las diferencias entre un cigoto y otro en el vientre materno, tendrían que quedar sujetos a algún control que evitara el desarrollo de posiciones de ventajas no merecidas.

A este respecto, en un pasaje magistral Brian Barry ha exhibido el absurdo implícito en las exigencias de nivelación de las condiciones de los fetos y recién nacidos. Su crítica a la posibilidad de igualar la dotación genética y la estimulación temprana es un argumento a favor de la opción que Rawls termina por adoptar, a saber, la de conceder que las diferencias en los talentos naturales no pueden ser objeto de los principios de justicia (Barry, 1973: 219-223).

Rawls acepta, en efecto, que al menos mientras exista la institución de la familia, poco se podrá hacer para introducir una equidad significativa en el terreno de las dotaciones innatas y los talentos naturales de los individuos, con lo que se tendría que concluir que los alcances del modelo de la igualdad liberal representan todo lo que razonablemente se puede exigir en el terreno de la equitativa igualdad de oportunidades.

Según lo expuesto hasta este momento, podrían resumirse en tres los objetivos del liberalismo igualitario de John Rawls: 1. La igualdad en la distribución de libertades y derechos básicos, 2. Mitigar las desigualdades fruto del azar natural y 3. No se busca una igualdad absoluta ya que son permitidas las desigualdades a favor de los menos *aventajados*.

¿Igualdad de qué? Recursos o capacidades Objeciones al igualitarismo de Rawls

Tras la publicación de *Teoría de la justicia* la avalancha de comentadores y críticos de la obra de Rawls no se hizo esperar y la producción de libros y artículos que hacen referencia a la justicia como equidad son innumerables.

Sin embargo, mencionaremos tres críticas que se han vuelto fundamentales en relación con la igualdad.

La primera de estas críticas es lanzada por Ronald Dworkin. Según la objeción de Dworkin la teoría de la justicia de Rawls resulta demasiado insensible a las dotaciones propias de cada persona y poco sensible con las ambiciones de cada uno. Según esta objeción, algunos sujetos pueden quedar en una posición de desventaja por circunstancias que no controlan, dado que la justicia como equidad define la posición de las personas con menos ventajas según la distribución de los bienes primarios sociales, tales como los derechos y las libertades básicas y el ingreso, y no considera los bienes primarios de tipo natural, como son los talentos y las capacidades mentales y físicas[2] (Dworkin, 1993a: 88-96).

La idea de que la teoría de Rawls no es suficientemente sensible a la ambición, apunta Gargarella, puede ser resumida del siguiente modo: de acuerdo con la justicia como equidad las desigualdades sociales pueden resultar razonables sólo si operan en beneficio de los que están en peor situación; sin embargo, hay casos en donde esta lógica no siempre funciona. Imaginemos, por ejemplo, que tenemos delante de nosotros a dos personas dotadas ambas con iguales talentos y recursos materiales. Supongamos que una de las personas (A) trabaja arduamente y, de esta manera, logra incrementar su dotación inicial de recursos; mientras que la otra persona (B) prefiere trabajar menos y usar todos sus ahorros en actividades de consumo y divertimento, generando así una desigualdad entre los recursos de ambas. Teniendo en cuenta el principio de diferencia, si (B) no termina siendo beneficiada por las desigualdades creadas a partir del mayor trabajo de la primera, luego, el gobierno debe imponerle un impuesto a (A) y transferirle a (B) parte de las ganancias que (A) creó (Gargarella, 1999: 72-73). Esta solución resulta demasiado insensible con la ambición de las personas, dado

---

2 En este sentido es importante recordar que Rawls es consciente de las limitaciones de la igualdad liberal en la distribución natural de talentos y habilidades. Según mencionamos, para Rawls el desarrollo de talentos y habilidades de una persona está influido por factores arbitrarios como son la distribución genética, circunstancias sociales y factores de buena o mala fortuna, y por esta razón considera que los talentos y habilidades quedan fuera de la igualdad y no pueden ser objeto de los principios de justicia.

que permite que haya personas que desarrollen un plan de vida más consumista y menos laborioso y, además, se beneficien de las ventajas creadas por el trabajo extra de otros.

Ahora bien, considerando la falta de sensibilidad en las dotaciones naturales y las ambiciones personales, Dworkin propondrá otro tipo de igualdad, cimentada en los recursos que cada persona tiene para realizar su plan de vida. Sobre este punto volveremos más adelante.

La segunda crítica a considerar es la de Sen. Al igual que Rawls, Sen rechaza una visión bienestarista como base de igualdad, sin embargo, considera que la igualdad debe estar cimentada en algo más que la distribución de los bienes primarios. Según lo que expusimos en el capítulo I, para Sen –y posteriormente para Nussbaum– la igualdad debe estar apoyada en la justa distribución de capacidades. Entendiendo por capacidades aquellas cosas que una persona puede, de manera efectiva, hacer o ser (Sen, 1979: 195-220).

La tercera crítica fue expuesta por Gerry A. Cohen y Richard Arneson. Según Cohen, cuando Rawls critica los gustos caros y ofensivos está criticando cualquier doctrina del bienestar.[3] Sin embargo, es necesario hacer una distinción entre la igualdad de bienestar y la igualdad de oportunidades para el bienestar. Cohen piensa que si bien la crítica de Rawls a la igualdad de bienestar podría tener éxito, no tiene la misma fuerza que la crítica a la igualdad de oportunidades para el bienestar. Así, si una persona tiene un nivel de bienestar bajo porque libremente arriesgó perderlo en el juego por la posibilidad de obtener una ganancia, bajo el principio de la igualdad de oportunidades para el bienestar no tendría derecho a ninguna compensación, ya que

---

[3] Según Cohen hay dos formas en las que se puede entender el bienestar: por una parte, como disfrute o, más ampliamente, como un estado deseable o agradable de conciencia, al que podemos llamar bienestar hedonista; por otra parte, como satisfacción de las preferencias, las cuales ordenan jerárquicamente los estados del mundo, y entendiendo que la preferencia de una persona se satisface si obtiene un estado pertinente del mundo, independientemente de que el individuo sepa lo que hace o no (Cohen, 1997: 10-11). Según menciona Dieterlen los sentidos de bienestar que utiliza Cohen son diferentes a los empleados por Madison Powers y Ruth Faden. Según los autores, el bienestar se entiende mejor cuando incluimos en la noción dimensiones plurales e irreductibles que conllevan un signifi ado moral independiente. Dentro de estas dimensiones se encuentran: la salud, la seguridad personal, el razonamiento, el respeto, el compromiso y la autodeterminación (Dieterlen, 2015: 49). Sobre este punto volveremos más adelante.

sólo se deben compensar las consecuencias de las acciones que no son responsabilidad de una persona. Tampoco lo tendría una persona que ha dilapidado oportunidades de bienestar que otros aprovechan. Por otra parte, en el caso de la igualdad de bienestar, estas personas podrían reclamar una compensación debido a que su nivel de bienestar ha bajado (Cohen, 1997: 11).

De esta manera, Richard Arneson –junto con Cohen– definirán una oportunidad como la posibilidad que una persona tiene de conseguir un bien que le interesa. Para que exista una oportunidad de bienestar entre un número determinado de personas, es necesario que cada una de ellas tenga ante sí una gama de opciones equivalente a la que tienen las otras, en función de las posibilidades manifiestas de satisfacer las preferencias. Así, podemos decir que se obtiene una igualdad de oportunidades para el bienestar cuando todas las personas tienen ante sí árboles de decisiones equivalentes y sus oportunidades se ordenan por las posibilidades de bienestar a que puedan aspirar (Arneson, 1997: 85).

En el fondo, se puede decir que la crítica de Arneson y Cohen está enfocada al vínculo que hay entre el principio de oportunidad y el principio de diferencia. Para Cohen, el principio de diferencia[4] falla porque sólo recompensa a las personas que ya han sido favorecidas por la lotería natural, y el objetivo de la justicia es compensar o asistir a las personas cuando sufren un déficit de bienestar sin tener la responsabilidad u opción para elegir sobre su bienestar. Sin embargo, cuando las personas son responsables de su condición no existe ninguna obligación por parte de la sociedad de compensarlos. Precisamente, esto es lo que convierte a Cohen y Arneson en dignos representantes del igualitarismo de la fortuna. Sobre este punto volveremos más adelante.

Sin embargo, en la crítica a Rawls, Cohen va más allá del principio de diferencia y se preocupa por destacar un punto que adquiere todavía mayor fuerza en sus últimos trabajos. Según Cohen, para que una sociedad pueda considerarse justa no basta, como piensa Rawls, que se asegure la

[4] Hay que recordar que en la teoría de Rawls, según el principio de diferencia, es posible que las personas más aventajadas, según la distribución de la lotería natural, obtengan ciertos benefi ios o incentivos –de tipo económico– en la medida en que dispongan de su talento para la realización de tareas que favorezcan, especialmente, a los sectores más desaventajados de la sociedad (Rawls, 1995: 105).

estructura básica de la sociedad. Para Cohen, una sociedad justa requiere de un cierto *ethos* vinculado a las elecciones personales de los individuos que la componen. En sus palabras, los principios de la justicia distributiva, esto es, los principios acerca de la distribución justa de beneficios y cargas dentro de la sociedad se deben aplicar también a las decisiones de las personas. De ahí que se hable de un igualitarismo de la fortuna y de la responsabilidad como un criterio de distribución (Cohen, 1997: 3-30).

Igualdad, prioridad y suficiencia

En el campo de la igualdad al hablar de principios de justicia distributiva es posible encontrar tres diferentes criterios: la igualdad, la prioridad o la suficiencia. Cada uno de estos criterios considera la igualdad de diferente forma y toma una posición distinta respecto a ésta. Como explica Paula Casal, los principios igualitarios, por ejemplo, asumen que es intrínsecamente injusto que algunos individuos estén peor que otros y, por lo tanto, se busca igualar las condiciones de las personas. Por su parte, los principios prioritarios no consideran que deban eliminarse todas las desigualdades, sino que asumen que es necesario priorizar las necesidades de los individuos menos aventajados; el objetivo del prioritarismo será entonces mejorar la situación de los más desafortunados y, a partir de ahí, ir beneficiando a los demás en función de su posición en una escala de privaciones. Por último, los partidarios del suficientismo afirman que es necesario evaluar diferentes tipos de distribuciones y asegurar que todos los individuos tengan lo suficiente para no caer por debajo de un umbral crítico; en otras palabras, se podría decir que este principio queda resumido bajo la máxima: "Lo que importa es que los individuos tengan lo suficiente para vivir" (Casal, 2007: 296-298).

Ahora bien, siguiendo el análisis que Casal hace de cada uno de estos criterios, se puede observar que tanto la igualdad como la prioridad y la suficiencia, aunque diferentes, no son principios mutuamente excluyentes entre sí, sino que se pueden complementar formando un híbrido entre ellos. Por ejemplo, en algunos casos se pueden unir tanto la prioridad como la suficiencia, es decir, se puede buscar que se vuelvan prioritarias las necesidades de los individuos que están en una peor posición social y al mismo tiempo garantizar que tengan lo mínimo suficiente para que puedan vivir. Sin embargo –según apunta Casal–, en algunas ocasiones la máxima del suficientismo, "lo que importa es que los individuos tengan lo suficiente", es utilizada para negar tanto la igualdad como la prioridad, ya que si todas las personas tienen lo suficiente para poder vivir no habría ningún problema de que algunas tuvieran más que otras (Casal, 2007: 299).

En los principios de justicia de Rawls es posible encontrar cada uno de estos criterios de igualdad. Por ejemplo, en el primer principio, al garantizar el mismo esquema de libertades y derechos lo que se busca es la igualdad para todas las personas; por otro lado, a través de la equitativa igualdad de oportunidades se logra establecer un mínimo de condiciones suficientes para que las personas puedan tener una participación en la sociedad; y, por último, es por medio del principio de la diferencia que se busca darles prioridad a las necesidades de los miembros menos aventajados.

Ronald Dworkin: la otra cara de la igualdad

Hablar de la obra de Dworkin no es una tarea sencilla, antes bien todo lo contrario, ya que es un arduo trabajo que implica un minucioso análisis y un agudo juicio crítico para comprenderla. Cabe resaltar que Dworkin es un prolífico escritor cuya producción literaria suma más de 200 publicaciones entre conferencias, artículos y libros. Esta extensa obra ha hecho en ocasiones que la comprensión de su teoría no sea del todo sencilla y que el hilo de argumentación se pierda con facilidad entre los temas de filosofía del derecho, ética y filosofía política. De acuerdo con los fines de este libro y por cuestiones de extensión sólo centraremos la atención en los aspectos referentes a la filosofía política y a la teoría de la justicia sanitaria.

Bajo la denominada igualdad de recursos, Dworkin elabora una teoría de la justicia que, a pesar de su alto grado de abstracción, pretende ser distintivamente liberal. Tomando como punto de partida algunos de los presupuestos de la justicia como equidad de Rawls, Dworkin construye una teoría que se distancia netamente del utilitarismo, de posiciones libertarias –al estilo Nozick– y del neoconservadurismo. Considerando estos aspectos podemos decir que la propuesta de Dworkin hunde sus raíces en cuatro ideas básicas (Dworkin, 1993a: 89-90).

La primera idea pone de manifiesto la diferencia entre la persona y sus circunstancias. Siguiendo la propuesta de Rawls sobre la equitativa igualdad de oportunidades (también llamada el argumento de la rectificación del azar), Dworkin hace un énfasis en las desigualdades ocasionadas por el azar natural, razón por la cual centra su atención en la distinción entre la persona y sus circunstancias. Según Dworkin, nadie es responsable de la posición económica y cultural en la que ha nacido; sin embargo, las personas sí pueden ser responsables de las acciones y decisiones que toman, como, por ejemplo, sus gustos o sus ambiciones. No obstante, para que las personas puedan hacerse responsables de sus acciones es necesario nivelar sus circunstancias y posición de origen. Si alguien situado en una posición de relativa igualdad con los demás decide, por ejemplo, emprender una acción muy arriesgada, conociendo las posibilidades de que la misma termine mal; entonces, en caso de un final desafortunado en su empresa, sólo él debe hacerse cargo del resultado obtenido. Del mismo modo el Estado no podrá verse obligado a cargar con los gustos caros de quienes hayan cultivado este tipo de preferencias (Dworkin, 1993a: 91).

La segunda idea considera que una correcta concepción igualitaria debe rechazar como métrica de igualdad el bienestar o satisfacción que pueda alcanzar cada uno. Frente a este tipo de métricas, que Dworkin considera subjetivas, se debe optar por un criterio objetivo para la evaluación de la justicia. Así, propone la noción de recursos, para decir que la situación de las personas deberá evaluarse teniendo en cuenta los recursos que poseen –y también las razones por las cuales los poseen o bien carecen de ellos– y no el grado de satisfacción que puedan obtener de los mismos (Dworkin, 1993a: 93).

La tercera idea es un complemento de las dos primeras. Dworkin propone, bajo el rubro "igualdad de recursos", una distinción pertinente para toda teoría distributiva. Este autor afirma que existen diferencias generadoras de desigualdad entre las personas y que éstas provienen del ejercicio de las preferencias, pero también de las circunstancias en que se encuentran: el medio ambiente, el contexto social y, principalmente, la herencia genética. Dworkin entiende por recursos no sólo los bienes materiales que se pueden intercambiar en el mercado, sino además los talentos y las desventajas genéticas o debidas a algún accidente. Él distingue también entre "suerte bruta" –cuando las consecuencias de una acción no dependen de la persona– y "suerte opcional" –cuando las consecuencias son resultado de las decisiones que las personas hacen conscientemente (Dworkin, 1993a: 95).

Finalmente, la cuarta idea que propone Dworkin está referida a la tolerancia. Uno de los aspectos más interesantes de su pensamiento político queda en medio de la coyuntura filosófica-política encabezada por los comunitaristas y los liberales. De manera audaz y con tintes de conciliación, Dworkin propone que sólo bajo los ideales liberales es posible una verdadera comunidad. De modo que el ideal liberal de la tolerancia, que requiere respetar las formas de vida heterodoxas, siempre y cuando no contravengan exigencias de justicia, no sólo no representa una amenaza sino que es condición necesaria para que puedan desarrollarse debidamente los vínculos de identificación colectiva característicos de una verdadera comunidad (Dworkin, 1993a: 97).

A partir de estas cuatro ideas básicas Dworkin construye su concepción de igualdad, la cual queda plasmada en su célebre ensayo "What is equality?" Divido en dos partes: "Equality of Welfare" y "Equality of Resources", este ensayo muestra los elementos básicos del igualitarismo dworkiniano.

Equality of Welfare

Es posible afirmar que desde la Revolución Francesa la igualdad se convirtió en un noble y anhelado ideal político y una palabra fácil de pronunciar. Sin embargo, hablar de igualdad resulta ambiguo y, en ocasiones, su significado queda diluido en la realidad. Los hechos dejan ver que las personas pueden ser iguales de cierta manera, con las consecuencias de ser desiguales en otras. Distribuir, por ejemplo, un ingreso igual para todas las personas no garantiza que vayan a tener el mismo grado de satisfacción o bienestar. Asimismo, existe una diferencia entre tratar a las personas como iguales respecto a las oportunidades o los bienes que poseen, a tratarlas en sí mismas como personas (Dworkin, 1981a: 185). De esta manera, Dworkin pone sobre el tintero los elementos que lo llevarán a cuestionarse: "¿Qué es la igualdad?".

Dworkin considera dos teorías generales para la igualdad distributiva: la igualdad de bienestar y la igualdad de recursos. La primera teoría sostiene que un sistema de distribución trata a las personas como iguales cuando distribuye o transfiere recursos entre las personas hasta que no se pueda transferir más igualdad de bienestar entre ellas. La segunda teoría sostiene que se trata a las personas como iguales cuando se hace una distribución o transferencia de manera que ninguna otra transferencia podría dejar sus acciones del total de los recursos de una manera más igualitaria (Dworkin, 1981a: 186).

Para hacer más comprensibles los objetivos y problemas que encarnan ambas posturas igualitarias, Dworkin recurre a un ejemplo que, con el paso del tiempo, se ha vuelto paradigmático dentro de su obra.

> Supongamos, por ejemplo, que un hombre dueño de una fortuna tiene varios hijos, uno de ellos es ciego, otro un playboy con gustos caros, otro un candidato a político con ambiciones caras, otro un poeta con humildes necesidades, otro un escultor cuyos materiales de trabajo son caros, y así sucesivamente. ¿Cómo debería repartir su fortuna? Si este padre toma la igualdad de bienestar como su meta, entonces, debería considerar las diferencias entre sus hijos y, por lo tanto, no podría hacer una distribución a partes iguales. Asimismo, debería optar por una determinada concepción de bienestar y decidir si, por ejemplo, los gustos caros deben figurar en sus cálculos, de la misma manera en la que son consideradas las discapacidades o las ambiciones caras. Pero, si por el contrario, considera la igualdad de recursos como su meta, debe asumir que sus hijos tienen ya una cierta riqueza y la distribución que haga de su fortuna será a partes iguales (Dworkin, 1981a: 186-187).

Cabe señalar que la aplicación de dicho ejemplo en un contexto político es difícil de lograr, sobre todo, si consideramos que los gobernantes tienen poca, por no decir nula, información sobre los gustos y ambiciones particulares de los ciudadanos. Lo único que conocen los gobernantes son las necesidades básicas que los ciudadanos, como personas libres, requieren satisfacer y es a partir de ese conocimiento que se intenta hacer una distribución justa. En términos rawlsianos, estas necesidades básicas se expresan a través del índice de los bienes primarios.

No obstante, si se toma en cuenta el ejemplo de Dworkin es posible intuir la objeción más fuerte a la igualdad de bienestar formulada a través de la pregunta ¿qué es el bienestar?, o bien, ¿cuál de todas las concepciones de bienestar existentes puede ser la más adecuada para una distribución igualitaria? Hablar de bienestar es casi tan oscuro y ambiguo como hablar de la igualdad misma. En primer lugar, es difícil determinar cuál es el bien para una persona: lo que es bueno para alguien, para otro puede ser malo. Además, existen diferentes variables y elementos contingentes que pueden influir en la concepción de bienestar de una persona.

El concepto de bienestar, apunta Dworkin, fue adoptado por los economistas para distinguir lo que es fundamental en la vida de una persona de lo que es meramente instrumental; de esta manera, el bienestar se ha concebido también como un criterio de medición para determinar el valor adecuado de los recursos. Dicho de otra manera, los recursos son valiosos en la medida en que proporcionan bienestar (Dworkin, 1981a: 188). Sin embargo, vincular recursos con bienestar puede generar ciertas objeciones.

Por ejemplo, si se vinculan los recursos con el bienestar se podría decir que una persona a la que le gusta el champagne debería recibir más recursos que una persona a la que le gusta la cerveza. Sin embargo, muchos –entre ellos Rawls– se opondrían a la posible conclusión de que los individuos que tienen gustos más caros tengan derecho a una distribución mayor de recursos (Dworkin, 1981a: 189).

Tal y como se muestra en el ejemplo de Dworkin, cada individuo tiene diferentes aspiraciones, ambiciones, gustos y necesidades determinadas, según su propia concepción de bienestar. Tratar de definir cuál de estos elementos es más importante cae en el terreno de lo subjetivo. Sin embargo, lo que es un hecho objetivo es que las personas –independientemente de sus gustos o ambiciones– tienen necesidades básicas que se deben satisfacer y para satisfacerlas es necesario contar con los recursos suficientes. En este sentido, parece ser que la balanza se inclinaría a favor de la igualdad de recursos en lugar de la igualdad de bienestar.

Por otro lado, al analizar también el ejemplo antes citado es posible descubrir dos de las cuestiones fundamentales en la propuesta de Dworkin. En primer lugar, el problema de los gustos caros versus la discapacidad y, en segundo lugar, que el concepto de bienestar es poco claro como para vincularlo con la noción de recursos. Puede decirse que estas dos cuestiones son el eje sobre el cual se traza la igualdad liberal que propone Dworkin y que en el contexto de la asistencia sanitaria, como se verá más adelante, adquieren una mayor relevancia.

Precisamente, la labor de los igualitarios es determinar si la igualdad que pretenden alcanzar es una igualdad de recursos o de bienestar, o bien una combinación de las dos o quizá algo completamente diferente. A manera de conclusión, se podría afirmar que la igualdad de bienestar puede ser interpretada sólo para designar la igualdad entre las personas como sujetos para recibir recursos. Esto quiere decir que todas las personas, en tanto que iguales, requieren recursos para obtener un cierto bienestar. De esta manera se logra establecer un vínculo entre bienestar y recursos.

Equality of Resources

Como teoría de la justicia distributiva, la propuesta de Dworkin es profundamente igualitarista, pero es necesario entender en qué sentido lo es. Por un lado, no busca hacer iguales a las personas en el bienestar, sino más bien en los recursos de que disponen para perseguir sus intereses y satisfacer sus necesidades. Cabe señalar que el objetivo de esta igualdad no está en el estado final, sino en la posición inicial de las personas, es decir, en los recursos con los que cuenta cada individuo para realizar el proyecto de vida que ha elegido. Por otro lado, Dworkin quiere ser sensible de la exigencia de compensar a las personas por los accidentes naturales y sociales de los que no son responsables, pero también considera la responsabilidad que cada uno tiene sobre sus decisiones, ambiciones y estilos de vida que ha deseado llevar. En este sentido, Dworkin explica que,

> la igualdad liberal depende de una distinción nítida y llamativa entre personalidad y circunstancia. Las personas tienen que ser iguales, hasta donde sea posible, respecto de los recursos que controlan, los cuales incluyen tanto los recursos personales como los impersonales. [[5]] Pero no tienen que ser iguales respecto de su bienestar. Tienen que ser ellas mismas responsables de sus gustos y sus proyectos y ambiciones y de los demás rasgos de personalidad en virtud de los cuales una persona puede juzgar su vida mejor o peor que otra que dispone de idénticos recursos. Así, nadie puede considerarse legitimado para tener más recursos sólo porque sus gustos sean más caros o sus ambiciones más peligrosas, o porque las exigencias que se plantee a sí mismo sean más arduas de cumplir. La distinción que la igualdad liberal realiza entre personalidad y circunstancia es, por lo tanto, de capital importancia para la teoría globalmente considerada (Dworkin, 1993a: 92).

El mecanismo mediante el cual se pone a prueba, a nivel teórico, la igualdad de recursos se basa en tres estrategias metodológicas diseñadas en situaciones hipotéticas: 1. La subasta, 2. El test de la envidia y 3. El mercado hipotético de seguros.

---

[5] Los recursos personales son capacidades físicas y mentales que afectan el éxito que pueden tener las personas en alcanzar sus planes y proyectos, y su característica distintiva es que son intransferibles. Los recursos impersonales, en cambio, son elementos del entorno que se pueden poseer y transferir; por ejemplo, dinero, tierra, etcétera (Dworkin, 1993a: 88).

1. La subasta

Con el mecanismo de la subasta hipotética,[6] Dworkin pretende igualar las circunstancias de los individuos salvaguardando su identidad: aunque todos dispondrán inicialmente del mismo capital, cada uno de ellos pujará en función de sus preferencias, deseos, intereses y el proyecto de vida que quisiera realizar. La igualdad que persigue Dworkin no es, como ya se mencionó, una igualdad en el bienestar que cada persona (en esa isla imaginaria en la que, según Dworkin, se realiza la subasta) pudiera obtener, sino una igualdad en los recursos.

En este sentido se podría afirmar, por lo tanto, que la subasta tiene como objetivo satisfacer dos condiciones fundamentales para la igualdad liberal: por un lado, pretende garantizar que los bienes que cada persona posee no han sido afectados por la influencia de circunstancias inmerecidas; y, por otro lado, que la riqueza que han conseguido es la expresión de sus preferencias y ambiciones individuales y no la imposición de un agente externo.[7] De estas dos condiciones se concluye, entonces, que la igualdad de recursos tiene como meta garantizar la libertad de las personas al distribuir los recursos necesarios para poder elegir, pero a la vez, pretende hacer responsables a las personas de sus gustos y ambiciones.

2. El test de la envidia

Dworkin echa mano del test de la envidia utilizado por los economistas para explicar la igualdad ideal. “La igualdad es perfecta cuando ningún miembro

[6] Según Pereira, Dworkin toma el concepto de subasta a partir de las ideas de Léon Walras, quien ideó y explicó a través de la famosa “subasta walrasiana” los fundamentos de la microeconomía. Las visiones walrasianas en economía –explica Pereira– tienen algunas características que operan como supuestos de los modelos propios de estas visiones. La primera de ellas es que las preferencias de los consumidores se encuentran fi adas. En segundo lugar, los consumidores deciden sus transacciones a partir de un procedimiento de maximización que refleja sus preferencias. En tercer lugar, se operaría en un mercado con un número sufi iente de participantes, de tal forma que estos participantes no pueden interferir en los precios del mercado. La cuarta presuposición es que existen fuerzas en el mercado que tienden a igualar ofertas y demandas. Por último, la característica central de las visiones walrasianas es la noción de equilibrio; una situación de equilibrio sería aquella en que las fuerzas se encuentran balanceadas y no presentan tendencia alguna a modifi arse (Pereira, 2004: 21-22).

[7] Dworkin considera que hay una justa distribución en la propiedad cuando los recursos que controlan los individuos son iguales en sus costes de oportunidad, es decir, en el valor que tendrían en manos de otras personas; véase *Sovereign Virtue* (Dworkin, 2000).

de la comunidad envidia el conjunto total de recursos que está bajo el control de cualquier otro miembro" (Dworkin, 1993a: 87).

La envidia, como la considera Dworkin, no es un concepto psicológico, sino económico. Alguien envidia el conjunto de recursos de otra persona en el caso de preferir que ese conjunto de recursos fuera el suyo propio, de modo que cambiaría gustoso el suyo por el de aquél. Este test de la envidia puede ser pasado con éxito, evidentemente, de modo que nos permita decir que hay igualdad de recursos, aun si resultaran desiguales la felicidad o el bienestar conseguidos por la gente mediante la igualación de los recursos por ellos controlados, si fuera el caso que sus metas, ambiciones o proyectos son más fáciles de satisfacer que los míos, o si su personalidad es distinta en algún aspecto pertinente. En este sentido, es posible afirmar, entonces, que la igualdad liberal es igualdad de recursos, no de bienestar.

Tomando como criterio de igualdad al test de la envidia, una distribución será justa cuando nadie envidia el conjunto de recursos que ha obtenido algún otro. Sin embargo, el éxito de haber superado el test no es garante de que esa igualdad pueda mantenerse eternamente y sin ningún tipo de alteraciones. Una vez superado el test de la envidia en la situación de distribución inicial y una vez que los participantes de la subasta comiencen a producir y a comerciar entre sí, se generarán diferencias en el control de recursos que determinarán resultados distributivos que no superarían el test de la envidia. Asimismo, la vida de las personas está llena de contingencias e infortunios tanto merecidos como inmerecidos, por ejemplo, un accidente, que ocasionarán una desigualdad y la envidia entre las personas. Por esta razón, es necesario instaurar un mecanismo que pueda restablecer la igualdad inicial de la subasta y de esta manera contrarrestar, también, las consecuencias que tienen las diferencias en los recursos impersonales afectados. Para Dworkin, este mecanismo queda representado a través del mercado hipotético de seguros.

3. Mercado hipotético de seguros

El mercado hipotético de seguros opera como un agregado a la distribución realizada en la subasta, que permite que los participantes puedan adquirir, además de recursos, pólizas de seguro que ofrecen protección contra una amplia gama de riesgos, como accidentes, enfermedades crónicas o ingresos bajos. Esta cobertura se logra pagando la correspondiente prima, cuyo monto se fijará en la subasta con base en el riesgo promedio de cada área de cobertura. En la medida en que los participantes adquieran estas pólizas en la subasta, sacrificando otros recursos, la situación posterior a la subasta producirá menos envidia.

En el mundo real, el mercado hipotético de seguros operará como guía para el diseño de políticas impositivas y distributivas, con las cuales se compense el déficit de oportunidades de los afectados. Bajo esta lógica compensatoria es posible afirmar que el nivel mínimo de cobertura es el que puede garantizar las condiciones para poder tener una vida digna. A este nivel de cobertura algunos autores, como Pereira, lo llaman "mínimo de dignidad" (Pereira, 2004: 6).

Según lo que se ha expuesto se puede decir, entonces, que el mercado hipotético de seguros introducido por Dworkin se sustenta en la distinción entre la suerte de opción (o responsabilidad) y la suerte bruta. La primera dependerá de las elecciones que tomen las personas, haciendo un cálculo del posible riesgo que implica dicha decisión. La segunda, la suerte bruta, deriva de situaciones que la persona no ha elegido, por ejemplo, nacer ciego o sufrir un accidente sin culpa. En la medida en que la diferencia entre ambos tipos de suerte es de grado y no de clase, el mecanismo del seguro les permite construir un puente entre ambos géneros de azar. Así, la decisión de comprar o rechazar un seguro contra una catástrofe se transforma en una apuesta calculada que convierte la suerte bruta en opcional, y al mismo tiempo es un reflejo de la personalidad del sujeto que permite expresar sus preferencias, ambiciones y deseos así como su aversión al riesgo o su carácter temerario. A través de la compra del seguro se hace responsable al sujeto también de estos aspectos de su personalidad (Dworkin, 1981b: 40-94).

La apuesta que hace Dworkin por su concepción de igualdad de recursos, articulada mediante el complejo mecanismo del mercado hipotético de seguros y la subasta le ha servido también para trazar una teoría de la justicia distributiva sanitaria.

Dworkin: la igualdad de recursos en la asistencia sanitaria

Siguiendo la misma estrategia argumentativa para la igualdad de recursos, Dworkin construye un modelo de justicia distributiva para la asistencia sanitaria que le permite extender su teoría hacia nuevos horizontes. El modelo sanitario que propone se sostiene sobre dos preguntas centrales: ¿cuánto, de la suma total de recursos, debe la sociedad gastar en salud? y, una vez establecido esto, ¿cómo deberían distribuirse dichos recursos? (Dworkin, 1993b: 883). A partir de estas dos interrogantes, Dworkin comienza a diseñar un sofisticado argumento para dar respuesta a sus preguntas y justificar su propuesta distributiva.

De la misma manera que en la igualdad de recursos, los cimientos de este edificio argumentativo se construyen sobre la suposición de una sociedad hipotética. Dworkin sugiere que se imagine una sociedad con las siguientes características: 1. Los miembros de esta sociedad –al igual que los participantes de la subasta– reciben una justa y equitativa asignación inicial de recursos; 2. Todos los miembros tienen un amplio conocimiento sobre el coste y valor de los procedimientos médicos y las consecuencias de distintas afecciones; y, por último, 3. Pese al conocimiento médico que poseen, ignoran las probabilidades que tienen de desarrollar alguna enfermedad (Dworkin, 1993b: 890).

También es importante señalar que en el modelo de justicia distributiva sanitaria de Dworkin se presupone que hay determinados tratamientos y procedimientos de diagnóstico que es legítimo no brindar a los ciudadanos y que, por lo tanto, sólo podrán ser obtenidos por éstos en función de su capacidad de pago. A través de este supuesto Dworkin define su posición sobre el modelo de aislamiento y el principio de rescate (Dworkin, 1993b: 886).

Para Dworkin, el modelo de aislamiento comete el error de separar la asistencia sanitaria de otros bienes que son necesarios para el desarrollo de la vida de una persona –tales como alimentación, vivienda, educación–, y que por lo tanto demandan una distribución de recursos. El modelo de aislamiento impide que haya una integración entre diferentes bienes que también son necesarios.

Según el principio de rescate, no se puede permitir que una persona muera por falta de dinero. En otras épocas en las que la biomedicina no era capaz de ofrecer una cura o prolongar la vida por varios años, tal vez se podía abrazar este principio. Hoy, sin embargo, ya no es posible, porque el alto coste de los tratamientos y el gasto exponencial en los sistemas de salud obligan a racionar los recursos. Así, frente a los defensores del principio de rescate se alzan nuevas voces que ponen el énfasis en la responsabilidad de cada cual por su salud.

De esta manera, Dworkin llega a reconocer que el Estado sólo es responsable de garantizar un mínimo sanitario, el cual es posible determinarlo a través del "seguro prudente y responsable". De manera análoga al argumento de la igualdad de recursos, este seguro prudente y responsable también se adquiere en un hipotético mercado de seguros. Considerando las condiciones de la sociedad que Dworkin ha imaginado, los individuos podrían comprar asistencia sanitaria en un mercado libre, de la misma manera en la que adquieren otros bienes, según sus preferencias y de acuerdo con sus recursos, habiendo sido previamente igualadas sus circunstancias (Dworkin, 1993b: 883).

A partir de estas premisas, Dworkin supone que es posible sacar las siguientes conclusiones: 1. Cualquiera que fuera la cantidad destinada a la asistencia sanitaria en esa sociedad (y esa cantidad no sería sino la suma de lo gastado por cada uno de sus miembros), ésa sería la cantidad justa; y 2. Cualquiera que sea la forma en que se distribuyan los recursos para la asistencia sanitaria en esa sociedad, ésa será la distribución justa (Dworkin, 1993b: 888-889). Dicho en otras palabras, una distribución justa de los recursos en la asistencia sanitaria es aquella que una persona bien informada crea para sí misma mediante su elección individual, suponiendo que el sistema económico y la distribución de la riqueza en esa comunidad son justos.

Dworkin, entonces, afirma que nadie sensatamente pagaría una costosa póliza de seguro que le permitiera prolongar su vida mediante alimentación artificial si cae en un estado vegetativo permanente, pues esa cantidad de dinero podría destinarla a satisfacer otros intereses y bienes cuya ausencia haría que su vida, mientras está sano y en condiciones plenas, fuera más pobre y amarga. Aunque es real el deseo de las personas de prolongar la vida lo más que se pueda, lo que se busca es hacerlo en las mejores condiciones y evitando una vida de sufrimiento (cfr. Dworkin, 1993b: 891-893). El argumento de fondo de Dworkin es que nadie pagaría costosas pólizas de seguro en detrimento de su bienestar presente.

Ahora bien, así como no es razonable pagar costosas pólizas de seguro en detrimento de otros bienes, lo que sí es prudente y razonable es destinar recursos para prevenir enfermedades típicas mediante vacunación, medicina preventiva, el tratamiento de traumatismos o la curación de enfermedades de la infancia. En este sentido, De Lora logra sintetizar en una frase el pensamiento dworkiniano sobre la justicia distributiva sanitaria: "No reclames del Estado lo que tú mismo no habrías previsto para ti" (De Lora, 2007: 5).

Fiel al esquema de la igualdad de recursos, lo que pretende Dworkin con el principio de seguro prudente es que la persona logre desarrollar su plan de vida de acuerdo con sus preferencias y haciéndose responsable de su propia salud. Es decir, lo que cada individuo valora y considera al adquirir una póliza de seguro responde, en definitiva, a un ejercicio de la autonomía y libertad de cada persona.

Se puede afirmar que el modelo dworkiniano de asistencia sanitaria logra unir este binomio libertad-responsabilidad que divide a los sistemas sanitarios. La protección a la salud es concebida por Dworkin como un bien especial, en el sentido de que su provisión no está sometida –como en otros bienes y servicios– exclusivamente al juego libre del mercado; pero no es tan especial, de manera que los individuos ejercen cierta soberanía sobre el alcance de tal sistema y ciertos servicios o tratamientos pueden quedar abiertos al mercado.

En este sentido, podría afirmarse que el mínimo sanitario que debe garantizar el Estado, según Dworkin, será el resultado de todas las decisiones prudentes y racionales de individuos bien informados que se han asegurado y que han sido igualados en sus circunstancias iniciales. Todo lo que caiga fuera de estas preferencias será considerado como tratamientos excéntricos que un Estado podrá justamente no cubrir.

Objeciones a la igualdad de recursos en la asistencia sanitaria de Dworkin

La mayoría de las críticas esgrimidas frente a la concepción de Dworkin se articulan en torno al déficit de bienestarismo de su modelo sanitario. Según explican De Lora y Zúñiga, para algunos de los críticos de Dworkin, como Erik Rakowski, existe una cierta falta de misericordia en su planteamiento, pues éste permite abandonar a su suerte a todos los individuos faltos de diligencia o temerarios (Rakowski, 1991: 74-75 y 79, citado en De Lora y Zúñiga, 2009: 106). Otra de las críticas que mencionan De Lora y Zúñiga en esta misma línea es la que hace Lesley Jacobs: el tipo de institucionalización pública del sistema de asistencia característica de los países europeos que Dworkin anhela para los Estados Unidos está anclado en un Estado de bienestar[8] de mayor calado del que Dworkin parece admitir (Jacobs, 2004: 142 y 144-145, citado en De Lora y Zúñiga, 2009: 160).

Al hacer a los individuos responsables de sus preferencias y acciones, Dworkin hace que la intervención del Estado sea menor que la que se tiene en los Estados de bienestar. De hecho, podría decirse que según el planteamiento de la teoría de Dworkin la intervención del Estado se limita a la regulación del mercado de seguros para que todos puedan tener un mínimo sanitario garantizado.[9]

Otra de las críticas que se puede hacer al planteamiento de Dworkin es sobre el criterio para determinar qué cantidad de recursos debe gastar una sociedad en asistencia sanitaria. Para Dworkin, esa cantidad es el resultado de la sumatoria de lo que hubieran gastado individuos en una

[8] Después de la Segunda Guerra Mundial, en Europa emergieron una variedad de Estados socialdemócratas y demócratacristianos que dieron origen al Estado de bienestar. En oposición a esta tendencia de los países europeos, Estados Unidos se inclinó hacia una forma estatal demócrata-liberal. Sobre la historia y el origen del Estado de bienestar volveremos más adelante, en el capítulo V.

[9] Al analizar la propuesta de Dworkin no se puede evitar pensar en el famoso ObamaCare. Según la Ley de cuidados de la salud asequibles (Affordable Care Act/ObamaCare) debe existir un mercado de seguros (HealthCare.gov) federalmente regulados y subsidiados que garantiza un mínimo de atención sanitaria para todos los ciudadanos. Sobre este tema se pueden consultar:
<http://www.nybooks.com/articles/2012/08/16/b igger-victory-we-knew/>
<http://obamacarefacts.com/obamacare-facts/>

póliza de seguro en las condiciones hipotéticas que él presupone. El problema que representa una sociedad hipotética es que pudiera darse el caso de que los recursos que se destinan para la asistencia sanitaria no son suficientes para cubrir ni el mínimo de las necesidades básicas en salud. Esto puede ocurrir, bien porque los individuos arriesgan mucho o porque la sociedad es muy pobre.

Por otro lado, ambas razones corresponden a una decisión que se considera subjetiva, basada en una preferencia. Bajo los presupuestos dworkinianos nada asegura que los individuos adquieran coberturas razonables, y tampoco es una respuesta satisfactoria apelar a que será justo lo que obtenga cada cual si fue el fruto de una elección que atiende un esquema o plan global de vida libremente asumido.

Sin embargo, es un hecho innegable que el aumento de la esperanza de vida, junto con los avances en biomedicina y en las investigaciones médicas, así como los diferentes estilos de vida –tales como el sedentarismo, el tabaquismo y los malos hábitos alimenticios– han provocado, en los últimos años, que el gasto en los sistemas de salud se incremente de forma exponencial. El encarecimiento de los servicios de salud nos obliga a pensar en la racionalización de los recursos y a cuestionarnos ¿hasta qué punto puede el Estado hacerse responsable de la asistencia sanitaria?, o ¿qué tanta responsabilidad tiene el individuo del cuidado de su salud? Ante estas interrogantes, las conclusiones de Dworkin nos abren una puerta para poder responderlas.

Lo que deja ver la propuesta de Dworkin para la distribución de recursos de salud es la posibilidad de un modelo sanitario mixto. Es decir, un modelo en donde el Estado es responsable de garantizar un mínimo sanitario para todas las personas –esto con el fin de nivelarlas y mitigar ciertas desigualdades de origen–, pero también queda abierta la posibilidad para un mercado sanitario que deja a las personas en libertad de satisfacer sus preferencias y deseos.

Por otro lado, la conclusión de Dworkin también logra dar una solución al dilema contemporáneo que ha dividido la concepción de la asistencia sanitaria. Hoy en día el binomio libertad-responsabilidad planteado por Dworkin se ha convertido en el centro del debate en torno a la asistencia sanitaria.

Libertad y responsabilidad en la asistencia sanitaria

De todo lo que se ha expuesto anteriormente resulta destacable el papel que juega la responsabilidad tanto a la hora de justificar un sistema sanitario público como de concebir su extensión y alcance. De hecho muchos gobiernos, considerando este punto de la teoría de Dworkin, han optado por invertir más en medicina preventiva para sus sistemas de salud. Un ejemplo de esto es el programa Prevenimss,[10] que se diseñó en México en el año 2001, enfocado a la medicina preventiva de grupos sociales específicos.

No obstante, se podría decir que la cuestión más polémica que encierra el planteamiento de la responsabilidad en una teoría distributiva atañe más al ámbito microdistributivo. Es decir, al momento de asignar un recurso escaso, ya producido y disponible (como por ejemplo, un medicamento, un tratamiento o un órgano) ¿puede ser la responsabilidad/irresponsabilidad individual un criterio relevante para la asignación de recursos? Precisamente esta pregunta es, hoy en día, el punto donde convergen muchas de las discusiones sobre la distribución de recursos en materia sanitaria.

Ante esta cuestión algunos autores, como De Lora, señalan que es preciso distinguir entre una irresponsabilidad individual *ex ante* o *pro futuro.* En este tipo de casos podemos estar ante supuestos fáciles de determinar desde un punto de vista moral. Se trata de casos, por ejemplo, en los que se ha contraído una enfermedad ligada a un estilo de vida, sin que en su momento

10 El modelo de atención a la salud del Instituto Mexicano del Seguro Social (IMSS) es de carácter integral y por ello incluye prevención, curación y rehabilitación. Sin embargo, el énfasis en los últimos años ha estado en la atención al daño, principalmente en la atención hospitalaria, tanto del segundo como del tercer nivel. Esto se ha expresado en defi iencias estructurales de las unidades de medicina familiar del primer nivel y con frecuencia en insufi iente calidad de los servicios que otorgan. Ahí, la prioridad también ha sido la atención al daño y poco se han desarrollado los servicios preventivos, con excepción de programas como el de vacunación, hidratación oral y planifi ación familiar, que han tenido gran impacto en la salud y demografía del país. Lo anterior, aunado a la transición demográfi a y epidemiológica, se ha traducido en elevados gastos de atención médica.

Para dar respuesta a la problemática mencionada, se implementó el proceso de mejora de la medicina familiar, que incluye la estrategia de Programas Integrados de Salud, diseñada durante 2001 y puesta en operación en 2002, que integra en conjunto acciones antes dispersas, de ahí su denominación; para fine de comunicación social, se formó el acrónimo Prevenimss, que fusiona el concepto prevención con las siglas del Instituto. ‹http://revistamedica.imss.gob.mx/index.php?option=com_multicategories&view=article&id=1232:pr ogramas-integrados-de-salud-prevenimss&Itemid=640›

se conociera con un grado de probabilidad suficiente la vinculación entre dicha patología y los hábitos seguidos y, por lo tanto, no había posibilidad de advertir al individuo de las perniciosas consecuencias de su actitud y del tratamiento a seguir. Piénsese, por ejemplo, en el caso más extremo en las conductas de riesgo homosexuales o de heroinómanos antes de que se conociera el mecanismo de contagio del sida o el propio virus. Si estamos ante un supuesto de falta de información previa del individuo sobre las consecuencias de sus hábitos o, más todavía, en un caso de desconocimiento sobre la relación de causalidad entre esas conductas de riesgo y la enfermedad, parece que las decisiones tomadas en el pasado no deben ser consideradas como un criterio de asignación de recursos (De Lora, 2007: 8).

Siguiendo la propuesta de Dworkin, De Lora llega a la conclusión de que la responsabilidad individual puede llegar a ser el desiderátum de una concepción de la justicia distributiva que presupone el valor del autogobierno de los individuos.[11] Precisamente, porque se rinde un tributo a la libertad se debe hacer responsables a los sujetos de sus elecciones. En este sentido, y aunque con cierta modulación, un sistema sanitario público puede legítimamente desplazar de la asignación de recursos a quienes tras haber sido advertidos, y no siendo considerados como incompetentes,[12] han persistido en su decisión de desarrollar planes de vida que ponen en peligro la propia salud o integridad física (De Lora, 2007: 12).

Sin embargo, no hay que perder de vista que en muchas ocasiones las decisiones que toma una persona sobre un determinado estilo de vida

---

[11] Una postura contraria al valor de la autonomía es la teoría de Sarah Conly. Desde su punto de vista la autonomía está sobrevalorada y lejos de hacer libre al hombre lo ha convertido en un esclavo que se dirige hacia su propia destrucción. Por lo tanto, es necesario salvar al hombre de sí mismo y la mejor forma de conseguirlo es convirtiendo ciertas acciones en ilegales.

[12] Sobre esta cuestión, De Lora aclara que un paciente se considera incompetente cuando su comportamiento es determinado por algún padecimiento que no le permite actuar de forma autónoma. Por ejemplo, en el caso de un alcohólico que persiste consumiendo bebidas alcohólicas a pesar de necesitar un trasplante de hígado. En este caso es necesario tener en cuenta que el alcoholismo es una enfermedad psíquica que puede llegar a nublar el buen juicio de una persona. Por lo tanto, negar el tratamiento a ese paciente se podría considerar como un acto de discriminación por enfermedad, concretamente por una enfermedad psíquica. En este caso, el Estado debería ejercer sobre ese tipo de pacientes un mayor paternalismo que supla su falta de competencia (De Lora, 2007: 9).

pueden estar influidas por diferentes condiciones sociales y económicas que minan su libertad. La falta de oportunidades sociales, educativas, culturales o de acceso real a la información y a la capacidad de procesarla correctamente impide a muchas personas saber cómo deben llevar una vida más sana (Puyol, 2010: 481).

Otra postura es la del economista John Roemer. Según el argumento que presenta se debería dividir a la población en tipos o grupos de personas según sus características biológicas y sociales más relevantes y así poder determinar qué comportamientos son más o menos típicos en cada grupo. Si un comportamiento es típico en un grupo de personas, entonces la responsabilidad de la persona será menor; por el contrario, si un comportamiento es menos típico en el grupo, la responsabilidad de la persona será mayor. De esta manera se podría reducir la responsabilidad de una persona por su mala salud si consideramos que en su grupo étnico es habitual la comida con alto valor calórico o en grasas saturadas; de la misma forma se podrían determinar aspectos biopsicológicos que impulsan a las personas a tener comportamientos de alto riesgo. De esta manera, y no de otra, indica Roemer, se rinde un auténtico tributo a la igualdad de oportunidades (Roemer, 1998: 225).

El enfoque de Roemer, aunque es una propuesta interesante, presenta ciertos inconvenientes. En primer lugar, apelar a "comportamientos tipo" como medida para determinar la responsabilidad resulta ambiguo y riesgoso. Esta medida hace que la responsabilidad dependa de lo que hacen otros y no de lo que hace una persona en concreto, además podría terminar en conclusiones absurdas. Por ejemplo, si esquiar se considera una actividad común que practican las personas con dinero y poco común para las personas de escasos recursos económicos, entonces si un pobre se fractura la pierna al esquiar tiene más responsabilidad que la persona con dinero, porque está realizando una actividad que no es típica de su grupo y, por ende, no se le debería proporcionar asistencia sanitaria (Daniels, 2003: 254).

Otro argumento, explica De Lora, típicamente esbozado para oponerse a dar entrada a las actitudes y acciones irresponsables de los individuos, a la hora de la microasignación de la asistencia sanitaria, tiene que ver también con el trazo de la frontera entre hábito y enfermedad. La idea es presentada, a través de ejemplos muy persuasivos, por parte de Wikler. Supongamos, por ejemplo, el caso de una mujer que decide retrasar su maternidad hasta acabar su formación universitaria corre mayor riesgo de padecer cáncer cervicouterino que las demás mujeres que eligieron ser madres más jóvenes. Pero también es verdad que cualquier mujer en estado de gestación debe asumir los peligros que implica este proceso natural. Asimismo, una persona que escoge una ocupación con altas dosis de estrés, o vive en una ciudad con altos niveles de contaminación también pone en peligro su salud (Wikler, 1987: 342-343).

Aunque dicha responsabilidad existe, no exime a la sociedad de la responsabilidad de mitigar y, si es posible, eliminar las desigualdades injustas de salud.

De los ejemplos citados por Wikler, el caso de la mujer universitaria que decide retrasar su maternidad resulta particularmente interesante porque nos coloca bajo la desagradable sospecha de que detrás de la atribución de responsabilidad a los individuos existe la posibilidad de acabar minando su libertad. Estigmatizar un comportamiento sobre otro implica la imposición de estilos de vida que se consideran mejores o más virtuosos. Esta imposición de estilos de vida pone en riesgo la autonomía de la persona.

Si bien es cierto que no podemos determinar con precisión estilos de vida arriesgados ni hacer un catálogo exhaustivo de los mismos, así como tampoco podemos establecer, con claridad, la relación causal entre hábito y enfermedad –debido a la multiplicidad de factores que pueden influir en esta relación–, esto no significa que no se pueda advertir sobre el riesgo que implican ciertas conductas y las consecuencias que se pueden derivar si se decide seguir ese estilo de vida. De ahí la importancia de invertir en medicina preventiva y dejar abierta la posibilidad de un mercado sanitario que permita satisfacer diferentes necesidades, según distintos estilos de vida, pero garantizando un mínimo sanitario por parte del Estado.

Considerando la importancia que se le ha atribuido a la responsabilidad en el debate sanitario de los últimos años se puede entender la relevancia de la teoría de Dworkin. Sin embargo, es preciso comparar su propuesta con otras teorías de corte igualitarista que también emanan de la teoría de Rawls.

Si se cambia el punto de atención de la responsabilidad hacia la necesidad, por ejemplo, es posible acercarse más al terreno de la igualdad democrática propuesta por Elizabeth Anderson: para mantener el funcionamiento de las personas como ciudadanos libres e iguales es necesario satisfacer sus necesidades básicas y de esta manera garantizamos una igualdad entre todos (Anderson, 1999: 287-337, especialmente 319). Siguiendo la misma línea de Anderson, Daniels centra también la atención en la igualdad democrática y en la importancia de satisfacer las necesidades básicas.

Reflexiones finales sobre el igualitarismo sanitario

Una de las principales ideas que se puede sacar de este capítulo es, precisamente, el binomio libertad-responsabilidad que introdujo Dworkin en la discusión. Al incluir la responsabilidad como un criterio de distribución las teorías igualitaristas de la justicia se dividieron en dos grupos opuestos entre sí. Por un lado, quedaron las teorías de raigambre rawlsiano con Daniels a la cabeza, y Anderson; y, por otro lado, las de raigambre dworkiniano con Segall, Cohen y Arneson como representantes.

A pesar de que en la actualidad hay una división dentro del igualitarismo, no hay que perder de vista que ambos grupos toman como punto de referencia la justicia como equidad de Rawls. Según Dworkin, la justicia como equidad descansa sobre el supuesto de un derecho natural de todos los hombres y todas las mujeres a la igualdad de consideración y respeto por el simple hecho de ser personas. Sin embargo, Dworkin afirma también que existen diferencias generadoras de desigualdad entre las personas –que no son consideradas por Rawls– que provienen tanto de sus talentos y preferencias como de sus circunstancias, entre las que se encuentran: el medio ambiente, el contexto social y, principalmente, la herencia genética. Esta desigualdad es lo que lleva a Dworkin a promover una igualdad en los recursos.

Dworkin entiende por recursos no sólo los bienes materiales que se pueden intercambiar en el mercado, sino también los talentos y las desventajas genéticas o debidas a algún accidente. Tomando en cuenta el argumento de la rectificación del azar de Rawls, Dworkin establece la distinción entre suerte bruta y suerte opcional. Él distingue entre "suerte bruta" –cuando las consecuencias de una acción no dependen de la persona– y "suerte opcional" –cuando las consecuencias son resultado de las decisiones que las personas toman conscientemente.

Fiel al esquema de la igualdad de recursos, lo que pretende Dworkin con el principio de seguro prudente es que la persona logre desarrollar su plan de vida de acuerdo con sus preferencias y haciéndose responsable de su propia salud. Es decir, lo que cada individuo valora y considera al adquirir una póliza de seguro responde, en definitiva, a un ejercicio de la autonomía y libertad de cada persona.

A partir de la distinción entre suerte bruta y suerte opcional surge el llamado igualitarismo de la fortuna. Según esta teoría la justicia distributiva constituye una exigencia para corregir las desventajas producto de acciones que no son responsabilidad de las personas. En otras palabras, para el igualitarismo de la fortuna sería legítimo negarle la asistencia sanitaria a una persona que es responsable de su mala salud. Se le podría negar, por ejemplo, la asistencia a una persona que ha sufrido un accidente de coche por conducir en estado de ebriedad. Este tipo de planteamientos ha llegado a cuestionar la validez teórica del igualitarismo de la fortuna para la asistencia sanitaria y forman parte de la llamada "objeción del abandono del paciente imprudente".

Capítulo IV

Norman Daniels y Amartya Sen: otro enfoque de la igualdad en la salud

Un hombre sabio desearía darse cuenta
de que la salud es su posesión más valiosa.
Hipócrates

En este capítulo revisaremos las posturas de Norman Daniels y Amartya Sen como parte del enfoque igualitarista. En la primera parte nos centraremos en el análisis de la propuesta de Daniels y el estrecho vínculo que mantiene con la teoría de Rawls. En un segundo momento nos enfocaremos en la postura de Sen.

Desde el punto de vista académico 1971 es un año de gran trascendencia. De forma paralela son publicadas *Teoría de la justicia* y *Bioethics, Bridge to the future.* Ambos libros, aunque de temas muy diferentes, marcaron un antes y un después en cada uno de sus ámbitos. En el mundo de la filosofía, la publicación de Rawls provocó un giro en las discusiones en torno a la política; dejaron de ser los temas centrales las disertaciones sobre las formas de gobierno y los límites del Estado, y la justicia se convirtió en el foco de atención. Mientras que, en el mundo científico, el bioquímico Van Rensselaer Potter introduce el término bioética, provocando así una revolución en la ciencia.

Aunque en principio poco tienen que ver ambas publicaciones entre sí, con el paso de los años sus caminos empezaron a cruzarse hasta construir un puente entre las dos. Ese puente puede decirse que fue construido, en parte, por Norman Daniels. Hacia 1973, cuando Daniels comienza a interesarse en los temas de ética lo que más llamó su atención fue la relativa ausencia de trabajos filosóficos en el ámbito del cuidado de la salud. "Los dramáticos casos del aborto, la eutanasia y el trasplante de órganos parecían acaparar la escena filosófica, y pocas veces se encontraban comentarios sobre el derecho a la asistencia sanitaria, nadie analizaba qué tipo de bien social es el cuidado de la salud o se preocupaba por investigar qué principios deberían regular su distribución" (Daniels, 1985: x).

Esta relativa falta de interés en la justicia, derechos y principios para la asistencia sanitaria fue aprovechada por Daniels para centrar su atención en lo que él llama los aspectos macro de la bioética. Decidir qué tipo de asistencia sanitaria debe existir en una sociedad, quién debe tener acceso a ésta y cómo debe ser distribuida la carga de su financiamiento son asuntos que afectan directamente nuestro bienestar e invocan a la justicia social. Dada la importancia que representan estas cuestiones y el impacto que tienen en el desarrollo del plan de vida de las personas, se precisa de una adecuada concepción de justicia y principios que permitan resolver algunos de los dilemas que encierran. Éste es el contexto en el que Daniels comienza a construir su teoría.

Según Daniels, "una teoría de la justicia para la asistencia sanitaria no es una tarea que le compete únicamente a los filósofos y teóricos políticos, sino que es una cuestión que nos concierne a todos" (Daniels, 1985: ix). Con esta concisa frase Daniels comienza una de sus principales obras y logra sintetizar gran parte de su pensamiento. Uno de sus objetivos es, precisamente, lograr que la concepción de asistencia sanitaria que desarrolla en *Just Health Care* tenga un impacto tanto en las ciencias sociales como en el diseño de políticas públicas, asimismo pretende que sirva de guía para los legisladores, administradores, médicos y todos aquellos sujetos que participan en el desarrollo de un sistema de salud.

Cabe señalar que la teoría de la justicia de Daniels presenta una evolución, de manera tal, que es posible hablar de un primer y un segundo Daniels. Sin embargo, a pesar de los cambios que pueden encontrarse, desde *Just Health Care* hasta *Just Health. Meeting Health Needs Fairly* (sus dos obras principales) hay una pregunta central: ¿cuál es la importancia moral de la salud y la asistencia sanitaria? La respuesta a esta pregunta es la piedra que sostiene el argumento de toda la teoría de Daniels.

Según Daniels, la especial importancia moral de la salud radica, principalmente, en la relación que tiene con el principio de igualdad de oportunidades. Según él, la igualdad de oportunidades es un bien social que permite el desarrollo de las personas. Ahora, para demostrar el vínculo que hay entre la asistencia sanitaria y la igualdad de oportunidades elabora el siguiente argumento:

1. Cualquier impedimento en el funcionamiento normal de un individuo reduce las oportunidades abiertas a ese individuo, oportunidades bajo las cuales construiría su plan de vida y su noción de bien.
2. Si las personas tienen un interés especial en conservar las oportunidades, entonces tendrán también un interés especial en que se conserve el funcionamiento normal de la especie.
3. Y, si es el caso de (2), entonces:
4. Para mantener el funcionamiento normal de la especie, los individuos buscarán tener servicios y atención sanitaria adecuados (Daniels, 1990: 273-296).

Este vínculo entre la asistencia sanitaria y la oportunidad le permite a Daniels justificar la importancia moral que tiene el "cuidado de la salud" sobre otros bienes, y de esta manera garantizar un mínimo sanitario que el Estado debe proteger. Así, se llega a afirmar que al ser la asistencia sanitaria un bien moral no se puede confiar su distribución únicamente a las leyes del mercado. Daniels también identifica a la asistencia sanitaria como uno de los bienes más importantes para procurar la igualdad entre los individuos.

Cabe mencionar que del argumento anterior hay términos en las premisas que es preciso definir. El primero de éstos es el que se refiere al "funcionamiento normal". De acuerdo con Daniels, para especificar qué es el funcionamiento normal de una especie es preciso definir primero qué son la salud y la enfermedad.

Funcionamiento normal de la especie

De forma general se ha definido la salud como la ausencia de enfermedad tanto física como mental. Aunque sea evidente, esta definición resulta ser ambigua y engañosa. Según Daniels, la definición resulta engañosa porque el concepto de enfermedad es demasiado estrecho para ser contrastado con la salud, y tampoco logra abarcar todo lo que implica el concepto de patología. Por ejemplo, en el caso de una persona ciega no podemos decir, en estricto sentido, que esté enferma. Tampoco en el caso de un cuadripléjico o un síndrome de Down.[1] Si bien es cierto que una persona que presenta alguna discapacidad física, mental o cognitiva –de tipo genético o congénito– no está enferma, sí presenta, en cambio, una patología que restringe el funcionamiento normal.

Considerando esto, Daniels opta por definir "la salud como la ausencia de patología". Ahora bien, por patología Daniels entiende "cualquier desviación (incluyendo deformidades y discapacidades fruto de algún trauma) de la organización funcional natural de un miembro típico de una especie". Por esta razón, se puede decir que la definición de salud de Daniels corresponde a un "modelo biomédico" (Daniels, 2012: 37).

Es importante tener en cuenta que la noción de enfermedad que resulta de este análisis no es un concepto estático, sino más bien una noción teórica que determina el diseño de un organismo. En este sentido, se puede decir que la tarea de señalar la organización del funcionamiento normal de una especie corresponderá, precisamente, a la ciencia biomédica.

En el caso de las personas, se requiere que el diseño del funcionamiento normal de la especie permita conocer tanto las características biológicas

---

1 Al mencionar estos ejemplos, llama la atención la petición que en 2015 hizo la española Paloma Ferrer, madre de una chica con síndrome de Down, para que se modifi aran las defini iones de subnormal, mongolismo y síndrome de Down en el diccionario de la Real Academia de la Lengua. La nueva edición del diccionario ya no califi a este síndrome como "enfermedad", según han explicado fuentes de la RAE. La nueva defini ión es: "Anomalía congénita producida por la triplicación del cromosoma 21, que se caracteriza por distintos grados de discapacidad intelectual y un conjunto variable de alteraciones somáticas, entre las que destaca el pliegue cutáneo entre la nariz y el párpado".
Véase: <http://politica.elpais.com/politica/2015/03/21/act ualidad/1426947817_527947.ht ml> (consultado el 21 de m arzo de 2015)

como los aspectos sociales propios de la especie humana; asimismo, se deben considerar las funciones cognitivas y emocionales, y también las enfermedades mentales (aunque la teoría sobre las funciones mentales de la especie humana no esté muy desarrollada).

Pese a que el modelo biomédico empleado por Daniels puede resultar elemental, en comparación con otros modelos más sofisticados, logra establecer de forma general las necesidades básicas que una persona requiere para el cuidado de la salud.

Esto incluye:

1. Una adecuada nutrición y vivienda.
2. Condiciones de trabajo y viviendas seguras y libres de contaminación.
3. Ejercicio, descanso y otras actividades relacionadas con los estilos de vida (por ejemplo, prácticas de sexo seguro).
4. Servicios preventivos, curativos y de rehabilitación, así como personal médico para cubrirlos.
5. Servicios y personal de asistencia social.
6. Una apropiada distribución de otros determinantes de la salud[2] (Daniels, 2012: 13).

Es importante señalar que la lista de necesidades básicas del modelo biomédico que Daniels propone forma parte de lo que se considera el suficientismo sanitario[3] y sirve también para orientar las listas de servicios básicos que se deberían cubrir, como, por ejemplo, la lista de atención que

[2] Estos elementos forman parte de los factores socialmente controlables que expone Daniels en su segunda obra: *Just Health. Meeting Health Needs Fairly.*

[3] Según explican De Lora y Zúñiga, el sufi ientismo sanitario, como parte del igualitarismo, exige la idea del mínimo sanitario para cubrir necesidades básicas (De Lora y Zúñiga, 2009: 174). Tal y como han destacado Doyal y Gough: "Si una persona desea llevar una vida activa y satisfactoria a su modo, irá en su interés objetivo satisfacer sus necesidades básicas a fin de optimizar su esperanza de vida y de evitar dolencias y enfermedades físicas graves conceptualizadas en términos médicos. Esto vale para todos en todas partes" (Doyal y Gough, 1994: 89 c itado en De Lora y Zúñiga, 2009: 175).

propone el exsecretario de Salud de México, Jesús Kumate.[4] Según el planteamiento de Kumate, en una teoría de la justicia sanitaria el principio de igualdad de oportunidades queda asegurado a través de la atención básica. La atención básica

> incluye por lo menos la educación concerniente a los problemas de salud y los métodos para prevenirlos y controlarlos; la promoción del aporte alimenticio y la nutrición apropiada, el suministro adecuado de agua potable y el saneamiento básico, los cuidados materno infantil (incluyendo la planeación familiar); la inmunización contra las principales enfermedades infecciosas; la prevención y control de las enfermedades endémicas locales; el tratamiento apropiado de las enfermedades comunes y las heridas y la provisión de los medicamentos esenciales (Kumate, 1994: 26).

Asimismo, tanto la propuesta de Daniels como la de Kumate –y otros muchos sistemas de salud– coincidirán con los requerimientos mínimos que sugiere la OMS para alcanzar una cobertura sanitaria universal,[5] éstos son:

1. Un sistema de salud sólido, eficiente y en buen funcionamiento, que satisfaga las necesidades de salud prioritarias en el marco de una atención centrada en las personas (incluidos servicios de VIH, tuberculosis, paludismo, enfermedades no transmisibles, salud materno-infantil) para lo cual deberá:
   a) Proporcionar a las personas información y estímulos para que se mantengan sanas y prevengan enfermedades.
   b) Detectar enfermedades tempranamente.
   c) Disponer de medios para tratar las enfermedades.

[4] Jesús Kumate Rodríguez es un médico y político mexicano que de 1988 a 1994 ocupó el cargo de secretario de Salud en México. Como investigador, se ha dedicado a hacer un análisis comparativo entre los diferentes sistemas de salud en América. Sobre este tema véase Kumate (1994).

[5] Cabe señalar que el objetivo de la cobertura sanitaria universal es asegurar que todas las personas reciban un mínimo de atención sanitaria que cubra las necesidades básicas para el cuidado de la salud. Es decir, la universalidad recae en las personas y no en los servicios. Es razonable pensar que no es posible cubrir todas las necesidades sanitarias.

2. Asequibilidad: debe haber un sistema de financiación de los servicios de salud, de modo que las personas no tengan que padecer penurias financieras para utilizarlos. Esto se puede lograr por distintos medios.
3. Acceso a medicamentos y tecnologías esenciales para el diagnóstico y tratamiento de problemas médicos.
4. Una dotación suficiente de personal sanitario bien capacitado y motivado para prestar los servicios que satisfagan las necesidades de los pacientes.[6]

Aunque Daniels coincide con los requerimientos mínimos de atención sanitaria que sugiere la OMS, sin embargo rechaza su definición de salud. Según la OMS, "la salud es un estado de completo bienestar físico, mental y social y no solamente la ausencia de enfermedad".[7] Para Daniels, esta definición corre el riesgo de convertir toda la filosofía social y las políticas sociales en una necesidad sanitaria. En este sentido, se puede decir que Daniels estará a favor de un suficientismo sanitario, es decir, en cubrir un mínimo sanitario para todas las personas, pero no pretende lograr obtener el completo estado de bienestar físico y mental tal y como propone la OMS en su definición.

Rango normal de oportunidad

Al analizar la teoría de Daniels, es preciso hacer un énfasis en la relación que hay entre el funcionamiento normal y la oportunidad, considerada como uno de los bienes sociales primarios. Cualquier tipo de impedimento que limite el funcionamiento normal de la especie reducirá el rango de oportunidad de los individuos. Según Daniels, el rango normal de oportunidad de un

[6] Consultado el 1º de abri l de 2015 del portal: <http://www.who.int/features/qa/universal_health_coverage/es/>

[7] Esta defini ión corresponde al Preámbulo de la Constitución de la Organización Mundial de la Salud. Adoptada en la Conferencia Internacional de Salud celebrada en Nueva York del 19 de junio al 22 de julio de 1946 y recogida el 22 de ju lio de 1946.

individuo es el conjunto de planes de vida que una persona razonable pueda elegir.

De esta manera, el funcionamiento normal de la especie nos permitirá tener un claro parámetro de los factores que pueden afectar el rango de oportunidad de una persona.[8] Sin embargo, el rango de oportunidad también está determinado por los talentos y habilidades de cada persona. En este sentido, cabe señalar que la justa igualdad de oportunidades no sólo implica que las oportunidades sean iguales para todas las personas, sino que sean iguales para las personas con los mismos talentos y habilidades.

Daniels, al igual que Rawls, considera que las diferencias en los talentos y habilidades de las personas son un tipo de acervo común que permite la cooperación social. Aunque esta diferencia entre los talentos puede ser compensada mediante el principio de diferencia, lo que quiere resaltar Daniels es que las limitaciones que provocan la enfermedad y la discapacidad restringen la porción individual del rango de oportunidad de las personas, rango que éstas, mediante sus talentos y habilidades, podrían desarrollar si estuvieran sanas.

Si una justa porción del rango de oportunidad está compuesta por el conjunto de planes de vida que una persona razonable, considerando sus talentos y habilidades, puede elegir, entonces la enfermedad y la discapacidad limitarán esa porción. En este sentido restaurar el funcionamiento normal a través de la asistencia sanitaria tiene un particular efecto en la porción individual del rango de oportunidad.

Cabe resaltar que el rango normal de oportunidad de Daniels es más amplio que el bien primario de oportunidad que describe Rawls. En la justicia como equidad la oportunidad está relacionada con el acceso a puestos de trabajo y empleos, los cuales son fundamentales para el desarrollo de los ciudadanos considerados como personas libres e iguales. Sin embargo, la intención

8 Es importante mencionar que Daniels no sólo considera el rango de oportunidad desde un punto de vista individual, sino que también lo considera desde un punto de vista social. El rango de oportunidades de una sociedad es el conjunto de planes de vida que personas razonables han elegido para sí mismas. El rango de oportunidad depende de las características propias de cada sociedad –esto es, el desarrollo histórico, los niveles de bienestar, el desarrollo tecnológico, así como factores culturales–. En este sentido, se puede decir también que el rango de oportunidad es socialmente relativo (cfr. Daniels, 1990: 281).

de Daniels, al hacer más amplio el concepto de oportunidad de Rawls, es hacer una extensión de la teoría que permita responder algunos de los espacios que éste, deliberadamente, dejó sin cubrir. Con esta extensión lo que hace Daniels es mover el principio de oportunidad desde la posición original hasta las instancias legislativas y constitucionales.

De esta manera se puede decir que la pérdida de funcionalidad causada por la enfermedad y la discapacidad reduce el rango de oportunidad abierto a los individuos, en comparación con las diversas posibilidades que tendrían si estuvieran sanos y en un estado de plena funcionalidad.

Ahora bien, después de establecer estas premisas en su argumentación, Daniels se cuestiona qué teoría de la justicia considera la oportunidad un bien. La respuesta para Daniels es clara: una teoría de la justicia que justifica la defensa de la oportunidad como un principio y bien primario es la teoría de la justicia de Rawls. De esta manera, la relación entre salud y oportunidad que establece Daniels es una extensión de la teoría de Rawls que ahora permite incluir las desigualdades que producen la enfermedad y la discapacidad.

Aunque el corazón de la teoría de Daniels sea la relación entre salud y oportunidad, la evolución que hace de *Just Health Care* a *Just Health. Meeting Health Needs Fairly* implica la expansión hacia otros factores que afectan esta relación y que tienen también un impacto en la salud de las personas y en la distribución de la asistencia sanitaria.

Just Health. Meeting Health Needs Fairly

Según se ha mencionado, una sola pregunta dominó la discusión en *Just Health Care:* "¿Cuál es la especial importancia moral que tienen la salud y la asistencia sanitaria?". Su respuesta resume el argumento que sostiene la teoría de Daniels: la salud tiene una especial importancia moral porque contribuye al rango efectivo de oportunidad abierto a todos.

Sin embargo, la teoría tiene ciertos fallos y no logra responder la pregunta crucial. El primer error que reconoce Daniels es que su teoría se centra demasiado en el cuidado médico y en la salud pública y no considera otros determinantes que también afectan la salud y, por consiguiente, al rango de oportunidad. Algunos de estos determinantes son: ingreso, bienestar, educación, participación política, elementos culturales, así como la distribución de libertades y derechos, entre otros. El segundo error es la falta de una visión ética adecuada que permita reducir las injusticias en las desigualdades sanitarias o incluso determinarlas (Daniels, 2012: 5).

Estos fallos son los que lo impulsan a reorientar y extender su teoría. En el contexto de la justicia social, Daniels se pregunta: "¿Qué nos debemos unos a otros para promover y proteger la salud en una sociedad, para ayudar a las personas cuando están enfermas o discapacitadas?". Esta nueva interrogante es, para Daniels, la pregunta fundamental para la justicia sanitaria (cfr. Daniels, 2012: 11). Así, la nueva estrategia que sigue Daniels para responder la pregunta fundamental consiste en sustituirla por tres preguntas más específicas:

1. ¿Tiene la salud y, por tanto, la asistencia sanitaria y otros factores que afectan la salud, una importancia moral especial? Para responder esta pregunta es necesario entender que las necesidades sanitarias están conectadas con otros bienes que también son importantes para la justicia social.
2. ¿Cuándo son injustas las desigualdades en asistencia sanitaria? Para responder a esta pregunta se tienen que conocer los factores y las políticas sociales que contribuyen a la salud de la población y a las desigualdades. Esta respuesta permitirá conocer cuáles son las principales desigualdades sanitarias que hay que atender.
3. ¿Cómo satisfacer de manera justa las necesidades de salud cuando los recursos son limitados? En tanto que la asistencia sanitaria no es el único bien importante, se considera que los recursos son limitados para ésta y, por lo tanto, se requiere de una justa distribución. Para responder esta pregunta es preciso determinar los puntos de acuerdo y desacuerdo acerca de las prioridades en las necesidades. Esta respuesta ayudará a conocer ciertas pautas para la realización de políticas públicas.

De manera general podemos decir que la respuesta a estas tres preguntas constituye el objetivo de *Just Health. Meeting Health Needs Fairly* y el centro de la política sanitaria de Daniels. Ahora bien, los cambios que se presentan en esta obra son lo que permite hablar del segundo Daniels.

¿Tienen la salud y la asistencia sanitaria una especial importancia moral?

Esta pregunta crucial en *Just Health Car*e sigue siendo importante en *Just Health. Meeting Health Needs Fairly*, de hecho su respuesta es fundamental para justificar también la importancia moral de los determinantes y factores sociales que afectan la salud. Según explica Daniels, existe una serie de elementos, que él llama "factores socialmente controlables", que afectan directamente la salud. La atención médica, las formas más amplias de asistencia sanitaria, las medidas y políticas de salud pública, así como la distribución de otros bienes no sanitarios –como vivienda, educación, ingreso, alimentación– son algunos de estos factores socialmente controlables. En otras palabras, la buena o mala salud de una persona no depende únicamente de la asistencia sanitaria que se proporciona a través de un sistema de salud, sino que también está determinada por otros factores que la afectan. Éste es, precisamente, uno de los fallos de su teoría original: considerar que la salud sólo depende de la asistencia sanitaria (Daniels, 2012: 13).

Para extender su propia teoría, la estrategia que sigue Daniels consiste en ampliar la respuesta de la importancia moral de la salud y explicar por qué hay más necesidades y factores que afectan la salud y su distribución además de la asistencia sanitaria. De esta manera el nuevo argumento sería:

1. Satisfacer las necesidades de salud promueve la salud.
2. La salud hace posible el rango de oportunidad. Por lo tanto:
3. Satisfacer las necesidades de salud hace posible el rango de oportunidad.

¿Cuándo son injustas las desigualdades en la asistencia sanitaria?

Al hacer esta pregunta, Daniels considera que, en algunos casos, las desigualdades en la asistencia sanitaria pueden ser aceptables. Reconocer en qué casos pueden ser aceptadas ayudará a remediar las injusticias en la distribución de la salud y a establecer instituciones justas.

Ahora bien, si suponemos que la asistencia sanitaria es la única manera que tiene la sociedad para proteger la salud, entonces, como menciona Daniels, se podría caer en el error de suponer que las desigualdades sanitarias sólo son injustas cuando el acceso a la asistencia sanitaria es desigual. Sin embargo, el objetivo de Daniels al hacer esta pregunta es determinar qué otros factores –además del acceso a la atención médica– pueden contribuir a las desigualdades en la asistencia sanitaria y en qué caso son injustas.

Es importante tener en cuenta que esta segunda pregunta emerge de la observación de las desigualdades que existen entre los diferentes grupos sociales, según la raza, etnia, clase social o género. Precisamente, el objetivo de Daniels es establecer la correlación que existe entre la salud, su protección y ciertas situaciones que la determinan.

Según Daniels, a lo largo de la historia, por lo menos de los últimos 150 años, la clase social a la que pertenecen los individuos ha definido de alguna manera sus oportunidades de vida o de muerte. Si bien es cierto que a veces sentimos la tentación de pensar que la pobreza y la privación de otros bienes determinan el acceso que se tiene a la asistencia sanitaria, no hay que olvidar que en algunos países pobres se siguen políticas que producen excelentes resultados al mitigar las injusticias generadas por el estatus económico y social. Sin embargo, los efectos del estatus socioeconómico también se observan en los países ricos y desarrollados, donde las fuentes de desigualdad no son la pobreza y la privación de bienes; también hay desigualdades en la asistencia sanitaria por motivos étnicos y raciales.

Asimismo, comenta Daniels, es importante señalar las desigualdades que se producen en la distribución de los recursos por motivos de género.[9]

Daniels afirma que a menudo algunos pensadores aceptan ciertas desigualdades, pero rechazan las de índole socioeconómico que contribuyen a la desigualdad en la adquisición de los servicios de salud. Esto cobra relevancia porque, según lo que él percibe, la bioética, la ética y la filosofía política han ignorado las cuestiones de la distribución de los bienes y servicios de salud, así como de otros bienes relacionados (Daniels, 2012: 81).

Con el objetivo de llenar este hueco en la bioética, Daniels sugiere que se lleve a cabo un amplio análisis intuitivo para saber qué desigualdades son injustas, es decir, cuáles son evitables, innecesarias e inequitativas. Para resolver esta cuestión, examina aquellas situaciones que afectan la salud y que permean las explicaciones de la justicia y de las desigualdades de la salud. En primer lugar, si se observa el desarrollo de las naciones en términos de cómo se distribuye la salud, se podrá ver que la relación entre el ingreso nacional y la pendiente de la salud no es el resultado de leyes fijas del desarrollo económico, sino que se establece por el desarrollo de políticas públicas que ponen en marcha los Estados. En segundo lugar, si se analiza con atención la relación entre el nivel socioeconómico y la pendiente de salud en las distintas sociedades, se verá que la carencia de servicios de salud no se da exclusivamente entre los grupos más pobres. Dicha carencia se hace presente en todo el espectro socioeconómico, aun en las sociedades que cuentan con cobertura médica universal. En tercer lugar, a pesar de que existe un acuerdo general sobre cómo la desigualdad social contribuye al cambio de la pendiente en la salud de una población, existe una discusión

[9] En México, por ejemplo, la salud de las mujeres es diferente y desigual en comparación con la de los hombres ya que, por un lado, existen diferencias biológicas que determinan la exposición diferencial a riesgos a la salud así como enfermedades o presentaciones distintas de éstas; y, por otro lado, existen diferencias vinculadas al género (actitudes, creencias, comportamientos, valores, roles y estereotipos de lo que se espera de un hombre y de una mujer) que influyen en el tratamiento y calidad de los servicios de salud. Ahora bien, es importante mencionar que dentro de esta atención desigual las mujeres indígenas son las que tienen la peor posición dentro de la sociedad. En este caso vemos una desigualdad tanto por género como por cuestiones étnicas. Para un análisis más exhaustivo de este tema se puede revisar el trabajo de investigación de la Academia Nacional de Medicina y el Conacyt titulado: "La mujer y la salud en México": <http://www.anmm.org.mx/publicaciones/CAnivANM150/L4-L a-mujer-salud-Mexico.pdf>

extensa sobre la relación que guardan el cambio en la pendiente y el nivel de ingresos de una sociedad. En cuarto lugar, hay una hipótesis razonable según la cual hay ciertos circuitos sociales y psicológicos que se presentan en las desigualdades que inciden en la salud. Estos circuitos pueden definirse o modificarse según las políticas públicas que se elijan, las cuales deben guiarse por consideraciones pertinentes para que haya justicia, y entonces aspirar a establecer instituciones que se rijan por los principios de la justicia de Rawls (Daniels, 2012: 83).

A Daniels le preocupa, en especial, la relación entre el ingreso relativo[10] y la salud, y trata de mostrar por qué la tesis de la relatividad en el ingreso es de interés. Desde su punto de vista lo que importa no es sólo el tamaño del pastel económico, sino la manera en la que se distribuye, por ejemplo, la salud de la población. No es la privación asociada con un bajo desarrollo económico (como la carencia de las condiciones necesarias para tener una buena salud: agua limpia, nutrición y vivienda adecuadas y condiciones para llevar una vida digna) lo que explica las diferencias existentes en los niveles de salud, sino el grado de privación relativa dentro de ellos. Así, por privación relativa no se refiere a la carencia de bienes básicos para la sobrevivencia, sino a la carencia de fuentes de respeto propio necesarias para la plena participación en la sociedad.

Daniels insiste en que los mecanismos sociales están fuertemente comprometidos con las políticas gubernamentales, y piensa que la desigualdad en el ingreso socava la cohesión social, pues disminuye la confianza y reduce la participación de los miembros de la sociedad. A su vez, la falta de cohesión social refleja menor actividad política y disminuye la responsabilidad

10 El ingreso relativo alude la conducta personal respecto del consumo y ahorro y se basa en dos factores: la tendencia a no variar los hábitos de consumo ante cambios decrecientes en el ingreso, y la tendencia a imitar los hábitos de los sectores de ingresos más altos. En el primer caso, es el ahorro, y no el consumo, el factor de ajuste de una disminución del ingreso. Habría incluso una disposición a dejar de ahorrar si la caída del ingreso fuera importante. En cuanto al segundo factor, se explica que la utilidad del consumidor depende de la relación entre su consumo y el de aquellos a los que imita social y culturalmente. Conforme a estas hipótesis, el ahorro no estaría determinado por el ingreso absoluto de las personas, sino por su ingreso relativo, en el marco de la distribución total de la renta. Con estos supuestos, la tasa de ahorro agregado debería aumentar ante una mejora en la distribución del ingreso, mientras no se viera afectada por incrementos en la renta per cápita, ya que ésta elevaría los hábitos de consumo de toda la población (Dieterlen, 2015: 89).

de las autoridades gubernamentales al no exigirles que se encarguen de atender las necesidades no satisfechas de quienes están en una situación de vulnerabilidad.

Ahora bien, para responder la pregunta sobre si las desigualdades en la salud son evitables, innecesarias e injustas, Daniels analizará la forma en la que Rawls justifica las desigualdades socioeconómicas. Rawls piensa que no es racional que quienes participan en el contrato social promuevan la igualdad, si con ello empeoran sus expectativas de vida. El ejemplo que pone Daniels, para entender el supuesto de Rawls, es el siguiente: si los incentivos por desarrollar las habilidades y tomar riesgos se incrementaran con la productividad social, entonces el pastel social que se va a dividir crecería aún más y, con ello, las porciones para quienes se encuentran en situación de desventaja serían más grandes. Así, los que celebran el contrato social elegirían el principio de diferencia que permite desigualdades, siempre y cuando favorezcan a los que están en peores condiciones (Daniels, 2012: 92).

No hay que olvidar, como ya se mencionó en varias ocasiones, que el principio de diferencia requiere una conexión en cadena que haga que quienes están en peor situación mejoren y los que están un poco mejor que ellos también mejoren. Daniels sostiene que esto se puede lograr trabajando en la salud, pues al favorecer una pendiente de salud se beneficia a los de ingresos medios y no sólo a los más pobres.

Por otro lado, cuando los firmantes del contrato social evalúan la situación que tendrán si eligen los principios rawlsianos y juzgan su bienestar por el índice de bienes primarios sociales, verán que en muchos casos éstos se entrelazan; por ejemplo, en una fábrica donde los salarios son muy altos, pero con una estricta jerarquía que atenta contra el respeto de la persona. Es necesario recordar que el mejoramiento para los que están en peores condiciones debe ocurrir en todos los bienes primarios, no exclusivamente en el ingreso.

Según Daniels, Rawls dice muy poco acerca de cómo debemos establecer los índices y cómo considerar el peso que tienen los bienes primarios, y por ello no ofrece una guía para decidir de qué forma intercambiar dichos bienes para poder construir el índice. No obstante, Daniels acepta que la justicia social, tal y como se describe en los principios de Rawls, puede aplicarse al área de la salud y lograr una distribución equitativa.

Para aclarar esta idea, es necesario plantear un caso ideal, es decir, una sociedad gobernada por los principios de la justicia como equidad, lo que Rawls llama la "igualdad democrática". Según Daniels, se tiene que tomar en cuenta lo que una sociedad requiere para distribuir elementos que determinan la salud. En esta sociedad ideal, todos los miembros tienen garantizadas sus libertades básicas, incluyendo el ejercicio efectivo de la participación política. Sin esta protección, las capacidades básicas de los ciudadanos no pueden desarrollarse (Daniels, 2012: 95).

Aparte de la protección, el ideal rawlsiano de la democracia igualitaria también implica la conformidad con un principio que garantiza la equitativa igualdad de oportunidades. Para ello, se requieren medidas fuertes que mitiguen los efectos de las desigualdades socioeconómicas y preserven las oportunidades. En este sentido, el principio de la igualdad equitativa de oportunidades necesita que existan instituciones encargadas de dar servicios de salud pública, otorgar recursos médicos e incrementar los servicios sociales cuya meta es promover el funcionamiento igual para todos. También permite, racionalmente, mejorar las condiciones de quienes viven con discapacidades incurables.

Por último, en el ideal de la sociedad rawlsiana, el principio de la diferencia reduce significativamente las desigualdades aceptables en ingreso y bienestar, y en los demás bienes primarios, al proponer que las desigualdades sean permisibles cuando favorecen a los sectores menos aventajados de la población.

Ahora bien, es importante considerar las desigualdades en un mundo que no es ideal sino real. El problema teórico es si la teoría de la justicia como equidad requiere una reducción de las desigualdades justificables. Por ejemplo, no podemos reducir las desigualdades de tal manera que se afecte la productividad y, con ello, el volumen del pastel que necesitamos para la distribución. Por lo tanto, la pregunta que surge es la siguiente: ¿es racional y razonable que quienes firman el contrato social acepten ciertos intercambios que permitan desigualdades de la salud a fin de alcanzar otros beneficios no relacionados con la salud para los que tienen peores expectativas en la salud? (Daniels, 2012: 98).

En este sentido, Daniels considera que con frecuencia las personas asumen ciertos riesgos de salud a cambio de otros beneficios. Por ejemplo, algunas personas optan por algunas actividades riesgosas, como esquiar en vacaciones; otras prefieren recorrer largas distancias con tal de obtener un empleo mejor remunerado. Ese intercambio de bienes nos conduce a preguntarnos por la equidad y a analizar los riesgos que corremos en la protección de la salud por carencia de oportunidades y los que se deben al ejercicio de la autonomía. Sin embargo, según Daniels, quienes firman el contrato en la teoría de Rawls no saben cuáles son sus concepciones de lo que es una buena vida y lo que deben juzgar es el bienestar que obtendrán por referencia al índice de bienes primarios, que incluye una medida ponderada de derechos, oportunidades, poderes, ingreso y riqueza, así como las bases sociales del respeto propio.

Para Daniels, Rawls admite que la equitativa igualdad de oportunidades sólo se aproxima a un sistema idealmente justo, y que es posible mitigar, pero no eliminar, los efectos de la situación en que se vive, en términos de familia, grupo social o estatus económico. Asimismo, por más que se dé prioridad al principio de la equitativa igualdad de oportunidades sobre el principio de diferencia, nunca se lograrán las oportunidades iguales en materia de salud. Daniels piensa que la justicia siempre es áspera en los márgenes, y por ello existen desigualdades residuales que aparecen aun cuando se apliquen los principios de la justicia como equidad (Daniels, 2012: 99).

En lo que atañe a las cuestiones prácticas, el problema de las desigualdades residuales tiene fuertes implicaciones para una teoría ética. No olvidemos que en la propuesta de Rawls no se plantean las desigualdades en la salud; sin embargo, él ofrece conceptos políticos cruciales para definir un Estado de bienestar, por ejemplo, tener satisfechas las necesidades básicas como ciudadanos libres e iguales en una democracia. Con estas ideas básicas podemos seleccionar los términos de la cooperación que los ciudadanos libres e iguales podrían aceptar como equitativos y razonables. A la luz de esas ideas es posible incluir la salud de la población.

De lo anterior se pueden rescatar dos ideas principales: la afirmación de que el principio de la equitativa igualdad de oportunidades de la teoría de Rawls sirve para identificar qué desigualdades en la salud son injustas, evitables e inequitativas; y que la misma teoría nos permite establecer que ciertas desigualdades son aceptables siempre y cuando concuerden con los principios de la justicia como equidad.

¿Cómo podemos satisfacer de manera justa las necesidades de asistencia sanitaria si no podemos satisfacer todas?

De manera general, esta pregunta se puede traducir en el dilema de los ganadores y los perdedores. El problema que surge con este dilema es que no existe un consenso que permita tener una pauta de comportamiento sobre cómo se deben distribuir los recursos sanitarios. Por recursos sanitarios debe entenderse no sólo la atención médica o los servicios que se deben prestar, sino también elementos materiales y limitados, como es el caso de los órganos que pueden trasplantarse. Queda claro que la demanda de pacientes que requieren un trasplante de hígado puede ser más amplia que el número de donadores. En este caso, la asignación del recurso pone a las personas en la terrible posición de ganadores y perdedores.

Si no existe un consenso, ni principios de justicia que nos permitan saber cómo debemos distribuir estos recursos, ¿qué parámetro puede orientarnos para hacer la distribución? Una de las posibles respuestas a esta pregunta es, como ya se ha visto, la que hace Dworkin al proponer la responsabilidad como criterio de distribución o asignación de recursos. Tal y como ya se analizó, la responsabilidad individual juega un papel importante en la justificación de un sistema de cobertura sanitaria pública y en las decisiones microasignativas de los recursos sanitarios. Y ello porque la responsabilidad individual puede llegar a ser, en algunos casos, el desiderátum de una concepción de la justicia distributiva que presupone el valor del autogobierno de los individuos. Aunque la responsabilidad es un criterio con muchas objeciones, como ya se hicieron notar, permite también establecer ciertos parámetros para la asignación de recursos, sobre todo a nivel macrodistributivo, a través de políticas preventivas.

Otra de las propuestas son los criterios utilitaristas que, aunque serán revisados en el siguiente capítulo, es importante mencionarlos ahora. Los análisis coste-beneficio han sido aplicados en varios países como criterios de asignación de servicios. En Estados Unidos, apunta Daniels, hay un claro y polémico ejemplo del uso de este criterio. En junio de 1990, la Comisión de Servicios Sanitarios de Oregon elaboró una lista para hacer un ranking de los tratamientos/coste-beneficio con el fin de racionalizar los recursos de Medicaid. Con la publicación de la lista, las críticas no se hicieron esperar. Por ejemplo, atender una caries tenía una mejor posición que tratamientos más importantes, como una apendectomía. La razón es simple: una operación de apendicitis es más cara que atender una caries. En este sentido, son más los beneficios que se obtienen al curar una caries a muchas personas (maximización del beneficio por el número de personas atendidas) que operar a una sola persona de apendicitis (Daniels, 2012: 106).

Los resultados que arroja la lista de los Servicios Sanitarios de Oregon muestran los graves errores en los que se puede incurrir. Aunque atender a muchos pacientes con problemas de caries tenga una mayor utilidad, una operación de apéndice es vital para una persona. Sobre este punto volveremos más adelante.

Ante estas dos posibles respuestas, la posición de Daniels no es del todo clara, pero al final lanza su propia propuesta. Si bien el criterio de responsabilidad y el de coste/ beneficio o utilitarista pueden ser criticados, ambos tienen elementos a su favor. Tanto el criterio de la responsabilidad como los análisis coste/beneficio deben ir acompañados de un juicio prudencial que permita distinguir los casos excepcionales de la regla general. Este tipo de criterios coste-beneficio serán retomados más adelante y estudiados con más atención en el siguiente capítulo.

Igualitarismo de la fortuna: salud, suerte y justicia

Una de las principales polémicas en torno a la asistencia sanitaria y la igualdad es la que han protagonizado posiciones como la de Norman Daniels –de corte rawlsiano y para la cual el principio que debe regir la igualdad en la salud es la equitativa igualdad de oportunidades–, y otra corriente –de corte dworkiniano– que afirma que las teorías de la justicia distributiva no dan el peso que merece a la responsabilidad de los agentes en el cuidado y mantenimiento de la salud. Esta segunda posición sostiene que las teorías de la justicia distributiva no pueden ignorar lo que muchos filósofos han llamado suerte bruta y suerte opcional.

Según se mencionó, el primero en introducir estos términos en la discusión fue Ronald Dworkin. Él llama suerte bruta a todas las consecuencias de una acción que no dependen de la voluntad de la persona, mientras que la suerte opcional son las consecuencias de las acciones que resultan de las apuestas que las personas hacen de forma consciente. Bajo el rubro igualdad de recursos, Dworkin propone un sistema de mercado, limitado por impuestos, que se justificaría como la distribución resultante de la posibilidad igualitaria entre los miembros de una sociedad de asegurarse contra las desventajas debidas a las condiciones en las que viven. Según Dworkin, la posibilidad de comprar seguros borraría de cierta manera la distinción entre suerte bruta y suerte opcional, pues brindaría a los ciudadanos la posibilidad de manejar sus circunstancias sin prescindir de sus preferencias (Dworkin, 1981b).

Precisamente, es dentro de este contexto donde se inserta la teoría de Shlomi Segall. En su obra *Health, Luck and Justice*, Segall propone una explicación del igualitarismo de la fortuna como una teoría de la justicia distributiva. De acuerdo con el igualitarismo de la fortuna, la justicia distributiva constituye una exigencia para corregir las desventajas producto de acciones que no son responsabilidad de las personas. En otras palabras, la teoría busca retribuir a las personas cuando han sido víctimas de la mala suerte bruta.

En los últimos años, la consideración de la suerte en los debates de justicia distributiva ha cobrado mayor importancia y se ha presentado como una teoría contraria a las de raigambre rawlsiano. Según explica Segall, una de las diferencias entre el igualitarismo de la fortuna y la teoría de Rawls es que a pesar del argumento sobre la rectificación del azar,[11] Rawls no llega a considerar el vínculo entre responsabilidad y fortuna. Otra de las diferencias entre el igualitarismo de la fortuna y la justicia como equidad, es que el principio de diferencia de Rawls le otorga la misma prioridad a la persona talentosa que ha decidido no trabajar y que es igual de pobre que la persona trabajadora pero poco talentosa. Sin embargo, la principal diferencia entre el igualitarismo de la fortuna y la justicia como equidad es el carácter contractualista de la teoría de Rawls. Según explica Segall, los principios de la justicia son el fruto de un proceso contractual, mientras que los principios del igualitarismo de la fortuna son independientes de cualquier acuerdo contractual entre los miembros de una sociedad. En este sentido, se considera la justicia distributiva como la relación entre individuos que son miembros de una comunidad política entre los cuales se logra alcanzar un acuerdo social (Segall, 2010: 10-11).

Segall aclara que si bien las teorías de la fortuna han llenado el espacio de discusión sobre justicia distributiva, no hay muchos textos que aborden el problema desde el punto de vista de la salud. Ante esta realidad se pregunta acerca de la justa distribución tanto de recursos para la salud como para su protección, y aventura una primera respuesta: las desigualdades en la salud y en su protección son injustas cuando reflejan diferencias en la suerte bruta (Segall, 2010: 1).

---

[11] Según explica Puyol, Rawls ofrece dos argumentos diferentes para fundamentar su igualitarismo. El primero de ellos tiene un origen kantiano y consiste en afi mar que todos los individuos disponen de una igual capacidad moral constituida por dos facultades morales (estas dos facultades son, precisamente, el fundamento de la igualdad de consideración). El segundo argumento rawlsiano a favor de la igualdad afi ma la arbitrariedad moral de las circunstancias que rodean y afectan a las personas sin que éstas puedan controlarlas; a esta consideración se le conoce como el argumento de la rectifi ación del azar (Puyol, 2004: 116-122). En palabras de Rawls: "La distribución inicial del activo para cualquier periodo está fuertemente influida por contingencias naturales y sociales [...] la distribución existente del ingreso y la riqueza, por ejemplo, es el efecto acumulativo de distribuciones previas de activos naturales –esto es, talentos y capacidades naturales– [...] su uso favorecido u obstaculizado en el transcurso del tiempo por circunstancias sociales y contingencias fortuitas tales como accidentes y buena suerte. Intuitivamente la injusticia más obvia [...] es que permite que las porciones distributivas se vean incorrectamente influidas por estos factores que desde el punto de vista moral son tan arbitrarios" (Rawls, 1995: §15, 94).

Ahora bien, la inclusión de la salud como de su protección plantea dos asuntos éticos fundamentales. El primero atañe la forma en la que se debe tratar a los pacientes que no han cuidado su salud. En este sentido, el igualitarismo de la fortuna sostiene que las desigualdades son injustas cuando son el resultado de circunstancias sociales y naturales que no han sido elegidas por las personas. Dicho en otros términos, la justicia sólo debe compensar las desventajas que no han sido responsabilidad de las personas. Según esta postura, sería legítimo negarle la asistencia sanitaria a una persona que es responsable de su mala salud; por ejemplo, se le podrían negar los servicios de emergencia a los conductores imprudentes o a un alcohólico el trasplante de hígado. Estos casos extremos han llegado a cuestionar la validez teórica del igualitarismo de la fortuna para la asistencia sanitaria y forman parte de la llamada "objeción del abandono del paciente imprudente" (Segall, 2010: 29).

El segundo asunto ético concierne al hecho de que solemos encontrar en la sociedad disparidades tanto en la salud como en expectativas de vida. No todas ellas pueden explicarse por falta de atención a la salud y a su protección; algunas obedecen a factores genéticos y otras a las circunstancias sociales y económicas en las que vive la gente. De este hecho surge la pregunta: ¿cómo puede tomar en cuenta esas desigualdades una teoría de la justicia que intenta eliminar las diferencias entre la suerte bruta con respecto a la salud?

Para dar respuesta a esta pregunta, Segall considera que las diferencias en la salud y su protección son injustas cuando reflejan diferencias en la suerte bruta. Para él "es injusto que algunos individuos estén peor que otros porque sus acciones tuvieron consecuencias que no habría sido razonable esperar que evitaran" (Segall, 2010: 10). Señala que en la formulación de su principio existen dos elementos fundamentales: la necesidad de que exista una situación de desigualdad –es decir, que unos estén en peor situación que otros–, y la suerte bruta que está implícita en la expresión "razonable que evitaran".

Esta frase nos lleva a hacer una comparación y distinción entre la razonabilidad y la responsabilidad. Segall plantea la necesidad de reemplazar el concepto de responsabilidad por el de mala suerte opcional para poder explicar en qué consiste la mala suerte bruta –y así responder también a la llamada "objeción del abandono del paciente imprudente". Su idea es que debemos entender la suerte bruta como resultado de las acciones y de las omisiones que no habría sido razonable esperar que los afectados lograran evitar o contaran con la forma de hacerlo. Precisamente esto es a lo que Segall llama "la elección del inocente" (Segall, 2010: 10-19).

Crítica de Segall al enfoque de la igualdad de oportunidades de Daniels

Según se mencionó, el igualitarismo de la fortuna sostiene que son injustas las desigualdades en la asistencia sanitaria cuando son el resultado de circunstancias sociales que no son elegidas por las personas. De acuerdo con esto, los igualitaristas de la fortuna afirman que la justicia sólo debe compensar aquellas desventajas de las cuales no son responsables los individuos. De esta manera, es posible afirmar que es válido negar la asistencia sanitaria a aquellas personas con un estilo de vida poco saludable como, por ejemplo, los fumadores o los conductores imprudentes que sufren un accidente automovilístico. Para muchos filósofos estos casos contraintuitivos forman parte de lo que se conoce como la "objeción del abandono del paciente imprudente".

A pesar de la "objeción del abandono", Segall piensa que el igualitarismo de la fortuna es capaz de proponer un esquema de salud universal e incondicional. Para probar esta afirmación, Segall analiza las teorías que considera contendientes y examina la verosimilitud de las teorías de la justicia que no consideran la responsabilidad personal.

En primer lugar analiza la teoría de Norman Daniels. Según Segall, Daniels afirma que la salud tiene una importancia estratégica en nuestra vida, ya que contribuye de una manera significativa a seguir y llevar a cabo nuestros planes de vida. Aunque en un principio el argumento de Daniels parece sólido y bien cimentado en una teoría general de la justicia, como es la de Rawls, es posible encontrar ciertos puntos débiles que podrían generar alguna fractura en la teoría. En este sentido, Segall lanza dos objeciones en contra de Daniels. La primera está referida al vínculo establecido entre salud e igualdad de oportunidades. Para formar su crítica, Segall parte de la premisa de que los pobres, en comparación con los ricos, tienen peores posibilidades de realizar sus planes de vida. Ahora bien, si la igualdad de oportunidades tiene como objetivo igualar las condiciones de elección y realización de los planes de vida, entonces podría considerarse prioritaria la asistencia sanitaria de los pobres y desfavorecidos. Esto es lo que Segall llama "la objeción de asistencia sanitaria selectiva" (Segall, 2010: 30-31). En otras palabras, si el objetivo de la igualdad de oportunidades radica en la realización y elección de un plan de vida, entonces las personas con las peores condiciones y en desventaja –como la gente pobre– tendrían prioridad sobre las personas con mejores posibilidades, generando así una brecha de desigualdad que limitaría la cobertura universal de la asistencia sanitaria.

La segunda objeción está dirigida al concepto de plan de vida. El término plan de vida es usado comúnmente en la filosofía política para describir las profesiones, trabajos o proyectos que podemos desear alcanzar a lo largo de nuestra vida. Esta objeción parte de la premisa de que muchos de los pacientes que son atendidos en el sistema de salud son personas que se encuentran en el ocaso de su existencia. Para aquellos pacientes seniles la finalidad de la asistencia sanitaria no puede basarse en la igualdad de oportunidades o, en otras palabras, en la condición de posibilidad para construir un plan de vida. El éxito en el tratamiento de personas que tienen más años no puede radicar en la igualdad de oportunidades para perseguir un proyecto de vida, sino más bien en la posibilidad de mitigar el dolor y el sufrimiento del paciente o prologar su vida todo lo humanamente posible. Según la perspectiva de Daniels, existen razones para racionalizar los recursos de asistencia sanitaria para las personas mayores de 75 años, esto bajo el supuesto de que las personas mayores de 75 años ya han logrado desarrollar su plan de vida, es decir, han concluido ya con su carrera profesional[12] (Segall, 2010: 40).

Sin embargo, la crítica de Segall no se dirige hacia la racionalización de recursos para las personas seniles (al final esta racionalización corresponde más a un criterio utilitarista de coste/beneficio en la expectativa de

12 Sobre este punto es importante señalar que uno de los grandes retos a los que nos enfrentamos, desde el punto de vista de la justicia distributiva, durante la pandemia del coronavirus fue el alto índice de mortalidad en las personas mayores al enfermarse de covid-19. Esta situación obligó a muchos países e instituciones de salud a replantearse los criterios de asignación de recursos basados en las expectativas de vida.

vida). Más bien, la objeción de Segall se centra en el uso del término "plan de vida" –básico en el principio de igualdad de oportunidades– para justificar la asistencia sanitaria.

Para Segall, el principal problema que presenta la teoría de Daniels es que intenta justificar la asistencia sanitaria por medio del principio de igualdad de oportunidades, en lugar del principio de diferencia, el cual se encarga de distribuir los bienes primarios. Según Segall, al vincular la salud con el principio de igualdad de oportunidades se genera un conflicto con los pacientes que, dicho de alguna manera, ya han cumplido su plan de vida, como es el caso de los ancianos, o bien ya han elegido uno, como es el caso de las personas con mejores recursos (Segall, 2010: 30-31).

Aunque en principio la objeción de Segall es razonable, no deja de presentar puntos débiles en sus premisas. Quizá el aspecto más débil de su argumento está en la determinación del principio de diferencia para la distribución de los bienes primarios. Si se recuerda la explicación que hace Rawls en *La justicia como equidad. Una reformulación,* el principio de diferencia está subordinado tanto al primer principio (que garantiza las libertades básicas iguales), como al principio de igualdad de oportunidades; por lo tanto, tiene que trabajar en conjunto con esos dos principios previos y siempre tiene que ser aplicado dentro del trasfondo institucional en el que quedan satisfechos ambos principios. De esta manera, se puede decir que el objetivo del principio de diferencia es regular o mitigar las desigualdades producidas por la cooperación social, que pueden afectar las expectativas o planes de vida de los ciudadanos respecto a los bienes primarios a lo largo de su vida (Rawls, 2012: 94-95).

Ahora bien, cabe recordar que, de las cinco clases de bienes primarios, el primero está regulado por el primer principio de justicia; esto es, las libertades básicas –como la libertad de pensamiento y conciencia y demás libertades–, al ser condiciones institucionales y constitucionales esenciales, dependen del primer principio de justicia. El segundo y tercer grupo de bienes primarios, como son la libertad de movimiento, la libre elección de empleo, y los poderes y prerrogativas que acompañan a los cargos y posiciones de autoridad y responsabilidad, dependen del principio de igualdad de oportunidades. Por último, el cuarto y quinto grupo de bienes, como son el ingreso y la riqueza, están orientados hacia el principio de diferencia. Según lo anterior, se puede afirmar que la distribución de los bienes primarios está regulada por los tres principios de justicia y no solamente por el principio de diferencia, como supone Segall. En la teoría de Rawls, los tres principios de justicia evalúan la estructura básica de la sociedad según el modo en el que ésta regula el reparto de los bienes primarios entre los ciudadanos.

Según lo anterior, cabe suponer que si los bienes primarios están regulados por los tres principios de justicia, entonces la asistencia sanitaria podría estar regida tanto por el principio de diferencia, como propone Segall, como por el principio de igualdad de oportunidades que propone Daniels. Sin embargo, es más adecuado o conveniente que el garante de la asistencia sanitaria dependa del principio de la igualdad de oportunidades, porque tanto la salud como la asistencia sanitaria son condiciones para que una persona pueda vivir. En otras palabras, ni la salud ni la asistencia sanitaria son un producto de la cooperación social que tengan que estar reguladas por el principio de diferencia; más bien, la salud y la asistencia sanitaria son condiciones de posibilidad para obtener un trabajo y un ingreso que permitan a la persona formar parte de la cooperación social.

Sin embargo, existe otra crítica de Segall a la propuesta de Daniels que es más difícil de refutar. Según Segall la teoría de Daniels es sólo una teoría de la justicia que incluye el problema de la salud, pero no es en sí misma una teoría de la justicia distributiva para la salud. Esta objeción se basa en la idea de que la protección de la salud contribuye muy poco al bienestar de los individuos y, por lo tanto, si una institución se dedica a distribuir recursos para la protección de la salud, descuidará otros determinantes del bienestar de las personas, como la educación o las condiciones de trabajo (Segall, 2010: 95).

Crítica al enfoque de la igualdad democrática de Elizabeth Anderson

La igualdad democrática es una teoría que forma parte de la justicia igualitaria y que ha resurgido en los últimos años, principalmente como una reacción al igualitarismo de la fortuna. Según la posición democrática, el objetivo del igualitarismo, como teoría de la justicia, debe ser proveer a cada uno un nivel suficiente de funcionalidad. De forma más específica, la justicia exige una equitativa distribución sólo de aquellos bienes y capacidades que son necesarios para alcanzar una igualdad ciudadana y un igual acceso a la sociedad civil, sin considerar la responsabilidad individual de las personas. Ya que no considera la responsabilidad individual para garantizar un mínimo nivel de funcionalidad, los detractores del igualitarismo de la fortuna han apelado al enfoque de Anderson para justificar la asistencia sanitaria universal. Sin embargo, según Segall, existen diferentes argumentos que niegan que sea posible justificar la asistencia sanitaria universal desde la igualdad democrática (Segall, 2010: 37-44).

La primera crítica a la igualdad democrática que recupera Segall es la de Richard Arneson. Según apunta Arneson, asegurar la igualdad democrática no implica una buena calidad de vida. Supongamos una sociedad en la que todas las personas gozaran de libertades y derechos y sin embargo vivieran en la miseria. Para Arneson –según explica Segall– se puede ser igualmente miserables, pero con derechos políticos. De la misma manera, la igualdad democrática no implica necesariamente la provisión de asistencia sanitaria (Segall, 2010: 39).

Otra de las críticas que comenta Segall es sobre el problema para convertir los derechos y libertades en capacidades. Según esta objeción, la igualdad democrática es indiferente al coste o esfuerzo que deben hacer las personas para poder convertir los derechos en una acción determinada. Supongamos el caso de dos personas, Juan y Pedro. Ambos tienen garantizada la libertad de movimiento; sin embargo, la fibromialgia que padece Juan hace más difícil que pueda moverse con la misma libertad que lo hace Pedro. La igualdad democrática, al no considerar las diferencias individuales y sólo buscar una igualdad, en términos políticos, entre todos sus ciudadanos, deja de lado el dolor de Juan al caminar y, lo más grave, podría negar el subsidio de los medicamentos que llegara a necesitar. Esta falta de sensibilidad hacia las diferencias individuales impide que la igualdad se considere democrática como una teoría de la justicia que garantice la atención sanitaria universal (Segall, 2010: 39).

Ahora bien, si se analizan las críticas que hace Segall tanto al rango de oportunidades de Daniels como a la igualdad democrática de Anderson, en ambos casos la objeción es la misma: la incapacidad que tienen ambos enfoques para justificar la atención sanitaria universal. En opinión de Segall, esta incapacidad se debe a que ambas propuestas parten de una teoría de la justicia general y no son, propiamente hablando, una teoría de la justicia para la salud. Esta cuestión lleva a Segall a estudiar la justicia en la salud.

Shlomi Segall: la justicia en la salud

Según Segall, para encontrar la justicia en la manera en la que se distribuye la protección a la salud es necesario tener en cuenta dos cuestiones: en primer lugar, es necesario ampliar el ámbito de nuestras preocupaciones y empezar a pensar en la salud, además de discutir sobre su protección; en segundo lugar, es preciso establecer una teoría específica de la salud en contraposición a una teoría general de la justicia (Segall, 2010: 92).

Sobre la primera cuestión, Segall afirma que, empíricamente, las tendencias recientes muestran que la protección de la salud tiene un impacto limitado en ella y que son otros bienes, propiamente hablando, los que la determinan. En este sentido, Segall se refiere a una cita de Dan Brock en la que éste afirma que la repercusión de la protección de la salud en las desigualdades en el nivel de salud real es limitada; por ejemplo, se estima que la atención médica explica exclusivamente una quinta parte en expectativas de vida, por lo menos en el siglo XX. Las desigualdades que existen entre los individuos y entre los diferentes grupos sociales en materia de salud no son resultado de las desigualdades en la protección de la salud. Esto no niega que la asistencia médica sea de gran importancia para la vida y el bienestar de los individuos, pero a las diferencias en el acceso y en el uso de la protección a la salud sólo se les puede atribuir un efecto pequeño en las desigualdades tanto entre los individuos como entre los grupos que pertenecen a diferentes clases socioeconómicas. Frecuentemente las enfermedades y las discapacidades tienen entre sus causas factores sociales[13] que pueden determinarlas, por ejemplo, los cuidados familiares en los primeros años de vida, la exclusión social, el desempleo, las condiciones de trabajo, las adicciones, la dieta y la seguridad en el transporte (Brock, 1989: 31, citado en Segall, 2010: 90).

Respecto a la segunda cuestión, Segall conduce a la reflexión sobre la necesidad de preguntarse si hace falta buscar una teoría de la justicia sobre la salud en lugar de una teoría general sobre la justicia. Este asunto compete tanto a los defensores de la igualdad de oportunidades como a sus oponentes; sin embargo, Segall piensa que cuestiona más la teoría de Daniels que la de los igualitaristas de la suerte. Esto porque la protección de la salud explica muy poco sobre el estado de salud de las personas, entonces preocuparse por la forma en la que la salud define nuestras oportunidades para seguir nuestros planes de vida puede implicar la necesidad de canalizar todos los recursos que se gastan en la protección de la salud a otras situaciones que la determinan, como la educación, la vivienda y el empleo seguro, y no sólo a la asistencia sanitaria.

En opinión de Segall, la tesis de la variedad de las situaciones que determinan la salud no plantea ningún problema para los igualitaristas de la fortuna, ya que si bien la protección a la salud es importante, no se debe considerar que las necesidades básicas de salud tienen mayor peso que otras necesidades básicas. Además, incluir la suerte bruta en las teorías de la justicia nos lleva a incorporar en ellas ciertas desventajas no directamente relacionadas con la salud. Así, el igualitarismo de la fortuna como teoría de la justicia no considera tan importante la protección de la salud, pues toma en cuenta otros aspectos que la afectan.

A pesar de todo, para Segall plantear razones generales sobre la necesidad de una teoría de la justicia específica para la protección de la salud conlleva una verdad importante: mientras existan políticas de protección de la salud incluidas en la salud pública, existirá la necesidad de pensar cómo distribuir con justicia los bienes. Una teoría de la justicia distributiva que se ocupe de los

[13] En este punto tanto Segall como Daniels llegan a coincidir. Según mencionamos, en la rectifi ación que hace Daniels de su teoría llega a considerar que existen una serie de elementos que él llama “factores socialmente controlables” que afectan directamente a la salud.

bienes relacionados con la salud debería incluir principios que señalen quiénes deben ser los receptores de la distribución (Segall, 2010: 94).

Segall afirma que una teoría de la justicia para la salud, más que para su protección, es algo que la OMS ha pedido y que los filósofos tendrían que proporcionar, sin abandonar una teoría general de la justicia.

El igualitarismo de la fortuna sostiene que la justicia distributiva tiene que ver con una oportunidad para el bienestar o para el acceso a las ventajas. Ahora bien, si esto es cierto y la salud contribuye al bienestar, una teoría de la justicia en la salud no debe apartarse de una teoría más amplia que hable del bienestar. Al menos es posible sugerir que la búsqueda de una teoría de la justicia en la salud no se desviaría mucho de la búsqueda de una distribución justa de oportunidades para el bienestar o el acceso a las ventajas. En este sentido la teoría de Sen cobraría mayor importancia.

Sen y la igualdad en la salud

Según Amartya Sen, en cualquier discusión que se tenga sobre la equidad social y la justicia, la enfermedad y la salud ocuparán un lugar primordial y serán motivo de preocupación. Por ello, Sen toma como punto de partida el lugar que ocupa la salud como objeto de preocupación social. Para él, la equidad en la salud es una característica central de la justicia que se plasma en los acuerdos sociales generales. Sin embargo, la equidad no puede concernir exclusivamente y de manera aislada a la salud; tiene que considerarse en el contexto de asuntos más amplios, como la distribución económica y, en general, por el papel que desempeña en la vida humana y en el desarrollo de la libertad.

Sen plantea tres temas relevantes para el estudio de la salud y su protección. Mediante el primero pone énfasis en la naturaleza y la relevancia de la equidad en la salud. Con el segundo, identifica ciertas teorías que afirman que no debemos concentrarnos, únicamente, en los problemas que plantea la salud. El tercero atañe a los problemas que deben afrontarse para lograr una comprensión adecuada de las exigencias que surgen en relación con la salud. El estudio de la equidad en la salud debe comprenderse como una disciplina muy amplia en la que se deben incluir consideraciones de diversa índole (Sen, 2004: 21-22).

Sen ha considerado que una teoría de la justicia, en el mundo contemporáneo, debe valorar de algún modo la igualdad. Por ejemplo, alguien que valora la igualdad en el ingreso considerará los salarios que reciben los ciudadanos; un defensor de la democracia impulsará para todos la igualdad de los derechos políticos. Todos aprecian la igualdad como una variable que cumple un papel importante en las teorías de la justicia. Precisamente, la afamada pregunta "¿Igualdad de qué?" representa una de las interrogantes fundamentales dentro de la teoría de Sen.

En este contexto, la igualdad se convierte en una preocupación básica para entender lo que significa la justicia social. En lo que concierne a la salud, Sen parte de varias consideraciones. La primera de éstas asume que la salud es una de las condiciones más importantes de la vida humana y un elemento constitutivo de las capacidades, por lo que es indispensable valorarla. Así, cualquier concepción de la justicia social que acepte una distribución para el desarrollo de las capacidades no puede ignorar el papel de la vida humana y de las oportunidades que se brindan a las personas para lograr un buen estado de salud, libre de enfermedades, de dolencias y sin mortalidad prematura (Sen, 2004: 23).

En este sentido, una enfermedad que no se atiende por razones sociales como la pobreza, más que por una elección personal, muestra un defecto en la justicia social y un arreglo social injusto. En opinión de Sen, lo anterior nos lleva a hacer una distinción entre los logros en términos de buena salud y la capacidad de lograr una buena salud, aunque no se ejerza. Sen reconoce que, en la mayoría de las situaciones, los logros de salud tienden a ser una guía para desarrollar otras capacidades subyacentes cuando hay la oportunidad real de elegir (Sen, 2004: 23-24).

Por ejemplo, un logro de salud puede ser tener buena vista, mientras que la capacidad consiste en disponer de los medios para ejercerla: la buena vista se puede lograr con la adquisición de gafas. Es importante hacer esta distinción entre logros y capacidades, por un lado, y las facilidades que la sociedad ofrece para obtenerlos, como la protección de la salud, por el otro. Sen, al igual que los demás autores cuyas posturas hemos examinado, considera que en los logros de salud no sólo interviene su protección, sino factores como la propensión genética, el ingreso individual, los hábitos de alimentación, los estilos de vida, las condiciones de trabajo, etcétera.

La segunda consideración propone ir más allá de los logros en la salud. Para Sen, cuando hablamos de salud es conveniente no perder de vista el aumento de las capacidades que se logra con su cuidado, los procesos mediante los cuales se distribuyen los servicios de salud y la información adecuada para mantenerla.

La tercera consideración se resume en que nuestra preocupación no puede centrarse exclusivamente en la salud y su protección, pues hay que tomar en cuenta otros aspectos de la vida social. Sen ilustra su preocupación con un ejemplo. Supongamos que dos personas (A) y (B) tienen exactamente la misma propensión a padecer una enfermedad particularmente dolorosa. Sin embargo, (A) es muy rica y mediante un tratamiento muy costoso logra aliviar su dolor. Por su parte, (B) es muy pobre y no puede costearse el tratamiento. Este caso ilustra claramente una inequidad. No aceptar la premisa moral de que el rico tenga un tratamiento privilegiado significa que condenamos las violaciones a la equidad en la distribución de salud. Lo que se pretende al valorar la equidad es que las dos personas, (A) y (B), tengan una oportunidad igualitaria de acceso al medicamento que alivie su dolor (Sen, 2004: 23-24).

Ahora bien, podríamos plantear otra situación y, argumentando el valor de la igualdad en la salud, evitar que (A) gaste en el tratamiento, ya que (B) no puede hacerlo. Así, no afectamos la vida de (B), sólo recomendamos que (A) no reciba el tratamiento y le sugerimos que, por ejemplo, gaste su dinero viajando en su yate. En este caso se ha reducido la desigualdad en la salud. Este cambio de política, dice Sen, ha incrementado la equidad en la salud; sin embargo, no estamos considerando si la situación completa es mejor o si estamos ante un mejor arreglo.

Sen considera que, a pesar de que existe más equidad en la última distribución, los recursos de (A) para navegar en su yate podrían haberse empleado para curar tanto a (A) como a (B) y con ello lograr una mejoría en sus dolencias. Esta última posibilidad requiere, empero, que las instituciones sociales o políticas hagan arreglos en la distribución de los recursos.

Así, para Sen, la violación del principio de equidad en la salud no puede ser juzgada exclusivamente por la desigualdad en la salud. Uno de los asuntos importantes relacionados con la cuestión de las políticas de promoción de la salud depende de la distribución total de los recursos para la salud, y no sólo de los acuerdos distributivos de la protección de la salud. Esto se debe a que los recursos son intercambiables y los arreglos sociales pueden recurrir a mecanismos diferentes o a su distribución alterna. Por ello, la igualdad en la salud es un concepto multidimensional. La desigualdad en la salud es de gran interés, pero existen, por ejemplo, desigualdades infranqueables en este terreno, por lo que para mitigarlas necesitaríamos también una política económica, una reforma social o un compromiso político entre las instituciones del país.

Al igual que Daniels la idea que Sen quiere defender es que la equidad en la salud no puede reducirse a las desigualdades existentes en el ámbito de la salud. Esa equidad debe situarse en una red más amplia de la justicia social. Hay que recalcar el hecho de que la salud se considera central para el bienestar, pero tanto como la equidad para ejercer la libertad y las capacidades. La equidad en la salud es un elemento necesario pero no suficiente para las capacidades. Sen se pregunta si no podríamos lograr que la equidad en la salud se encontrara subsumida en consideraciones de equidad en la distribución de los recursos, por ejemplo, el ingreso o aquello que Rawls identifica con los bienes primarios, es decir, es posible pensar que los recursos o bienes primarios son los que en última instancia determinan el estado de salud de las personas.

Para responder a esta pregunta, Sen muestra que en el estado de salud de una persona influyen un gran número de otras consideraciones que nos deben llevar a tomar en cuenta otros factores económicos y sociales. También es necesario tener presentes otros parámetros como las discapacidades, las propensiones individuales a la enfermedad, el azar epidemiológico, la influencia del clima. Una teoría de la equidad en la salud debería darles un peso específico a esos factores. Así, en general, cuando se ponen en marcha políticas de salud es necesario hacer una distinción entre la igualdad en los logros de salud (o las capacidades y libertades correspondientes) y la igualdad en la distribución de los recursos destinados a la salud (Sen, 2004: 29).

En este sentido, se puede decir que para Sen la equidad en la salud es un concepto multidimensional, el cual incluye elementos como la preocupación por los logros obtenidos en cuestiones de salud, la capacidad para conseguir que ésta sea buena, las políticas de protección a la salud y no sólo por la distribución. Más allá de estos elementos, necesitamos que el interés por la salud se integre a cuestiones más amplias de justicia social, y debemos poner atención a la versatilidad de los recursos que se distribuyen y al impacto que pueden tener los diferentes arreglos sociales (Sen, 2004: 31).

Ahora bien, aunque Sen considera que la salud es un concepto multidimensional, hay que insistir en que él no es un igualitarista de la suerte. Su posición apunta más bien a la igualdad de las capacidades y los funcionamientos, y no hace una distinción entre los dos tipos de suerte. Sin embargo, por razones similares a las de Sen, Segall concluye que, cuando nos centramos en una teoría de la justicia en el ámbito de la salud, no podemos dejar de tomar en cuenta otros aspectos de una teoría de la justicia distributiva más amplia que seguramente enriquecerán una noción abstracta de la equidad en general. Así, la protección de la salud es un determinante menor de la salud y, como consecuencia, del bienestar. Por esta razón, cualquier teoría de la justicia que aspire a explicar la protección de la salud tendrá que abrirse a otra clase de discusiones que incluyan una teoría de la justicia distributiva más amplia (Segall, 2010: 96).

Reflexiones finales sobre la justicia y la salud

A diferencia del igualitarismo de la suerte de raigambre dworkiniano, las teorías de corte rawlsiano, como la de Daniels, consideran que la asistencia sanitaria está fundamentada en el principio de la equitativa igualdad de oportunidades y, al igual que Rawls, no consideran tampoco a la responsabilidad como un criterio de distribución. Según Daniels, a través de la asistencia sanitaria se logra mantener el rango normal de oportunidad, y, por ende, se debe garantizar un mínimo sanitario a todas las personas sin importar su estilo de vida o preferencias.

Es importante destacar que, a pesar de las diferencias que se pueden encontrar en las diversas posiciones igualitarias, ambas posturas –tanto de origen rawlsiano como dworkiniano– reconocen la importancia de que el Estado garantice un mínimo de atención sanitaria para todas las personas. Este mínimo se expresa a través de lo que se conoce como suficientismo sanitario. Cabe mencionar que este mínimo no sólo se limita al acceso sanitario, sino que también pretende abarcar aquellos factores que pueden influir en la salud.

Según lo que se expuso en este capítulo y recordando también lo que se mencionó en el primero, se puede decir entonces que el principio de justicia de la bioética lo que pretende establecer es, precisamente, un principio mínimo de igualdad para todas las personas en el que los casos iguales sean tratados de modo igual y los casos diferentes de modo diferente. En este sentido se podría considerar que la noción de equidad refleja mejor que la igualdad la pretensión de dar un trato justo a las personas, porque la equidad, además de tratar por igual a los iguales, puede tratar a los desiguales de forma desigual. De ahí la importancia de los cuestionamientos de Daniels sobre cuáles son las desigualdades que se deben considerar justas o legítimas, y qué diferencias entre las personas se tienen que reconocer para que den derecho a una compensación dentro de las políticas sanitarias y cuáles no.

Ahora bien, para intentar responder a estas interrogantes, según lo que se explicó en este capítulo, es necesario considerar –además de la igualdad– otro criterio que nos permita hacer una equitativa distribución de los recursos. Aunque se considere que por derecho se debe garantizar un mínimo de atención sanitaria a todos los ciudadanos, también es cierto que los recursos son escasos. Por esta razón se vuelve necesario priorizar y racionalizar los recursos sanitarios. Dentro de este contexto es preciso admitir que invertir en sanidad supone dejar de invertir en otros bienes que también son importantes para el desarrollo y bienestar de una persona, tales como vivienda, educación y otros servicios sociales. Es así como los criterios de corte utilitarista de coste/beneficio han cobrado una mayor importancia en los últimos años y han dado como resultado métodos cuantitativos como los llamados QALY. Precisamente, el análisis de este tipo de criterios utilitaristas será el objetivo del próximo capítulo.

Capítulo V

Utilitarismo sanitario

La salud es un derecho humano fundamental. Nuestro objetivo no debería ser únicamente prolongar vidas en el sentido físico, sino conseguir que los años adicionales merezcan ser vividos con minusvalías y discapacidades cada vez menores, y con un mayor grado de protección de la salud.

Hiroshi Nakajima

Antiguo director general de la OMS

Según las conclusiones de los capítulos anteriores, se considera que la salud es un bien especial cuya distribución no debe dejarse únicamente a las leyes del mercado y, por lo tanto, es preciso que el Estado garantice un mínimo de atención sanitaria que permita nivelar las desigualdades de origen entre las personas. A partir de este mínimo de atención se podría cumplir con el principio de igualdad de oportunidades de Rawls. Sin embargo, es una realidad que los recursos en materia de salud son escasos y es por esta razón que la racionalización y la priorización de los recursos se han vuelto tan necesarias.

Dentro de este contexto de escasez y racionalización de recursos una de las propuestas que actualmente ha logrado posicionarse en un lugar importante es el utilitarismo. Al seguir un criterio de eficiencia, el utilitarismo sanitario busca maximizar aquello que resulte más valioso y conveniente. De esta manera, el utilitarismo se pregunta, en primer lugar, ¿cuál debe ser el objetivo al distribuir recursos sanitarios? y, en segundo lugar, ¿cuáles son los costes de oportunidad de los tratamientos considerando que los recursos son limitados?

Aunque en primera instancia el utilitarismo sanitario se presenta como una teoría atractiva y con resultados más eficientes para la distribución de recursos, existen varias objeciones al utilitarismo como teoría general, que hacen que su aplicación al ámbito de la salud sea cuestionable.

El objetivo de este capítulo es hacer una revisión de los fundamentos principales del utilitarismo clásico –en concreto, de la propuesta de John Stuart Mill– y de algunos de los presupuestos teóricos de Peter Singer, uno de utilitaristas contemporáneos más importantes y con mayor impacto en el ámbito de la bioética. Asimismo, se revisarán las ventajas y desventajas que hay en la definición de salud como un estado de completo bienestar. En la segunda parte se analizarán los criterios de distribución de coste-beneficio y los métodos QALY.

Principios del utilitarismo clásico

Jeremy Bentham, en su obra *Los principios de la moral y la legislación,* de forma clara y precisa define el principio de utilidad: "Por principio de utilidad se entiende aquel principio que aprueba o desaprueba cualquier acción de acuerdo a la tendencia que parece tener para aumentar o disminuir la felicidad del grupo cuyo interés está en cuestión; o, lo que es lo mismo, en otras palabras, para promover u oponer esta felicidad" (Bentham [1789] 2008: cap. 1).

Según Bentham, la naturaleza humana está gobernada por dos fuerzas o poderes que impulsan el actuar del hombre. El placer y el dolor son los dos motores que permiten medir lo correcto e incorrecto de todo lo que se hace, se dice y se piensa, buscando siempre el placer y huyendo del dolor para aumentar la felicidad. De esta manera la utilidad se define como la propiedad de cualquier objeto de producir algún beneficio, ventaja, placer, bien o felicidad, o, lo que también es lo mismo, de prevenir algún daño, dolor o mal que genere infelicidad para el grupo cuyo interés es considerado.

Es importante resaltar que el objetivo de Bentham no se limita únicamente a las acciones individuales, sino también a las medidas que realiza el gobierno. Es por esta razón que el principio de utilidad se convirtió en un criterio de justicia social y no sólo de justicia distributiva. Según la postura de Bentham un gobernante no puede tener más objetivo que el logro de la máxima felicidad de sus súbditos, y para ello no tiene más remedio que regirse por el principio de la mayor felicidad del mayor número de personas. En este sentido, se puede decir que la maximización de la felicidad es la medida de lo justo y lo injusto (Bentham [1789] 2008: cap. 1).

De la mano de Bentham, en su obra *El utilitarismo,* Mill acepta el principio de la mayor felicidad o principio de utilidad como fundamento de la moral, y sostiene también que las acciones son justas en la proporción en que tienden a promover la felicidad, e injustas en cuanto tienden a producir lo contrario de la felicidad. Esta idea queda resumida en la premisa: "La mayor felicidad del mayor número es la medida de lo justo e injusto". Cabe apuntar que para Mill la felicidad se identifica con el placer y, por lo tanto, con la ausencia de dolor. Asimismo, los sentimientos de dolor y placer tienen para la moral utilitaria una base natural, es decir, son innatos al ser humano. De ahí que se considere que la igualdad entre los seres humanos sea, precisamente, la capacidad de sentir dolor y placer (Mill [1863] 1984: 44-46).

Una vez aceptado el principio de utilidad Mill se cuestiona ¿cuáles son los motivos para obedecer al principio de utilidad?, o más concretamente: ¿cuál es la fuente de su obligación?, ¿de dónde deriva su fuerza obligatoria? Según Mill, el principio de utilidad posee todas las sanciones que pertenecen a cualquier otro sistema moral. Dichas sanciones pueden ser tanto externas como internas. De las sanciones externas no es necesario hablar demasiado: se trata de conseguir ya sea el favor o la simpatía de nuestros semejantes o bien evitar su rechazo. En cuanto a la sanción interna del deber, cualquiera que sea nuestro criterio del deber, es siempre la misma: un sentimiento en nuestro propio espíritu, un dolor más o menos intenso que acompaña la violación del deber, que en las naturalezas morales adecuadamente cultivadas lleva, en los casos más graves, a que sea imposible eludir el deber (Mill [1863] 1984: 78).

Es preciso destacar también que uno de los rasgos más significativos de la teoría de Mill es que el principio de la maximización de la felicidad se sustenta sobre la base de los sentimientos sociales de la humanidad, esto es, en la condición sociable del ser humano. “La condición social es así tan natural, tan necesaria y tan habitual para el hombre, que [...] nunca puede pensar en sí mismo más que como miembro de un cuerpo; y esta asociación se afianza cada vez más a medida que la humanidad se separa del estado de independencia salvaje” (Mill [1863] 1984: 83).

Otro de los puntos importantes dentro de la teoría de Mill es la concepción que tiene sobre la cooperación social. Según él,

> las relaciones sociales entre los seres humanos, excluidas las relaciones que se dan entre el amo y el esclavo, son manifiestamente imposibles de acuerdo con ningún otro presupuesto que el de que sean consultados los intereses de todos. *La sociedad entre iguales sólo es posible en el entendimiento de que los intereses de todos son considerados por igual* [...] De este modo a la gente se le hace imposible concebir que pueda darse una desconsideración total de los intereses de los demás [...] También están familiarizados con el hecho de cooperar con los demás y proponerse un interés colectivo, en lugar de individual, como fin de sus acciones. *En la medida en que cooperan, sus fines se identifican con los de los demás. Se produce, al menos, un sentimiento provisional de que los intereses de los demás son sus propios intereses* (Mill [1863] 1984: 84-85) [mis cursivas].

A partir de esta cita es posible ver el deseo de Mill de que los intereses individuales sean debidamente atendidos. Es decir, no se puede considerar sólo el bien de la mayoría sin tener en cuenta los intereses individuales. Precisamente, la cooperación social se fundamenta en la consideración de los intereses de todos sus miembros. Es importante tener en cuenta este punto ya que forma parte de las críticas que Rawls lanza contra el utilitarismo.

Críticas de Rawls al utilitarismo

Según se mencionó en el primer capítulo, uno de los objetivos de Rawls al escribir *Teoría de la justicia* era elaborar una teoría que representara una alternativa ante otras posturas que habían dominado largamente el campo de la ética. Una de estas teorías era el utilitarismo.

En opinión de Rawls, el utilitarismo se presenta como una teoría con ciertas ventajas respecto a otras teorías éticas –por ejemplo, el intuicionismo– ya que posee un método capaz de ordenar las diferentes alternativas, frente a posibles controversias morales: la mejor opción, conforme a esta doctrina, es la que contribuye al bienestar general. En otras palabras, aquella alternativa que permita maximizar el mayor bien del mayor número de personas.

Por otro lado, se puede decir también que en su pretensión de maximizar el mayor bien para el mayor número de personas, el utilitarismo intenta mantener una postura ciega –libre de prejuicios– frente al contenido de las diversas preferencias o deseos y respecto a los sujetos que los representan. Esta postura neutral del utilitarismo puede interpretarse como un principio de igualdad. Sin embargo, es preciso aclarar que la igualdad para el utilitarismo –según se vio en la teoría de Mill– está cimentada en la capacidad de los seres humanos de sentir dolor y placer. Sobre este punto volveremos más adelante al exponer la postura utilitarista de Peter Singer.

Pese a estas ventajas Rawls lo rechaza y lanza una serie de objeciones en contra del utilitarismo en general, aunque Sidwick es realmente su principal foco de atención. A la primera de estas críticas se le puede llamar *la falacia de inducción*. Esta objeción parte de la pretensión del utilitarismo de trasladar un argumento válido en los casos particulares a un caso universal. La crítica de Rawls a este razonamiento utilitarista es que cierto tipo de cálculos que se podrían considerar aceptables a nivel personal se deberían rechazar cuando son trasladados a una pluralidad de individuos. A nivel personal podemos "imponernos un sacrificio momentáneo con el fin de obtener después una ventaja mayor" (Rawls, 1995: §5, 35).

Por ejemplo, es razonable que una persona acepte el dolor que le produce una inyección con el fin de recuperar la salud o bien para evitar un dolor mayor en otra parte del cuerpo. Sin embargo, a nivel social se tienen razones para considerar inaceptable el querer imponer sacrificios a las generaciones presentes en aras de beneficiar a las generaciones futuras. En el sacrificio personal el bien que se espera recibir recae en la misma persona; mientras que, en el caso social, el bien lo obtendrán sujetos que no han tenido que sacrificarse y que, en última instancia, no mantienen ningún vínculo con las personas que se han sacrificado. De igual forma debe rechazarse la pretensión de imponer sacrificios graves sobre un determinado sector de la sociedad con el único objeto de mejorar el nivel de vida del resto.

La segunda crítica, a la que se le puede llamar *holismo social (del todo y la parte)*, se centra en la concepción de la sociedad. Para Rawls el utilitarismo tiende a ver a la sociedad como un cuerpo en donde resulta posible sacrificar unas partes en virtud de las restantes. Siguiendo una analogía, así como es posible amputar una pierna o una mano de manera indistinta para salvar el resto del cuerpo, en la concepción utilitarista –según Rawls– es posible sacrificar también a algunas personas o grupo de personas para obtener un mayor bien en el resto de la sociedad. Dicha operación puede ser tildada como ilegítima porque desconoce el carácter individual de las personas y la distinción entre éstas. Tal y como afirma Rawls "cada miembro de la sociedad tiene una inviolabilidad fundada en la justicia o, como dicen algunos, en un derecho natural, el cual no puede ser anulado ni siquiera para el bienestar de los demás" (Rawls, 1995: §6, 39).

Según *Teoría de la justicia* la sociedad es "una asociación más o menos autosuficiente de personas que en sus relaciones reconocen ciertas reglas de conducta como obligatorias y que en su mayoría actúan de acuerdo con ellas [...] estas reglas especifican un sistema de cooperación planeado para promover el bien de aquellos que toman parte en él" (Rawls, 1995: §1, 18).

No obstante, cada individuo debe ser representado como un ser autónomo, distinto de y tan digno como los demás. Este ejercicio "globalizante"[1] propio

---

[1] En este sentido podría suponerse que la visión de la sociedad como un todo global coloca al utilitarismo en un terreno holístico (de ahí el nombre de la crítica). Según la explicación aristotélica sobre el holismo "el todo es más que la suma de sus partes"; esto quiere decir que las partes dentro de un sistema no son consideradas de manera individual e independiente sino en función del todo. "En efecto destruido el todo, ya no habrá

del utilitarismo, afirma Gargarella, nos habla de una operación que, al menos, requiere de una especial y muy sólida justificación (Gargarella, 1999: 26).

Sin embargo, la concepción de la sociedad de Rawls contempla el carácter individual e independiente de cada una de las personas que forman parte de la sociedad, por ello define a la sociedad como un sistema equitativo de cooperación[2] en donde la participación de cada uno de sus miembros es fundamental para el funcionamiento, pero al mismo tiempo busca el desarrollo pleno de cada uno de los miembros que la componen y no sólo el de una mayoría.

Aunque en términos generales es posible afirmar que el utilitarismo de Bentham considera aceptable el sacrificio individual a favor del bienestar o felicidad de la mayoría y, por tanto, es criticado por Rawls, la visión de Mill parece ser contraria a las objeciones de Rawls. Según lo que se expuso sobre la teoría de Mill, es posible considerar la cooperación social como un elemento de la condición humana y, por lo tanto, se tienen en cuenta los intereses de todos sus miembros. "En tanto están cooperando, *sus fines se identifican con los de los demás. Se produce, al menos, un sentimiento provisional de que los intereses de los demás son sus propios intereses*" (Mill [1863] 1984: 84-85) [mis cursivas].

A pesar de que la maximización de la felicidad de la mayoría es el principal objetivo del utilitarismo, Mill no niega la importancia de la felicidad y la realización personal de cada individuo como un bien para esa persona, al igual que lo supone Rawls. El argumento de Mill considera que la felicidad de cada persona es un bien para ella misma y, por lo tanto, la felicidad se

---

ni pie, ni mano a no ser con nombre equívoco como se puede decir de una mano de piedra, pues tal será una mano muerta" (Aristóteles, 2000: I, 1253ª, 13-14). Según la interpretación de Rawls, para el utilitarismo la sociedad es un todo superior a las partes que la componen, por ello el bienestar social es más importante que el bienestar individual.

2 Es importante tener en cuenta esta distinción entre la justicia como equidad y el utilitarismo respecto a las concepciones de la sociedad. La reformulación del concepto de sociedad como un sistema equitativo de cooperación implica una nueva propuesta frente al utilitarismo y una nueva manera para distribuir los bienes. "Las diversas concepciones de justicia son el producto de diferentes nociones de sociedad ante el trasfondo de opiniones opuestas acerca de las necesidades y oportunidades naturales de la vida humana. Para entender plenamente una concepción de la justicia tenemos que hacer explícita la concepción de cooperación social de la cual se deriva" (Rawls, 1995: §2, 23).

convierte en un bien deseable y necesario para el conjunto de todas las personas. La búsqueda de la felicidad se convierte de esta manera en el fundamento de la cooperación social y parte de la esencia de la condición humana (Mill [1863] 1984: 94-95).

La tercera crítica, a la que se le llamará *de los gustos caros y ofensivos,* se centra en la concepción del bienestar como un aspecto normativo de la condición humana. Como ya se mencionó, uno de los principios del utilitarismo es mantener una postura libre de prejuicios frente al contenido de las diversas preferencias o deseos y de los sujetos que los representan, esto, con el fin de maximizar el mayor bien para el mayor número de personas.

Según se mencionó en capítulos anteriores, es posible encontrar una persona que se considera satisfecha con una dieta a base de leche, pan y garbanzos, frente a otra que reclama platos exóticos y los vinos más caros. Una postura utilitarista dotaría al último con más recursos que al primero, para evitar que al final aquél obtenga menor satisfacción en comparación con el que se conforma con la dieta más modesta. De esta manera, se puede decir que el objetivo del utilitarismo es hacer un equilibrio entre los deseos de las personas para alcanzar así la máxima utilidad, sin importar cuál es el contenido de estos deseos o gustos.

Sin embargo, apunta Rawls, es necesario tener en cuenta que las personas son responsables de la construcción de estos deseos y gustos ya que son ellas las que forman y cultivan sus preferencias, por ello resultaría injusto emplear los escasos recursos de la sociedad del modo aconsejado por el utilitarismo. Ésta es la razón por la cual Rawls opta por defender una métrica objetiva mediante los bienes primarios y no una subjetiva –como son los deseos y las preferencias– a la hora de determinar cómo distribuir los recursos de la sociedad de un modo justo.

En lo que respecta a las preferencias o gustos ofensivos, Rawls considera que en el conteo propuesto por el utilitarismo pueden incluirse, por ejemplo, ciertas conductas discriminatorias o racistas. Desde una perspectiva igualitaria, diría Rawls, tales preferencias son condenadas.

> Así, los hombres obtienen cierto placer al discriminarse unos a otros, al someter a otros a menor libertad como un medio para aumentar su respeto propio, entonces la satisfacción de estos deseos debe ser sopesada en nuestras deliberaciones de acuerdo con su intensidad, o lo que sea, al igual que otros deseos. Si la sociedad decide negarles satisfacción, o suprimirlos, es porque tienden a ser socialmente destructivos y porque un bienestar mayor puede obtenerse de otra manera (Rawls, 1995: §6, 41).

Ahora bien, considerando la objeción de Rawls, tal parece que la neutralidad del utilitarismo puede ser una desventaja cuando se trata de intereses o gustos que resultan ser racistas o discriminatorios. Ante este tipo de casos cabe preguntarse si resulta efectivamente razonable la sugerencia de considerar en pie de igualdad una propuesta racista y una que no lo es. Sin embargo, la respuesta en boca de Peter Singer es contundente. Bajo ningún motivo se pueden aceptar intereses discriminatorios o racistas porque sería una falta de consideración por los intereses de los demás grupos. Para Singer la única razón que debe motivarnos a considerar los intereses de los demás grupos es la capacidad de todos los seres humanos de tener intereses. Con la respuesta de Singer parece que la objeción de Rawls pierde fuerza y abre la posibilidad de fundamentar la igualdad entre las personas en términos diferentes a los rawlsianos, es decir, en términos que no sean racionales, como la facultad para tener una concepción de bien y un sentido de justicia. Sobre este punto volveremos más adelante (Singer, 2009: 30-33).

Sin embargo, un punto que sí se le puede cuestionar y objetar al utilitarismo es sobre el origen de las preferencias. Al considerar las preferencias, el utilitarismo se desentiende del hecho de que muchas de tales preferencias pueden tener un origen cuestionable. Por ejemplo, es posible que una determinada preferencia sea producto de una construcción social. Piénsese en las preferencias de mujeres a las que se les ha enseñado por siglos que son inferiores a los hombres; o las preferencias de las personas que suponen que existe una raza superior como en el caso de los nazis. Esto nos abre las puertas al gravísimo problema para determinar qué preferencias son genuinas y cuáles no. Este tipo de críticas al utilitarismo puede acompañarse con otras similares, como la siguiente: muchas veces, lo que una persona prefiere puede ser contradictorio con aquello que le resultaría más valioso, y ello, no en razón de haberse adaptado o resignado frente a situaciones injustas sino, simplemente, por causas tales como la ausencia de información empírica adecuada (Gargarella, 1999: 29).

A la cuarta y última crítica que hace Rawls al utilitarismo se le puede denominar *la objeción teleológica*. Uno de los rasgos que definen al utilitarismo como teoría moral es, precisamente, su carácter teleológico. Las teorías teleológicas difieren claramente según como se especifique la concepción de bien. Si el bien es definido como placer, tenemos el hedonismo; si lo es como felicidad, el eudemonismo, y así sucesivamente. Según el principio de utilidad la concepción de bien dependerá de la satisfacción del deseo racional; esto sin considerar si ese deseo es justo o no, si es genuino o socialmente construido, o si va en contra de los derechos y libertades de algunos individuos.

Rawls, al igual que otros liberales, se opondrá a estas doctrinas teleológicas y partirá de una postura deontológica. Para la deontología, la corrección moral de un acto depende de las cualidades intrínsecas de dicha acción. Por ejemplo, ante la acción de mentir, una postura teleológica –como es el utilitarismo– haría un análisis de las posibles consecuencias que se seguirían de dicha acción y un cálculo del coste/beneficio de cada una de éstas, y a partir de los resultados tomaría la decisión de mentir o no; por otro lado, una postura deontológica condenaría la acción de mentir, sin importar los beneficios que se pudieran conseguir a partir de la mentira, ya que la acción en sí misma es contraria a los principios morales.

La justicia como imparcialidad es definida por Rawls como una teoría deontológica que no especifica el bien independientemente de la justicia y tampoco interpreta lo justo como la maximización del bien, ya que supone que las personas escogerían aquellos principios que aseguran la libertad y la igualdad entre todos los individuos como un principio básico sin pretender maximizar el bien de la mayoría (Rawls, 1995: §6, 41).

En este sentido, la justicia como imparcialidad niega que se pueda sacrificar parte de la libertad de algunos por el hecho de que un bien mayor sea así compartido por otros. Por lo tanto, el razonamiento utilitarista que pondera las pérdidas y ganancias de diferentes personas como si fueran una sola queda excluido. De esta manera, se puede afirmar –tal y como lo hace Rawls– que en una sociedad justa las libertades básicas y los derechos no están sujetos al regateo político ni al cálculo de intereses sociales (Rawls, 1995: §6, 39).

Otro de los aspectos relevantes de la teoría de Rawls, y que lo separan del utilitarismo, es que en la justicia como imparcialidad el concepto de lo justo es previo al del bien. Un sistema social justo define el ámbito dentro del cual los individuos tienen que desarrollar sus objetivos, proporcionando un marco de derechos y oportunidades así como los medios de satisfacción dentro de los cuales estos fines pueden ser perseguidos equitativamente. Según la explicación de Rawls,

> esta prioridad de lo justo sobre lo bueno en la justicia como imparcialidad se convierte en un rasgo central de nuestra concepción. Impone ciertas normas a la formación de la estructura básica en conjunto: los arreglos no deben tender a generar predisposiciones y actitudes contrarias a los dos principios de justicia (esto es, a ciertos principios a los que se da desde el inicio un contenido definido) y deben asegurar que las instituciones justas sean estables (Rawls, 1995: §6, 42).

Según explica Rawls, al ser el utilitarismo una teoría teleológica, y por ende, concebir el bien como un elemento independiente de lo justo, no sería capaz de reunir apoyo en una situación contractual. Esto es, si tuviéramos la oportunidad de discutir (en una determinada posición como sujetos libres e iguales) acerca de qué teoría de la justicia debería organizar nuestras instituciones, tenderíamos a dejar al utilitarismo de lado, y ello –entre otras razones– porque el utilitarismo termina mostrándose como una doctrina que en determinadas situaciones pone en cuestión o sacrifica los derechos y libertades fundamentales de unos cuantos en nombre de los intereses de la mayoría.

Es importante recordar que el ideal moral de la inviolabilidad de los derechos y libertades de las personas, característico de la justicia como equidad, es un elemento propio de las doctrinas contractuales basadas en el derecho natural. Los derechos de igualdad y libertad que Rawls reconoce a las personas en la posición original no pueden sacrificarse.

Según lo que se ha expuesto se puede decir entonces que las críticas de Rawls al utilitarismo están dirigidas a dos puntos, que dentro de su propia teoría son centrales: la concepción de persona y de sociedad. Respecto a la persona la objeción presentada por Rawls señala cómo el utilitarismo desconoce el carácter individual y moral de las personas; esta falta de individualidad permite sacrificar los intereses de una persona a favor del bienestar de la mayoría, y ese hecho conduce a que se conciba a la sociedad como un todo global y no como un sistema de cooperación propio de la justicia como equidad. Sin embargo, ambas objeciones, si se apela al utilitarismo que propone Mill, pueden ser superadas. Considerando esto se podría decir que Rawls comete un error al englobar el utilitarismo en una sola teoría y no considerar las diferencias en cada una de las propuestas utilitarias.

Peter Singer: otra perspectiva del utilitarismo

Actualmente Peter Singer es uno de los filósofos utilitaristas de mayor renombre. Sus importantes aportes a la bioética lo han convertido en uno de los principales protagonistas de los debates éticos contemporáneos. En su obra Ética práctica, publicada en 1979 y reeditada con algunos nuevos capítulos en 1993, Singer proponía a la ética utilitarista como la más universal frente a otras fundamentaciones por su carácter consecuencionalista. Según explica Singer, las éticas consecuencionalistas no empiezan con las normas morales sino con los objetivos de las acciones, y valoran los actos en función de que favorezcan la consecución de esos objetivos. Por esta razón es que se llega a la conclusión de que el utilitarismo clásico considera que una acción está bien si produce un aumento del nivel de felicidad de todos los afectados, igual o mayor que cualquier acción alternativa, y está mal si no lo hace.

Sin embargo, alejándose del enfoque del utilitarismo clásico, Singer aclara que lo que se entiende por "las mejores consecuencias" se refiere a aquello que, en general, favorece los intereses de los afectados y no meramente como lo que aumenta el placer y reduce el dolor. De esta manera establece así su propio enfoque utilitarista cimentado en los intereses. No obstante, aclara que "se ha sugerido que los utilitaristas clásicos como Bentham y John Stuart Mill usaban 'placer' y 'dolor' en un sentido más amplio que les permitía incluir como 'placer' el conseguir lo que uno deseaba y lo contrario como 'dolor'. Si esta interpretación es correcta, desaparecería entonces la diferencia entre utilitarismo clásico y el utilitarismo basado en los intereses" (Singer, 2009: 25).

Teniendo en cuenta los postulados del utilitarismo clásico de Bentham y Mill, Singer propone, entonces, el principio de igual consideración de intereses como la base de su teoría. Según lo que explica en *Ética práctica* la esencia de este principio es que en nuestras deliberaciones morales damos la misma importancia a los intereses de todos aquellos a quienes afectan nuestras acciones.

> Esto quiere decir que si solo A y B se vieran afectados por una acción determinada, en la que A parece perder más de lo que gana B, es preferible no ejecutar dicha acción. Si aceptamos el principio de igual consideración de intereses, no podemos afirmar que realizar la acción determinada es mejor, a pesar de los derechos descritos, debido a que nos preocupa más B que A. Lo que realmente se desprende del principio es lo siguiente: *un interés es un interés, sea de quien sea* (Singer, 2009: 32).

Cabe aclarar que el principio de igual consideración de intereses no dicta igual tratamiento para todos los intereses, puesto que intereses distintos garantizan tratamientos distintos. Todos tienen interés en evitar el dolor, por ejemplo, pero relativamente pocos tienen interés en cultivar sus habilidades. En la consideración de intereses, aquéllos fuertemente sostenidos cuentan más que los intereses débiles, y el principio de utilidad marginal eleva aún más los intereses de un grupo minoritario amenazado.

Otro de los puntos importantes a tener en cuenta es que el principio de igualdad de intereses actúa como una balanza, sopesando los intereses de forma imparcial sin tener en cuenta criterios como la raza o la edad para considerar un determinado interés, sino simplemente el interés en sí mismo. Sin embargo, esta neutralidad no implica necesariamente la aceptación de intereses discriminatorios según la raza, la edad o el género, tal y como sugiere la crítica de Rawls.

Según el planteamiento de Singer, el nazismo bajo ningún contexto podría ser aceptado porque a los nazis sólo les preocupaba el bienestar de los miembros de su raza aria, y los sufrimientos e intereses de los judíos, los gitanos y los esclavos les tenían sin cuidado. Esta falta de consideración por los intereses de los demás grupos es rechazada, de manera tajante, por cualquier postura del utilitarismo. Ofrecer una menor consideración por los intereses de una determinada raza supondría hacer una distinción arbitraria que el utilitarismo no aceptaría, aunque ello implicara maximizar el bienestar de la mayoría. "El principio de igual consideración de intereses prohíbe hacer que nuestra disposición a tomar en cuenta los intereses de los demás dependa de las aptitudes o de otras características, aparte de la característica de poseer intereses" (Singer, 2009: 33).

Ahora bien, al analizar la postura de Singer respecto a la igualdad de los intereses se deja al descubierto la defensa que tanto utilitaristas como rawlsianos hacen del valor de la persona. Sin embargo, la diferencia entre ambas posturas está en la concepción de la persona y en el fundamento de la igualdad. Según la propuesta de Singer, la personalidad moral, es decir, la capacidad de tener una concepción del bien y un sentido de justicia –tal y como sugiere Rawls– no puede ser el fundamento de la igualdad, porque no todos los seres humanos tienen esa capacidad. Uno de los inconvenientes más serios que menciona Singer (al igual que lo hiciera Nussbaum en *Las fronteras de la justicia*) es que no todos los seres humanos son personas racionales. Los niños pequeños, junto con algunos seres humanos intelectualmente discapacitados, carecen del necesario sentido de la justicia.[3] De este modo, poseer una personalidad moral –en términos rawlsianos– no constituye una base satisfactoria para el principio de que todos los seres humanos son iguales.

Sin embargo, la personalidad moral como fundamento de la igualdad entre los seres humanos no es el único punto que Singer critica de la justicia como equidad, también la igualdad de oportunidades es motivo de sus objeciones. Haciendo un resumen de la teoría –y casi una sátira de esta postura–, Singer comenta que en la mayoría de las sociedades occidentales se consideran normales las grandes diferencias en el estatus económico y social, siempre y cuando se haya llegado a ellas partiendo de condiciones de igual oportunidad. "La idea es que no es injusto que María gane 200 000 dólares y Juan 20 000, siempre que Juan haya tenido la oportunidad de ocupar el puesto que María ocupa ahora" (Singer, 2009: 48).

Partiendo del caso hipotético de la desigualdad salarial entre Juan y María, Singer analiza diferentes situaciones de desigualdad y la manera en la que el principio de la equitativa igualdad de oportunidades respondería a cada una de éstas, hasta llegar a la conclusión de que "la igualdad de oportunidades no es un ideal atrayente, ya que premia a los afortunados que heredan capacidades que les permiten conseguir carreras lucrativas e interesantes, mientras que penaliza a los desafortunados que poseen genes con los cuales es muy difícil alcanzar el mismo éxito" [4] (Singer, 2009: 50).

Ahora bien, si son rechazadas la personalidad moral (es decir, la capacidad para tener un sentido de justicia y una concepción de bien) y la igualdad de oportunidades como fundamento para la igualdad entre todos los seres humanos, sólo queda como única opción el principio de igual consideración de intereses que el mismo Singer propone. "Sólo un principio

---

3 En palabras de Singer, "Rawls resuelve el problema de los niños incluyendo, dentro del ámbito del principio de igualdad, a personas morales potenciales junto con las de hecho. Pero éste es un recurso *ad hoc*, ideado, como él mismo reconoce, para cuadrar su teoría con nuestras intuiciones morales normales, y no algo para lo que se puedan producir argumentos independientes. Además, aunque Rawls admite que los que tienen una irreparable discapacidad intelectual pueden plantear un problema, él no ofrece ninguna propuesta que intente solucionarlo" (Singer, 2009: 30).

4 Según se mencionó, esta crítica también la hará Cohen.

moral básico de este tipo nos permitirá defender una forma de igualdad que incluya a todos los seres humanos, con todas las diferencias existentes entre ellos" (Singer, 2009: 65).

Ante este punto es importante resaltar que dentro de sus objetivos, además de buscar un principio que permita fundamentar la igualdad entre todos los seres humanos, lo que Singer pretende es establecer un principio que se pueda extender más allá de la especie humana. Precisamente es en esta cuestión donde radica parte de su pensamiento original y controvertido. "Habiendo aceptado el principio de igualdad [de consideración de intereses] como base moral sólida para las relaciones con otros miembros de nuestra especie, igualmente nos comprometemos a aceptarlo como base moral sólida para las relaciones con los que no pertenecen a ella: *los animales no humanos*" (Singer, 2009: 65) [mis cursivas].

El argumento para extender el principio de igualdad más allá de la especie humana es muy simple, tan simple que no abarca más que una comprensión clara de la naturaleza del principio de igual consideración de intereses. Como ya se ha visto este principio implica que nuestra preocupación por los demás no debería depender de sus características físicas de raza, género o de las capacidades que poseen. Tomando lo anterior como base, se puede decir que el hecho de que algunas personas no sean miembros de nuestra raza no nos da derecho a explotarlas; del mismo modo, el hecho de que algunas personas sean menos inteligentes que otras no significa que podamos hacer caso omiso de sus intereses. Asimismo, el hecho de que otros animales sean menos inteligentes que nosotros no implica que se pueda hacer caso omiso de sus intereses.

Es importante resaltar que esta lucha que Singer declara contra el "especieísmo" hunde sus raíces en el pensamiento de Bentham. En un fragmento vaticinador –comenta Singer– escrito en un periodo en el que se trataba todavía a los esclavos africanos de los dominios británicos de una forma muy parecida a como tratamos a los animales no humanos hoy en día, Bentham escribió:

> Es probable que llegue el día en que el resto de la creación animal adquiera aquellos derechos que nunca, sino por las manos de la tiranía, podrían haberles sido negados. Los franceses ya han descubierto que el color negro de la piel no es una razón por la que un ser humano deba verse abandonado sin remisión al capricho del torturador. Llegará el día en el que se reconozca que el número de piernas, la vellosidad de la piel o la terminación del *os sacrum*, sean razones igualmente insuficientes para abandonar a un ser sensible al mismo destino: ¿qué más ha de ser lo que trace la línea insuperable?, ¿es la facultad de razonar, o quizá la facultad del discurso? Sin embargo, un caballo o un perro adulto es, más allá de toda comparación, un animal más racional y más comunicativo que un niño de un día, o de una semana, o incluso de un mes. Pero incluso suponiendo que fuese de otra forma, ¿qué importaría? La cuestión no es: ¿pueden *razonar?* ni tampoco: ¿pueden *hablar*? Sino: *¿Pueden sentir el sufrimiento?*[5] (Singer, citando a Bentham, 2009: 67) [sus cursivas].

En este pasaje, Bentham señala la capacidad para sufrir como la característica vital que otorga a un ser el derecho a la igual consideración. La capacidad para sufrir –o más concretamente, para el sufrimiento y para el goce o la felicidad– no es sólo otra característica más, como la capacidad para el lenguaje o para las matemáticas de nivel superior, sino que es un requisito previo para tener intereses de cualquier tipo. Por esta razón la igualdad entre las personas se fundamenta, precisamente, en esa capacidad para tener intereses, guiada por la capacidad para el sufrimiento (Singer, 2009: 67).

Esta distinción entre Singer y Rawls, entre la igualdad de consideración de intereses (cimentada sobre la capacidad para el sufrimiento y el gozo) y la igualdad de consideración (cimentada sobre la base de la personalidad moral, es decir, sobre la capacidad para tener un sentido de justicia y una concepción de bien) es fundamental para la ética y la bioética, ya que de ella dependerá la concepción de persona que se forme.

5 La cita anterior en el contexto de la obra de Singer es de suma importancia porque forma parte de la base del argumento para la defensa de los derechos de los animales.

El utilitarismo como fundamento de la economía del bienestar y del Estado de bienestar

Según explica Diego Gracia, la obra de Mill es importante porque demuestra cómo las tradiciones liberal y socialista pueden llegar a tener un punto de convergencia y hasta unificarse en torno al principio de utilidad. Dos de sus obras así lo acreditan: *Sobre la libertad* y *Capítulos sobre el socialismo.* La insistencia que pone en sus *Principios de economía política* en demostrar el papel definitivo de las decisiones políticas y organizativas en economía demuestra bien cómo ya han pasado los tiempos de Adam Smith, y de qué manera para la consecución de la utilidad máxima es necesaria la decidida intervención del Estado en la economía. Éste es el camino que poco a poco van a ir hollando los economistas, y que al final dará como resultado la aparición de un nuevo objetivo a la vez económico y político: el bienestar (Gracia, 2008: 261).

En este sentido, es importante recordar que a lo largo de su obra –y de forma contundente– Stuart Mill afirmó una y otra vez que la maximización de la utilidad se identificaba con la felicidad. Precisamente, esta suma de utilidad y felicidad, menciona Gracia, es lo que a partir de las primeras décadas de nuestro siglo va a entenderse como bienestar. La economía de bienestar y el Estado de bienestar han sido de alguna manera el resultado de la convergencia entre liberalismo y socialismo bajo el principio rector del bienestar (Gracia, 2008: 262).

Ahora bien, considerando la influencia del utilitarismo en las políticas de bienestar parece conveniente detenerse, en un primer momento, a analizar el origen de la economía de bienestar para revisar después el origen histórico del Estado de bienestar.

Economía del bienestar

Sin duda alguna Keynes es uno de los más dignos discípulos de Mill. A pesar de que los objetivos generales de Mill y Keynes resultaron en alguna medida idénticos, sus estrategias para lograrlos fueron completamente distintas.

Mientras Mill aún aceptaba la tesis de Say de que la oferta crea su propia demanda, razón por la cual nunca puede darse una saturación del mercado; Keynes, por su parte, se separa de los presupuestos de la economía clásica y crea su propio pensamiento. Según la Ley de Say el desempleo sólo puede deberse a dos razones: a salarios excesivos o a fricciones personales. Ambas razones, según la economía clásica, dependen de la voluntad de las personas. Toda persona desempleada puede remediar su situación con sólo aceptar salarios más bajos. En caso de que no lo haga, seguirá desempleada, y podrá decirse que su condición es voluntaria. Dicho en otras palabras, para la economía clásica el desempleo es voluntario. Esto explica por qué a los pobres se les consideraba como vagos y maleantes. Cabe señalar que sin esta idea que subyace a toda la economía liberal clásica no se entiende el porqué del minimalismo del Estado liberal (Gracia, 2008: 262).

Keynes es uno de los primeros economistas en creer en la existencia del desempleo involuntario. Para explicarlo acude a un concepto poco analizado en la teoría clásica: el de demanda global de bienes y servicios. Contrario a la propuesta de Say, donde el motor de la actividad económica y del empleo estaba en la oferta, Keynes supone que es la demanda la que impulsa el empleo y la economía. Todo incremento de la demanda reduce la depresión y el paro. En otras palabras, lo que Keynes pretende impulsar para motivar la economía y el empleo es el consumo.

A este respecto, es preciso recordar que entre las influencias subjetivas que retraen el consumo de los seres humanos está la acumulación de reservas para las situaciones de infortunio: enfermedad, muerte, jubilación, desempleo. Estas influencias subjetivas son, en opinión de Keynes, de poca importancia a corto plazo, pero de mucha en un periodo a largo plazo. Por esta razón, un buen sistema de seguros sociales que cubra la enfermedad, el paro, la vejez, la jubilación y demás situaciones desafortunadas, estimula el consumo y aumenta la riqueza circulante.

De esta manera el keynesianismo permitía imaginar una sociedad libre y opulenta, capaz de asumir sin dificultad las tablas de derechos, no sólo de los negativos o políticos, sino también de los positivos o sociales, entre ellos el derecho a la asistencia sanitaria. Pero los asumía no por razones de beneficencia ni de justicia, sino de utilidad. Según la interpretación de algunos autores, entre ellos Diego Gracia, se podría decir que los derechos económicos, sociales y culturales son económicamente útiles. Según esta postura, podría asumirse que luchar por los derechos humanos y la seguridad social es útil desde todos los puntos de vista: el económico, el político y el ético. Por esta razón, se puede concluir que existe una correlación entre un nuevo sistema económico –la sociedad de consumo impulsada por el keynesianismo–, el orden político del Estado de bienestar y la ética utilitarista de Mill (Gracia, 2008: 262).

El Estado de bienestar

Bajo un contexto ideológico enmarcado por la socialdemocracia y en unas delimitadas coordenadas espaciotemporales (norte de Europa y periodo de la "Época dorada" tras la Segunda Guerra Mundial) se trazan la génesis y el desarrollo del Estado de bienestar (Moreno, 2005: 185).

En este sentido, un influyente texto, escrito en 1953 por dos eminentes sociólogos, Robert Dahl y Charles Lindblom, en el que hacen un análisis de la época, llegan a afirmar que tanto el capitalismo como el comunismo en su versión pura habían fracasado, y el único horizonte por delante era construir la combinación precisa de Estado, mercado e instituciones democráticas para garantizar la paz, la integración, el bienestar y la estabilidad. Después de la Segunda Guerra Mundial, en Europa emergieron una variedad de Estados socialdemócratas y democratacristianos. En oposición a esta tendencia, Estados Unidos, por su parte, se inclinó hacia una forma estatal demócrata-liberal. Estas formas estatales propias de la socialdemocracia tenían en común la aceptación de que el Estado debía concentrar su atención en el pleno empleo, en el crecimiento económico y en el bienestar de los ciudadanos, y que el poder estatal debía desplegarse libremente junto con los procesos del mercado. De esta manera, las políticas presupuestarias y monetarias, generalmente llamadas keynesianas, fueron ampliamente aplicadas para amortiguar los ciclos económicos y asegurar un pleno empleo (Harvey, 2007, 16-17).

Con el origen del Estado de bienestar –también llamado social o asistencial– nace también el reconocimiento constitucional de los derechos económicos, sociales y culturales de los ciudadanos, que para los teóricos de la filosofía del derecho constituyen el punto final de los derechos fundamentales de la persona, después de los derechos civiles y políticos.

Ahora bien, por Estado de bienestar debe entenderse un conjunto de instituciones estatales proveedoras de legislación y políticas sociales dirigidas a la mejora de las condiciones de vida de la ciudadanía, así como a promocionar la igualdad de oportunidades. Aunque existen diferentes formas de concebir y aplicar las políticas de bienestar en cada país, en términos generales se pueden mencionar cuatro pilares como la base del Estado de bienestar. Éstos son:

1. *Los servicios públicos* tales como la sanidad, la educación, los servicios de ayuda a las familias (como las guarderías o estancias infantiles para niños de cero a tres años, los servicios domiciliarios para las personas ancianas y con discapacidades, las viviendas asistidas, los centros de día, las residencias de ancianos y otros servicios), los servicios sociales, la vivienda social y otros servicios provistos a las personas, orientados a mejorar el bienestar de la población y la calidad de la vida de sus ciudadanos y residentes.
2. *Las transferencias sociales*, que como su nombre lo indica son transferencias de fondos públicos de un grupo social a otro. De ellas, las pensiones para la vejez, de viudedad y de discapacidad constituyen el rubro más importante, al transferir fondos públicos de los trabajadores, empleados y empresarios (que cotizan en la seguridad social) a los beneficiarios pensionistas.
3. *Las intervenciones normativas*, es decir, las intervenciones del Estado encaminadas a proteger al ciudadano en su condición de trabajador (salud e higiene laboral), consumidor (protección del consumidor) o

residente (salud ambiental). En tal tipo de intervenciones el Estado, por lo general, no financia o provee servicios sino que dicta normas y sanciones para forzar y garantizar su cumplimiento.

4. *Las intervenciones públicas* encaminadas a generar buenos puestos de trabajo, mediante el establecimiento de condiciones favorables para que el sector privado los produzca y, cuando tal sector no cree suficientes buenos puestos de trabajo, se estimule y facilite la producción de puestos de trabajo en el sector público (Navarro, 2004: 1-2).

Utilitarismo y salud: origen de los primeros sistemas de seguridad social y de salud

En esta búsqueda del bienestar de la mayoría, Mill declara la pobreza y la enfermedad como los dos grandes enemigos a vencer para la conquista de la felicidad. Considerando esto, no es de extrañar que las primeras reformas en salud pública que se hicieran en Inglaterra hubieran estado inspiradas, precisamente, por la teoría de Mill. El desarrollo histórico de la salud pública en Inglaterra presenta ciertas especificidades respecto a los principales países continentales. Desde mediados del siglo XVII diferentes autores comenzaron a reclamar que el Estado velara por la salud y el bienestar de la población. Sin embargo, la institucionalización de una política centralizada de la salud tuvo que esperar hasta bien entrado el siglo XIX.

A mediados del siglo XIX, fuertemente influido por el utilitarismo, Edwin Chadwik coordinó, en calidad de secretario de la Poor Law Commision, la elaboración de un importante informe titulado *Report on an Inquiry into the Sanitary Conditions of the Labouring of Great Britain* (1842), que al año siguiente se complementaría con la publicación de un dictamen suplementario. En ambos documentos se relaciona la incidencia de diversas afecciones con las deficientes condiciones ambientales debidas a la falta de agua potable, de una red de alcantarillas en buenas condiciones y de mecanismos eficaces para la eliminación de deshechos (Jori, 2014: 16).

Los informes coordinados por Chadwik en 1842 y 1843 sirvieron de base a la Public Health Act de 1848, primera ley sanitaria aprobada en Inglaterra. En virtud de esta normativa se creó una Junta Superior de Sanidad (General Board of Health), cuyas disposiciones eran extensivas a las distintas juntas locales instituidas en el reino, las cuales habían de velar por la limpieza y el drenaje de las calles, el adecuado suministro de agua potable o la regulación de los mataderos.

Durante buena parte del siglo XVIII, la política inglesa se basó en un enfoque inspirado en los principios ideológicos del liberalismo, que propugnó la capacidad del libre mercado para autorregularse y consideró la iniciativa individual como el principio motor del progreso económico y social. De ahí que buena parte de las actividades sanitarias desarrolladas en el siglo XVIII no fueran impulsadas por el Estado, sino por funcionarios locales o filántropos privados. Pero, paradójicamente, la introducción del *laissez-faire* no condujo, como lo esperaban, a una supresión de las actividades gubernamentales en materia de salud pública, sino que a la larga acabó reforzando el sentimiento de que el poder central debía asumir crecientes funciones sanitarias y asistenciales (Jori, 2014: 17).

Tanto la Public Health Act de 1848 como las sucesivas normativas sanitarias reflejan la manera en la que el utilitarismo fue permeando en el ámbito social. La preocupación por el bienestar físico de la población fue el resultado, no ya de una respuesta solidaria a las crecientes desigualdades sociales, sino de la conciencia cada vez más generalizada de que los problemas de salud pública acarreaban unos costos sociales y económicos difíciles de asumir para el nuevo orden que se estaba perfilando. Los crecientes problemas de salud pública demandaban que el Estado llevara a cabo una acción de conjunto para mejorar la salud de la sociedad, pues como argumentaron Chadwik y otros reformadores, siguiendo las pautas utilitaristas de Mill, la enfermedad representaba una amenaza socialmente compartida que sólo podría ser combatida de forma colectiva.

La influencia de Mill y la ética keynesiana fue permeando a través de los años y se extendió hasta el siglo XX. Así se explica el gran despegue de los sistemas de seguridad social y del seguro médico a partir de los años treinta.

Para los objetivos de este libro y por el impacto que han tenido analizaremos algunos sistemas de salud representativos: el norteamericano, el británico y el alemán.

El sistema de salud norteamericano

El sistema de salud estadounidense está ligado al famoso New Deal de Roosevelt. Durante 72 años, de 1860 a 1932, fecha en que Roosevelt ganó las elecciones, la presidencia de los Estados Unidos había estado en manos de republicanos que simpatizaban con los postulados del capitalismo financiero, es decir, con la teoría monetaria neoclásica. Al optar por el candidato demócrata –como era Roosevelt– la sociedad norteamericana apostó por un nuevo proyecto sociopolítico y económico que recibió el nombre de New Deal. En su mensaje del 6 de enero de 1941 al Congreso Americano, Roosevelt dijo: "Hace cincuenta años la sanidad era individual, a nadie le importaba más que a su familia. Poco a poco hemos construido una nueva doctrina, la creencia de que el Estado tiene el deber positivo de procurar que el nivel sanitario se eleve" (Gracia, 2008: 266).

A través de estas célebres palabras de Roosevelt se puede leer el nuevo objetivo de la sociedad y la economía: el bienestar. De manera sorprendente se pasaba del *well-being* individual al *welfare* estatal. A este cambio debía contribuir la sanidad. En 1943, Roosevelt presentó al Congreso el informe del *National Resources Planning Board* sobre la seguridad social, trabajo y beneficencia. A partir de este informe, todos los sindicatos dirigieron inmediatamente su atención sobre estas formas de compensación económica, y la cobertura de los seguros médicos creció rápidamente. A su vez, la Asociación Médica Americana y las asociaciones médicas regionales y locales hicieron patente su actitud de rechazo y comenzaron a promover los seguros médicos privados como una alternativa al proyecto gubernamental de establecer un seguro obligatorio de enfermedad.

En 1946, en cuanto terminó la guerra, se aprobó una Ley General de Empleo que reconocía la responsabilidad del Estado en el mantenimiento del empleo, el consumo y la producción. Con esto, en palabras de Milton Friedman, se convirtió la política keynesiana en ley. Años después, en 1953, se creó el Departamento de Salud, Educación y Bienestar, que alcanzó su máximo apogeo en la época de los presidentes más keynesianos que han tenido los Estados Unidos: John F. Kennedy y Lyndon B. Johnson. Inmediatamente después de la declaración de guerra a la pobreza que hizo este último en 1964, se crearon los programas médicos conocidos con los nombres de Medicare (seguro obligatorio de enfermedad para personas mayores de setenta y cinco años) y Medicaid (pago de los gastos de asistencia sanitaria a las personas consideradas como necesitadas por las autoridades locales) (Gracia, 2008: 266-267).

El modelo Beveridge: la construcción del National Health Service

Sin embargo, las mayores consecuencias de modelo keynesiano se vieron reflejadas en el Reino Unido. En 1941 el gobierno británico encomendó a un renombrado economista amigo de Keynes, William Beveridge, el estudio monográfico de un sistema orgánico de seguridad social. Tras 16 meses de trabajo, en noviembre de 1942, Beveridge entregó al gobierno un informe titulado *Social Insurance and Allied Servicies,* en el que proponía unas medidas que, muy probablemente, iban mucho más allá del mandato inicial. El sistema de seguridad social por él propuesto incluía seguro de desempleo, de incapacidad, de jubilación, de viudez, de maternidad, de matrimonio y de entierro. Junto a la seguridad social dirigida a los trabajadores y sus familias estaba la Asistencia Nacional, es decir, la Beneficencia Nacional, destinada a cubrir las necesidades de los no asegurados. Y, junto a ambos, los Servicios de Salud y Rehabilitación.

Beveridge pensaba que una buena asistencia sanitaria haría disminuir paulatinamente los niveles de enfermedad y, en consecuencia, los gastos de asistencia médica. Asimismo, el servicio de salud sería completamente financiado por las contribuciones obligatorias a la seguridad social, de modo que no se necesitarían nuevas contribuciones personales o cargas por consulta o atención sanitaria.

Al terminar la Guerra Mundial, en 1945, el mundo occidental entró en una nueva etapa de riqueza creciente que necesitaba cada vez más mano de obra para incrementar la producción. Por esta razón, era necesario disminuir las enfermedades para mantener una mano de obra sana. Sin embargo, este presupuesto también lo hubieran aceptado los economistas clásicos; la novedad de la propuesta de Keynes está en que aun no produciendo un incremento significativo en la salud de la población, el seguro médico será rentable porque la enfermedad antes que ser un bien de producción es un bien de consumo.

Todo lo que estimule el consumo es económicamente rentable, y un Servicio Nacional de Salud que cubra a toda la población (y sirva para hacer frente a las contingencias propias de la mala fortuna, como los accidentes, la enfermedad o la discapacidad) estimulará fuertemente el consumo. Así debió pensarlo el gobierno laborista, que en 1945 y 1946 publicó varias leyes sociales muy avanzadas, basadas en gran medida en el Informe Beveridge, entre las que se encontraba el National Health Service Act, que comenzó a aplicarse en 1948.

De esta manera aparecía el primer Servicio Nacional de Salud del mundo occidental protector de toda la población en cualquier circunstancia. El hecho de que ello sucediera durante un gobierno laborista ha hecho pensar que su objetivo era ampliar la justicia social mediante la protección de los derechos económicos, sociales y culturales. Sin embargo, en opinión de Gracia, hay razones suficientes para creer que sin Keynes y su teoría económica ese proyecto no se hubiera llevado a cabo; es decir, que se tuvieron más en cuenta criterios de utilidad pública que de igualdad social (Gracia, 2008: 268).

Bismarck y el sistema de seguros en Alemania[6]

En Alemania, Bismarck instituyó en 1883 un sistema de seguros sociales ante el éxito de la izquierda, y particularmente de la socialdemocracia.[7] Para Bismarck, el Estado debe reconocer su misión de promover positivamente el bienestar de todos los miembros de la sociedad, y particularmente de los más débiles y necesitados, utilizando los medios de que dispone la colectividad. A partir de su célebre discurso en el Reichstag, del 17 de noviembre de 1881, se adoptaron entre 1883 y 1889 una serie de leyes sobre los seguros contra enfermedades, accidentes de trabajo, invalidez y vejez.

La Ley sobre el Seguro de Enfermedad, del 15 de junio de 1883, ha sido fundamental, ya que por primera vez los principios básicos del seguro de enfermedades se codificaron en una sola ley. Sus características esenciales se conservan y se reconocen en la legislación alemana de hoy en día. El punto nodal de la ley es la relación que establece entre la obligación de afiliación al seguro de enfermedad de acuerdo con un trabajo remunerado. La contribución se repartía entre 2/3 para los obreros y 1/3 para los empresarios. Los beneficios dependían de la cuantía de la cotización y de la entidad aseguradora, pero comprendía prestaciones médicas y farmacéuticas durante 13 semanas, y prestaciones económicas por un valor de la mitad del salario del asegurado.

El sistema concebido por Bismarck constituye uno de los grandes modelos de la seguridad social, en la medida en que se basa en una relación bilateral: a cambio de una contribución por parte del asegurado, le es acordada una indemnización en caso de sufrir alguno de los riesgos que son cubiertos. Además, el empleador debe aportar una contribución proporcional

6 Lo referente a este apartado forma parte del acervo de la Biblioteca Jurídica Virtual del Instituto de Investigaciones Jurídicas de la UNAM: "Principales modelos de Seguridad Social y Protección Social".

7 Es importante señalar que la legislación social alemana fue una respuesta al avance del socialismo y de alguna manera un combate hacia el mismo socialismo, ya que la ley de 1878 prohibió la formación o continuación de todas las organizaciones que trataran de subvertir al Estado o el orden social. Se trató de una legislación tendiente a desaparecer las organizaciones socialistas, socialdemócratas o comunistas. Cfr. Cole (1980: 224).

a la del asegurado por lo que existe una proporcionalidad entre el monto de las cotizaciones versadas y las prestaciones recibidas.

Del modelo de seguros sociales implementado por Bismarck se debe destacar la obligación impuesta a los empleadores y a los trabajadores para hacerlos corresponsables del financiamiento de la seguridad social. Resalta aún más la obligación que se impone a los empleadores para responder ante los riesgos sociales que puedan sufrir los trabajadores.

Es importante destacar que actualmente se han desarrollado varios modelos diferentes de seguridad social. No obstante, si se revisan los diferentes modelos creados, la mayoría, si no es que todos, encuentran su base u orígenes en los modelos diseñados por Bismarck y Beveridge. De ahí que resulte fundamental tenerlos presentes, ya que de alguna manera el futuro de la seguridad social y de la protección social sigue transitando por sus ideas.[8]

Utilitarismo sanitario: ¿eficiencia, racionamiento o equidad?

Si bien es cierto que la publicación de *Teoría de la justicia* provocó una revolución en el campo de la filosofía política, hay ciertos principios del utilitarismo que siguen teniendo un lugar importante en el terreno de la política y, sobre todo, de la economía. Una de las concepciones de justicia y equidad

[8] Un ejemplo de esto es el sistema de seguridad social mexicano, inspirado en el modelo de Bismarck. En México, la creciente industrialización del país y el aumento del sector obrero hacen evidente la necesidad de fundar instituciones que se encarguen de mantener a los trabajadores en buenas condiciones. En el campo de la seguridad la legislación mexicana presenta un gran cambio en el pensamiento, al pasar del esquema liberal de corte individualista de la Constitución de 1857, al esquema de tipo social impuesto por la Constitución de 1917. La base constitucional del seguro social en México se encuentra en el artículo 123 de la Constitución General de la República, promulgada el 5 de febrero de 1917. Ahí se declara: "De utilidad Social el establecimiento de cajas de seguros populares como los de invalidez, de vida, de cesación involuntaria en el trabajo, de accidentes y de otros con fine similares". La fi alidad de la seguridad social en México, en sus orígenes, era garantizar el derecho humano a la salud de los trabajadores, la asistencia médica, la protección de los medios de subsistencia y los servicios sociales necesarios para el bienestar individual y colectivo. A partir de estos principios, expuestos en la Ley General del Seguro Social, se estableció una de las principales políticas públicas en el país, la cual formó una sólida coalición que logró mantenerse por más de 40 años como paradigma dominante en la esfera política.

más extendida entre los teóricos de la salud comprometidos con el Estado del bienestar es la que se deriva –precisamente– de la teoría de Mill. El utilitarismo clásico parte de la idea de que el bien social equivale a la maximización de la suma del bienestar de los individuos. Este criterio, aplicado a las políticas de salud, considera que un sistema sanitario justo sería aquel que consiguiera aumentar al máximo la salud sumada de todos los individuos.

Estos juicios éticos basados en la maximización de la utilidad pueden traducirse en criterios específicos. El primero de ellos fue el óptimo de Pareto. Según este criterio una configuración es eficiente siempre que sea posible cambiarla de modo que beneficie a algunas personas (al menos una) sin que al mismo tiempo dañe a otras personas. Pero esta situación, por desgracia, no es muy frecuente. Lo normal es que para beneficiar a uno haya que perjudicar a otro. Por otra parte, explica Gracia, en su formulación original el óptimo de Pareto tuvo un valor retrospectivo, de modo que sólo permitía hacer una evaluación de políticas sanitarias ya establecidas. Otra vía fue la que abrieron dos economistas afincados en Inglaterra: John Hicks y Nicholas Kaldor, al elaborar un criterio más amplio que el de Pareto, que permitía aceptar una acción como eficiente o eficaz, no sólo si era buena para cada uno, sino también si podía mejorar la situación de cada uno, aunque de hecho pudiera no hacerlo. Hoy esta idea de Kaldor-Hicks sobrevive bajo la forma de los análisis coste-beneficio y coste-eficacia (Gracia, 2008: 278).

De esta manera se puede decir que el utilitarismo sanitario y la economía de salud comenzaron a desarrollarse a partir de los análisis coste-beneficio. Este tipo de análisis de coste-beneficio se hizo conocido en 1987, a propósito del caso de Coby Howard, en Oregon, Estados Unidos. El pequeño de siete años, al que le fue diagnosticada leucemia, requería de un trasplante de médula que la legislatura de Oregon, según un criterio coste-beneficio, había decidido no costear para guardar esos recursos y satisfacer las necesidades médicas básicas de las personas de escasos recursos desprovistas de seguro médico. El caso llamó la atención de los medios, y aunque se inició una campaña para financiar la operación, el niño murió antes de lograrlo (Zúñiga, 2008: 177-179).

En respuesta a este dramático caso se propuso restaurar el financiamiento para este tipo de trasplantes, pero John Kitzhaber –quien se transformaría en gobernador de Oregon– se opuso, argumentando que eso significaría dejar a muchos miles de personas sin seguro médico a cambio de ayudar a unos pocos, pues resultaba financieramente imposible asistirlos a todos. En 1989, la legislatura de Oregon promulgó una reforma con dos cláusulas especiales: primero, la obligación para todos los empleadores privados de financiar seguros médicos para sus trabajadores y, segundo, la expansión del programa estatal Medicaid para cubrir a todas las personas del Estado que estuvieran bajo la línea de la pobreza. Sin embargo, la expansión del programa estatal Medicaid requería la racionalización de los recursos para poder atender a un mayor número de personas.

Fue en junio de 1990 cuando la Comisión de Servicios Sanitarios de Oregon elaboró una lista para hacer un *ranking* de los tratamientos/coste-beneficio. Sin embargo, los resultados de la lista de los servicios sanitarios de Oregon, según se mencionó en el capítulo anterior, muestran graves errores. Por ejemplo, atender una caries tenía una mejor posición que tratamientos más importantes, como una apendectomía. La razón es simple: una operación de apendicitis es más cara que curar una caries. En este sentido, son más los beneficios que se obtienen al cubrir una caries (maximización del beneficio por el número de personas atendidas) que operar a una sola persona de apendicitis. Sin embargo, es importante mencionar que a pesar de los errores o los resultados contraintuitivos de la lista de servicios sanitarios de Oregon, los análisis de coste-beneficio han propiciado la utilización de ciertos criterios de evaluación para poder calcular los beneficios que se obtienen al aplicar un determinado tratamiento. El más famoso de estos criterios es el QALY.

Análisis QALY en salud

En la actualidad las agencias de evaluación económica de tecnologías sanitarias, como el National Institut for Health and Care Excellence (NICE) y la Organización Mundial de la Salud (OMS) diseñan sus políticas basándose en un análisis coste-utilidad. Hoy en día, la utilidad es medida en años de vida ajustados a la calidad de vida AVAC o, por sus siglas en inglés, QALY (Quality Adjusted Life Year).

Este concepto, formulado por A. Williams (1985), un economista de la salud de la Universidad de York, sirve como base para el criterio utilitarista porque permite maximizar la salud haciendo un cálculo entre la expectativa de vida frente a la calidad. Si una acción sanitaria consigue aumentar en un año la expectativa de vida, esto contaría como 1 QALY. Pero si esta expectativa va acompañada de un estado de salud pobre, entonces contaría como 1 QALY. En este sentido, se puede afirmar que el criterio utilitarista de justicia consistirá entonces en maximizar el número de QALY cuando haya que distribuir los recursos sanitarios. De esta manera –explica Puyol– se puede dar el caso, por ejemplo, de que una acción sanitaria logre aumentar en dos años la expectativa de vida de Pedro, pero con una salud pobre, y que esos mismos recursos empleados en Pablo le ofrezcan tan sólo un año de vida, pero con una calidad mayor. Comparando los QALY que generan ambas personas, podría suceder que la distribución de recursos del segundo paciente aumentara el beneficio del tratamiento –medido en QALY– y, por lo tanto, sería más justo optar por Pablo (Puyol, 1997: §3).

Otro de los criterios de medición utilizados son los DALY (Disability Adjusted Life Year). Los DALY, cuyo enfoque es la enfermedad, tienen su origen en los estudios de carga de enfermedad iniciados por el Banco Mundial en colaboración con la Universidad de Harvard. Éstos fueron luego adoptados por la OMS y han sido usados más ampliamente en países en desarrollo, a diferencia de los QALY que se han extendido en los países desarrollados. Los DALY corresponden a los años de vida perdidos, ya sea por discapacidad como por muerte prematura. Así, 1 DALY puede corresponder a la acumulación de la discapacidad sufrida en varios años vividos. Tanto los QALY como los DALY se miden en una escala de 0-1. Pero mientras 1 DALY es un mal que queremos evitar, 1 QALY es un bien que queremos ganar o, en términos utilitaristas, maximizar.

Al estimar QALY y DALY, la esperanza de vida se puede derivar de estudios epidemiológicos, modelamiento o tablas de vida. En tanto, al estimar la calidad de vida relativa a la salud se consideran tanto las experiencias de los pacientes (en caso de QALY) como la opinión de los expertos clínicos. En la metodología de QALY se aplican cuestionarios a pacientes, mientras que la metodología de DALY ha usado mayormente el juicio de expertos.

Sin embargo, es importante señalar que, a pesar de la enorme difusión y uso que se han dado a estos criterios, a partir de los ejemplos contraintuitivos que se obtuvieron de los análisis de coste-beneficio utilizados en Oregon comenzaron a gestarse una serie de críticas tanto a los estudios de coste-beneficio como a los criterios QALY y DALY. Dentro de estas críticas la más conocida es la que hizo J. Harris, especialista en bioética de la Universidad de Manchester. Según explica Puyol, para Harris toda la idea de los QALY se basa en el supuesto general de que, dada la posibilidad de elección, cualquier persona racional preferirá una vida más breve, pero saludable, que una larga en condiciones de severa discapacidad o enfermedad.[9] En otras palabras, el criterio QALY, según Harris, cae en la falacia de valorar la calidad de los años de vida en vez de la vida de las personas. Esto significa que vale más vivir una vida sano que simplemente tener la posibilidad de poder vivir (Puyol, 2015).

Evaluación de la calidad de vida

Además de los ejemplos contraintuitivos que hemos citado y la crítica de Harris en relación con el uso de los QALY en la aplicación de políticas públicas de salud, hay en el mismo concepto ciertos inconvenientes que oscurecen el uso de los QALY. El primero de estos obstáculos es el término calidad de vida.

La calidad de vida, para poder evaluarse, debe reconocerse como un concepto multidimensional que incluye estilo de vida, vivienda, satisfacción en la escuela y en el empleo, así como situación económica. Es por ello que la calidad de vida se conceptualiza de acuerdo con un sistema de valores, estándares o perspectivas que varían de persona a persona, de grupo a grupo y de lugar a lugar; así, la calidad de vida consiste en la sensación de

9 Llama la atención que este razonamiento es muy similar al del seguro hipotético de Dworkin. En ambos casos es preferible una vida con calidad que extender la vida pero con dolor o sufrimiento.

bienestar que puede ser experimentada por las personas y que representa la suma de sensaciones subjetivas y personales del sentirse bien. En el área médica, el enfoque de calidad de vida se limita a la relación con la salud. Este término permite distinguirla de otros factores y está principalmente relacionado con la propia enfermedad o con los efectos del tratamiento.

La práctica médica tiene como meta preservar la calidad de vida a través de la prevención y el tratamiento de las enfermedades. En este sentido, las personas con alguna enfermedad crónica requieren evaluaciones con relación a la mejoría o al deterioro de su estado funcional y de su calidad de vida. Una aproximación válida para su medición se basa en el uso de cuestionarios, los cuales ayudan a cuantificar en forma efectiva problemas de salud.

Por otro lado, es necesario tener en cuenta también que el concepto de calidad de vida junto con el de bienestar son conceptos subjetivos que pueden hacer que la percepción de salud de una persona cambie. Tanto la vitalidad como el dolor y la discapacidad pueden variar según las experiencias personales y por las expectativas de una persona. Considerando que las expectativas de salud, el soporte social, la autoestima y la habilidad para competir con limitaciones y discapacidad pueden afectar la calidad de vida, dos personas con la misma afección pueden tener una percepción diferente sobre su estado de salud. En este sentido, la calidad de vida no debería evaluarse en relación con la salud, ni extrapolarse de un paciente a otro.

Puesto que la calidad de vida incluye una evaluación de elementos subjetivos, se requiere de un método consistente que nos permita recabar suficiente información del individuo. Las mediciones de calidad de vida pueden usarse para planear programas basados en encuestas directas con referencia al inicio de la enfermedad, al diagnóstico y a los cambios de síntomas en los últimos meses, principalmente en aquellos pacientes que tienen enfermedades crónicas con tratamientos paliativos que confieren beneficios en la calidad de vida.

Ahora bien, si se acepta la calidad de vida como un elemento para calcular los QALY, debe existir previamente una manera de cuantificarla. Las medidas de desenlace varían desde aquellas que son objetivas y fáciles de medir, como la muerte; otras que se basan en parámetros clínicos o de laboratorio (falta de un órgano), hasta aquellas que se basan en juicios subjetivos. Al igual que otros instrumentos que se desee utilizar en la investigación y en la práctica clínica, debe reunir requisitos metodológicos preestablecidos.

Debido a que algunos de los componentes de la calidad de vida no pueden ser observados directamente, se evalúan a través de cuestionarios con diversos grupos de preguntas.[10] Cada pregunta representa una variable que aporta un peso específico a una calificación global, para un factor o dominio. En teoría, se asume que hay un valor verdadero de la calidad de vida y que puede medirse indirectamente por medio de escalas. Cada variable mide un concepto, y combinadas conforman una escala estadísticamente cuantificable para formar calificaciones de dominios. Si los temas escogidos son los adecuados, el resultado de la escala de medición diferirá del valor real de la calidad de vida por un pequeño error de medición, y poseerá propiedades estadísticas. Puesto que es una experiencia subjetiva, se espera una considerable variabilidad. Cada uno de los dominios (físico, mental o social) que conforman el término calidad de vida puede ser medido en dos dimensiones; la primera, compuesta por una evaluación objetiva de la salud funcional, y la segunda, por una percepción subjetiva de la salud (Velarde Jurado y Ávila Figueroa, 2002: 349-361).

Calidad de vida y discapacidad

La evaluación del estado funcional ha servido para medir el impacto de la enfermedad y la discapacidad en la vida de un individuo. Dentro de este tipo de evaluaciones se considera si la causa de la discapacidad es congénita o adquirida; si las consecuencias de la discapacidad pueden ser de larga duración e irreversibles, así como conducir a dificultades en las funciones de la vida diaria, o limitar las posibilidades de participar en las actividades

10 Para ver los ejemplos los cuadros de evaluación y diagnóstico consúltese: <http://www.scielo.org.mx/img/revistas/spm/v44n4/ht ml/14023c .htm>

sociales dentro de la familia y la comunidad. La OMS emplea los siguientes términos para describir las posibles consecuencias de una determinada discapacidad:

a) Deficiencia: es la pérdida de la función psicológica, fisiológica o de una estructura anatómica (en los niveles de órganos y función), como podrían ser la ausencia de un miembro, la sordera o el retraso mental.
b) Discapacidad: es toda restricción (resultado de una deficiencia) de la habilidad para desarrollar una actividad considerada normal para un individuo y que se manifiesta en acciones como caminar, hablar, vestirse o comprender.
c) Minusvalía: es la desventaja de una persona como resultado de una deficiencia o discapacidad que impide el total desarrollo de su funcionamiento normal (Velarde Jurado y Ávila Figueroa, 2002: 349-361).

Cada una de estas carencias que limitan el funcionamiento normal ponen en desventaja al individuo en sus relaciones interpersonales y le impiden integrarse a la escuela, al trabajo o a los deportes.

Así, la pérdida de un dedo a muchas personas les causaría una deficiencia y una cierta discapacidad; sin embargo, para un pianista sería una minusvalía. La deficiencia y el origen de la discapacidad definen el grado de dependencia de una persona. Esta dependencia, que afecta directamente la calidad de vida, se manifiesta en las actividades cotidianas de alimentación, higiene, comunicación y traslado. En los escolares provoca un retraso en el ingreso a la escuela, y en ocasiones el rechazo por parte de los compañeros. En el área sociocultural puede haber una discapacidad de adaptación disminuida y una socialización alterada; y en el área psicoafectiva, dificultades para adaptarse o resolver una crisis, baja autoestima y elevada dependencia.

Utilitarismo, prioritarismo y principio de la diferencia

Según la exposición que se hizo en el capítulo I, el principio de la diferencia afirma que son legítimas las desigualdades sociales, siempre y cuando permitan que los menos afortunados en la distribución social de los bienes primarios mejoren sus expectativas de vida. En otras palabras, el principio de la diferencia admite que las desigualdades sociales y económicas no son injustas de por sí, lo que es injusto es que estas desigualdades sean en perjuicio de los miembros de la sociedad que ya están peor situados socioeconómicamente.

Asimismo, se explicó que para la identificación de los menos afortunados se utilizan los bienes primarios como una escala de medición de comparación interpersonal. Como se mencionó, éstos incluyen los derechos y libertades fundamentales; la libertad de movimiento y la libre elección del empleo en un marco de oportunidades variadas; ingresos y riqueza, y las bases sociales del autorrespeto (Rawls, 2012: §17.2, 91).

Dado que los derechos y las libertades fundamentales están garantizados por el primer principio de la justicia, y que la libertad de movimiento y la libre elección de ocupación están reguladas por la igualdad de oportunidades, se puede decir que las desigualdades en los bienes sociales básicos que caen bajo la justificación del principio de la diferencia son las que se refieren a las desigualdades en ingresos y riqueza. De esta manera se considera que los miembros menos aventajados en la sociedad son aquellos que están en una peor posición en términos socioeconómicos.

Ahora bien, si se toma en cuenta lo anterior pero centrando la atención en la distribución de recursos en materia de salud, se puede llegar a afirmar que el principio de la diferencia es un criterio que permite evaluar las políticas sanitarias de racionamiento. En este sentido, Puyol considera también que "el principio de la diferencia, entendido en su sentido original, nos permite utilizarlo como un criterio alternativo al utilitarismo en la priorización sanitaria, aunque en ocasiones puede verse acompañado, para casos especiales, de una argumentación más próxima al utilitarismo" (Puyol, 2015).

La conclusión práctica a la que quiere llegar Puyol es que un servicio público de atención sanitaria, en su compromiso por equilibrar la atención médica científicamente posible junto con las restricciones presupuestarias, debería dar prioridad a: 1. La garantía de un mínimo de atención sanitaria para todos los ciudadanos (tal y como propone el igualitarismo); y 2. La ampliación del resto de prestaciones (excepto las muy caras y con muy poca efectividad) a todos los que no superen un determinado nivel de renta. Según Puyol, la atención sanitaria complementaria se debería ofrecer sólo a los peor situados socioeconómicamente. De esta manera quedarían fuera, por lo menos de la cobertura pública, las prestaciones muy caras y poco efectivas (para cualquier persona, independientemente de la edad o la condición económica) y las personas con un nivel de renta alto que no puedan acogerse al punto 2. A partir de esta consideración Puyol intenta establecer un criterio en el que se logre combinar la necesidad médica, el principio de la diferencia y el coste-efectividad (Puyol, 2015).

Según el criterio de Puyol es necesario priorizar las necesidades médicas y de esta manera garantizar un mínimo de atención sanitaria a todas las personas, pero al mismo tiempo propone al principio de la diferencia como un mecanismo regulador de las prioridades sanitarias en tiempos de escasez. Siguiendo la teoría de Rawls, la conclusión a la que quiere llegar Puyol es que después de garantizar un mínimo sanitario a todas las personas por igual, a través del principio de la diferencia se podría beneficiar, con los escasos recursos públicos que se tienen, a las personas en peor situación económica. Finalmente, considera que el criterio de coste-efectividad debe prevalecer en aquellos casos en que el tratamiento resulte excesivamente caro y haya muy poca efectividad (Puyol, 2015).

Una posible objeción a este planteamiento es que al dejar fuera de la cobertura pública a las personas con un nivel de renta más alto se estaría discriminando a los individuos que han ahorrado a lo largo de su vida sin recibir ningún tipo de recompensa. Aunque en principio la objeción es plausible, tal y como apunta el mismo Puyol, existe un argumento que mitiga la importancia moral de esta objeción. Si bien es cierto que no merecemos las circunstancias sociales que nos rodean, ni las circunstancias naturales que nos afectan (por ejemplo, nuestra inteligencia, nuestra fuerza física y demás talentos y habilidades), así como tampoco somos responsables de haber nacido dentro de una familia desestructurada; entonces, es posible suponer que en la medida en que el azar natural y el social se mezclan con la responsabilidad individual –a través del esfuerzo, la ambición o las elecciones bien informadas– nuestro éxito o fracaso en la vida queda justificado. Asimismo se podría sostener que es válido utilizar una parte de los beneficios económicos de los talentosos en beneficio de la solidaridad social con las personas menos afortunadas (por ejemplo, en cuestiones de salud). De esta manera, se puede afirmar que si una distribución menos igualitaria mejora la situación de los que están peor, debe introducirse. Precisamente esto, y no otra cosa, es lo que exige el principio de la diferencia en Rawls (Puyol, 2015).

Reflexiones finales sobre el utilitarismo sanitario

A manera de conclusión, si se hiciera un balance general de lo expuesto en el capítulo, hay diferentes cuestiones que merecen ser destacadas. Para esto, conviene dividir el capítulo en dos partes. En la primera, el punto medular está en la discusión teórica encabezada por Mill, Rawls y Singer respecto a los fundamentos del utilitarismo, y en la influencia de éste en el origen del Estado de bienestar. La segunda representa la parte práctica del capítulo en la que se exponen el análisis coste-beneficio y la aplicación de los métodos QALY para la racionalización de los recursos sanitarios.

En cuanto a la discusión teórica, el quid de la cuestión está en el concepto de igualdad. Durante mucho tiempo el utilitarismo ha sido tradicionalmente defendido porque se le considera que es la doctrina ética que mejor encarna el ideal de la igualdad entre los individuos. Apoyándose en el requisito de la imparcialidad de preferencias de Bentham, muchos otros utilitaristas, entre ellos Singer, propondrán y defenderán el principio de la igualdad de intereses.

Sin embargo, esta imparcialidad en los gustos y preferencias de los individuos –según Rawls– deja la puerta abierta a situaciones que pueden considerarse discriminatorias u ofensivas y, por lo tanto, la igualdad de consideración de intereses no puede ser un criterio para fundamentar la igualdad entre las personas. Esta objeción fue, precisamente, lo que motivó a Rawls a proponer otro criterio que pudiera representar el ideal de igualdad. Para Rawls la igualdad está fundamentada en la personalidad moral, esto es, en la capacidad para tener un sentido de justicia y una concepción del bien (en última instancia, en la facultad de la persona de ser razonable y racional). Este principio, en términos de Dworkin, es la igualdad de consideración y respeto de todos los seres humanos.

Ahora bien, así como Rawls criticó los principios del utilitarismo, Singer considera que el principio de Rawls es objetable. Según Singer, la personalidad moral, es decir, la capacidad de tener una concepción del bien y un sentido de justicia –tal y como sugiere Rawls– no puede ser el fundamento de la igualdad porque no todos los seres humanos tienen esa capacidad. Por esta razón, Singer considera que la igualdad entre los seres humanos (y esto incluye a las personas no humanas, como son los animales) debe estar cimentada sobre la capacidad para sentir dolor y placer. Según lo que se ha expuesto a lo largo de esta investigación, fundamentar la igualdad de las personas en los intereses o en la capacidad de sentir dolor y placer, como lo hace Singer, puede generar diversos dilemas éticos –sobre todo en el caso del aborto o la eutanasia– y una peculiar concepción bioética.[11] Sin embargo, analizar cada una de estas cuestiones bioéticas excede los límites de este libro. Para los fines de este trabajo baste con mencionar y comprender las diferencias entre las concepciones de igualdad del utilitarismo clásico –encabezado por Bentham y Mill– y el utilitarismo moderno –representado por Singer– respecto a los principios de la justicia como equidad de Rawls.

Respecto a la segunda parte del capítulo, se puede concluir que uno de los principales problemas que presenta el índice QALY es que encierra una falacia de fondo, ya que no considera el valor de la vida de una persona, sino

[11] Una visión contraria a la concepción de igualdad –y de la persona– de Singer y Rawls es el personalismo. En este sentido, la bioética personalista defenderá el valor de la dignidad de la persona y rechazará tanto la igualdad de intereses de Singer como la concepción política de la persona de Rawls. Sobre este tema, véase Guerra (2003).

sólo la calidad y los años de vida; parece que importa más vivir bien que la vida misma. Asimismo, como la expectativa de vida disminuye a mayor edad del paciente, el criterio QALY preferirá cubrir el tratamiento de los pacientes más jóvenes. A partir de lo anterior se podría afirmar que el criterio QALY presenta un patrón de desventaja sistemática para ciertos grupos de pacientes y una preferencia permanente por la sobrevivencia de algunas personas en perjuicio de otras.

Sin embargo, no podemos perder de vista que en un contexto de escasez de recursos los métodos utilitaristas de coste-beneficio y la medición de los QALY pueden ser una herramienta adecuada, siempre y cuando se utilicen con un criterio prudencial que permita interpretar los datos meramente cuantitativos. En este sentido el argumento propuesto por Puyol cobra mayor importancia. Según se expuso al final de este capítulo Ángel Puyol, siguiendo la teoría de Rawls, propone establecer un criterio en el que se logren combinar la necesidad médica, el principio de la diferencia y los criterios utilitaristas de coste-efectividad. Según este criterio es necesario, en primer lugar y como parte de las libertades y derechos básicos, garantizar un mínimo de atención sanitaria a todas las personas. Para establecer este mínimo Puyol considera que es necesario priorizar las necesidades médicas, pero al mismo tiempo propone el principio de la diferencia como un mecanismo regulador de las prioridades sanitarias en tiempos de escasez. Finalmente, considera que el criterio de coste-efectividad debe prevalecer en aquellos casos en que el tratamiento resulte excesivamente caro y haya muy poca efectividad (Puyol, 2015).

Ahora bien, considerando lo que se expuso en este capítulo así como en los anteriores, se puede concluir que los criterios de coste-beneficio –incluidos los métodos QALY– pueden ser aplicados siempre y cuando se haya asegurado un mínimo de atención sanitaria para igualar las condiciones de todas las personas. En otras palabras, es necesario partir de una cierta base de igualdad que permita la desigualdad en otros niveles. Tal y como se concluyó en los capítulos anteriores, pretender alcanzar la igualdad absoluta es una vana ilusión y más en cuestiones de salud –dada la escasez de recursos–, con lo cual la puerta a la desigualdad siempre estará abierta. En este sentido los criterios de coste-efectividad o coste-beneficio junto con el principio de la diferencia pueden servir para determinar en qué casos las desigualdades son injustas y en qué casos no lo son.

Conclusiones

Suerte monstruosa
y vacía,
tu rueda gira,
perverso,
la salud es vana
siempre se difumina,
sombrío
y velado
también a mí me mortificas;
ahora en el juego
llevo mi espalda desnuda
por tu villanía.

Estrofa del poema "O Fortuna"

En el magnífico poema del siglo XIII "O Fortuna", al cual Carl Orff puso música para su cantata *Carmina Burana,* se presenta una valoración general de la lotería del destino en la que se pierde y se gana alternativamente. Asimismo, se incluye un sentido de la relación dialéctica que existe entre la lotería social y la natural, así como entre la salud y la enfermedad. Este espléndido verso logró captar el terror que sentían nuestros antepasados cuando las plagas asolaban continuamente las ciudades y cuando la vida en general era mucho menos segura. Sin embargo, en la actualidad, gracias a los avances de la ciencia y la tecnología el hombre cuenta con un amplio poder para controlar la vida y, en ocasiones, postergar la muerte. No obstante, y sin importar el enorme poder con el que ha sido dotado el ser humano, el impacto que tiene la fortuna sobre el destino de las personas aún sigue siendo mucho más fuerte que la fortaleza de ellas.

Esta potencia irrefrenable de la fortuna ha inspirado no sólo a poetas y literatos, también ha llevado a los filósofos a reflexionar acerca de la huella que puede dejar en la vida de las personas; esto desde el punto de vista de la justica.

Ante este hecho incuestionable, uno de los primeros filósofos que propuso un argumento para hacer una rectificación del azar y así mitigar las desigualdades que se siguen de él fue John Rawls. A través de su principio de la equitativa igualdad de oportunidades pretendía aminorar las desigualdades que son fruto de la lotería natural y social, para nivelar la posición de origen de las personas.

No obstante, importa tener en cuenta que la cuestión del azar no sólo es analizada por Rawls, sino que también forma parte del debate central entre libertarios e igualitarios. Para ambos, la buena o mala fortuna son meros hechos que no pueden valorarse como justos o injustos. A pesar de la concidencia, las dos posturas mantienen un enfoque completamente distinto sobre las consecuencias que se siguen de dicha arbitrariedad.

Tal y como se pudo analizar en las páginas anteriores, para los libertarios no existe ningún tipo de deber de beneficencia o asistencial para paliar las desigualdades que provienen del azar natural. Para este grupo de teóricos, sólo son injustas las acciones que se han originado a partir de un robo, un fraude, un engaño, o a través de la violencia o extorsión y, por lo tanto, deben ser retribuidas.

Por su parte, los igualitarios, encabezados por Rawls, mantienen la firme convicción de que la suerte tiene un gran impacto en el destino y las oportunidades de la mayoría de las personas. Para el filósofo de Harvard, la forma en la que se ordenan las instituciones sociales a partir de estas desigualdades sí se puede considerar como una injusticia y, por lo tanto, debemos hacer de la estructura básica de la sociedad el objeto de la justicia.

De esta manera, la suerte se ha colocado en el centro de las discusiones sobre justicia distributiva. Pero también ha logrado traspasar los límites de la filosofía política hasta llegar a los debates de bioética y de asignación de recursos en materia de salud.

Actualmente, uno de los principales debates en torno a la distribución de recursos en materia de salud lo encabezan Norman Daniels, de corte rawlsiano, y Shlomi Segall, quien sigue la línea de Dworkin hacia el igualitarismo de la fortuna. Daniels considera que la asistencia sanitaria está fundamentada en el principio de la equitativa igualdad de oportunidades y, por ende, se debe garantizar un mínimo a todas las personas sin importar su estilo de vida o preferencia. Segall, en cambio, defenderá la versión de que las desventajas injustas, y que merecen una compensación, son aquellas producto de una conducta o factores que sería poco razonable esperar que el agente pudiera evitar; tomando la suerte y la responsabilidad como criterios de distribución, Segall hace notar que el principio de la diferencia, tal y como lo planteó Rawls, queda incompleto porque no establece diferencias entre quienes están en peor situación debido a sus elecciones y quienes lo están por factores ajenos a su control.

A pesar de las diferencias entre ambos autores, el raigambre igualitarista que los une los hace coincidir en la necesidad de garantizar un mínimo de atención médica para todas las personas. Este mínimo se expresa a través de lo que se conoce como suficientismo sanitario. Cabe mencionar que este mínimo no se limita solamente al acceso de atención médica, sino que también pretende abarcar aquellos factores que pueden influir en la salud de una persona, por ejemplo, la pobreza, la alimentación y algunos de los servicios públicos, como el agua potable, entre otros.

Ahora bien, más allá de las diferencias ideológicas y los debates académicos, la discusión entre Daniels y Segall hace que nos preguntemos, ¿es posible establecer un único criterio de distribución en materia de salud? Como parte de las conclusiones de este libro, considero que la respuesta a esta pregunta no puede plantearse en términos unívocos. Aunque mi posición se incline totalmente a la defensa del igualitarismo sobre el mercantilismo sanitario, ya que considero que sólo a través del primero se pueden garantizar el derecho a la salud y el acceso a la atención médica, también pienso que es necesario partir de un juicio prudencial para establecer diferentes criterios de distribución.

En este sentido, la propuesta del filósofo español Ángel Puyol González me parece relevante. Puyol supone que para equilibrar las desigualdades sociales es necesario partir de dos condiciones básicas: 1. Garantizar un mínimo de atención médica para todos y 2. La ampliación de prestaciones a todos los que no superen un determinado nivel de renta. Para cumplir con estas dos condiciones, sugiere un criterio de distribución que logra integrar la necesidad médica, el principio de la diferencia y los principios de coste-efectividad.

Según lo que propone, para aplicar este criterio es indispensable: 1. Priorizar las necesidades médicas para garantizar un mínimo de atención para todas las personas; 2. Utilizar el principio de la diferencia como un mecanismo regulador de las prioridades sanitarias en tiempo de escasez. Siguiendo la teoría de Rawls, Puyol considera que una vez que se ha logrado garantizar un mínimo de igual atención para todos, entonces es posible destinar parte de los recursos públicos a las personas en peor situación. Dentro de este contexto es completamente válido utilizar una parte de los beneficios económicos de los talentosos en beneficio de la solidaridad social, con las personas menos aventajadas, y 3. Los criterios utilitaristas de coste-efectividad deben prevalecer en aquellos casos en que el tratamiento resulte excesivamente caro y con muy poca efectividad.

Si bien, el criterio de Puyol me parece acertado, ya que logra plantear una distribución equitativa, podría enriquecerse al añadirle otras condiciones. Por ejemplo, la propuesta del mercado hipotético de seguros de Dworkin podría ser de gran utilidad al priorizar las necesidades médicas para garantizar un mínimo de atención.

Partiendo de la distinción entre la suerte de responsabilidad y la suerte bruta, Dworkin supone que dicho mercado servirá para compensar el déficit de oportunidades entre las personas, pues el mecanismo del seguro permite construir un puente entre ambos géneros de azar. Así, la decisión de comprar o rechazar un seguro contra una catástrofe se transforma en una apuesta calculada que convierte la suerte bruta en opcional y, al mismo tiempo, es un reflejo de la personalidad del sujeto, que permite expresar sus preferencias, ambiciones y deseos, así como su aversión al riesgo o su carácter temerario.

De esta manera, Dworkin llega a reconocer que el Estado sólo es responsable de garantizar un mínimo sanitario, el cual es posible determinarlo a través del "seguro prudente y responsable". Así como no es razonable suponer que una persona pagaría costosas pólizas de seguro en detrimento de otros bienes, lo que sí es prudente y razonable es destinar recursos para prevenir enfermedades típicas mediante vacunación, medicina preventiva, el tratamiento de traumatismos o la curación de enfermedades de la infancia. En este sentido, Pablo de Lora logra sintetizar en una frase el pensamiento dworkiniano sobre la justicia distributiva sanitaria: "No reclames del Estado lo que tú mismo no habrías previsto para ti".

Es así como el modelo de salud de Dworkin logra unir este binomio de libertad-responsabilidad que divide muchas de las teorías de la justicia distributiva. Bajo este esquema, la protección de salud, al igual que en el modelo de Daniels, es concebida como un bien especial, en el sentido de que su provisión no está sometida exclusivamente al juego del mercado, como afirmarían los libertarios, pero deja la puerta abierta para que los individuos, de manera responsable, puedan ejercer cierta soberanía sobre el cuidado de su salud.

Según lo anterior, podría afirmarse que el mínimo sanitario que debe garantizar el Estado será el resultado de todas las decisiones prudentes y racionales de individuos bien informados que, una vez que se ha logrado igualar su posición de origen, han optado por adquirir un seguro. Todo lo que caiga fuera de estas preferencias será considerado como tratamientos excéntricos, que un Estado podrá justamente no cubrir en este mínimo que debe garantizar.

En las discusiones, así como en el diseño de sistemas y políticas públicas de salud, la idea del seguro es fundamental. De hecho, los grandes sistemas de salud se construyeron a partir del origen de la seguridad social. En el caso de México, en la década de los cuarenta se creó el Instituto Mexicano del Seguro Social (IMSS) para garantizar el derecho humano a la salud, la asistencia médica, la protección de los medios de subsistencia y los servicios sociales necesarios para el bienestar individual y colectivo. Sin embargo, es un hecho que, desde su origen, el acceso a las instituciones que brindan los servicios de salud ha estado anclado en la condición laboral de los ciudadanos, lo que ha provocado una enorme desigualdad y que la meta de una cobertura universal se vea sólo como un ideal.

Dada la importancia del tema, una vez que expuse las principales teorías de la justicia distributiva, me pareció importante añadir un epílogo para analizar exclusivamente el origen y la evolución del sistema de salud en México a manera de caso práctico.

Epílogo

Nuevos retos y compromisos de las instituciones de salud en México

A lo largo de los cinco capítulos que conforman este libro me centré en el análisis de los elementos básicos de las principales teorías de justicia distributiva y su impacto en la salud. Es importante destacar que a pesar de que la mayoría de dichas teorías, por su carácter filosófico, se mantienen en el terreno de lo "ideal", no dejan de presentar elementos significativos que pueden servir de orientación para establecer ciertas pautas de distribución de los recursos sanitarios.

Como mencioné al inicio, las reflexiones en términos de justicia distributiva en el campo de la salud son relativamente nuevas, tanto en el ámbito de la bioética, como de la medicina e incluso de la misma filosofía. En el caso particular de México, la discusión y el diseño de políticas públicas en materia de salud han dejado prácticamente fuera del debate las teorías filosóficas y se han enfocado más en aspectos meramente políticos y partidistas.

Mi intención al escribir este último apartado es presentar un breve recorrido histórico sobre el origen y la evolución de las instituciones de salud en México que nos permita, a la luz de las teorías expuestas en este libro, revisar los retos y compromisos que el Estado mexicano ha cumplido hasta ahora para garantizar el derecho a la salud y los que aún están por cumplirse para alcanzar una cobertura universal.

Origen y evolución de las instituciones de salud en México

Al concluir la Primera Guerra Mundial, la gran mayoría de los países en Europa y algunos en América Latina fueron adoptando, con diferentes matices y en distintos momentos, el modelo de seguridad social propuesto por Bismarck a finales del siglo XIX, en un intento por aliviar los problemas sociales y económicos.

En nuestro país, en el periodo entre 1917 y 1943, en lo que se conoce como el México posrevolucionario, la creciente industrialización y el aumento del sector obrero hicieron evidente la necesidad de fundar instituciones que se pudieran encargar de mantener a los trabajadores en buenas condiciones y estabilizar las relaciones laborales en un marco de justicia, eficiencia y productividad. De este modo, se estableció el Departamento de Salubridad como la primera institución posrevolucionaria diseñada para implementar una política científico-técnica que pudiera resarcir a la población que después de la Revolución mexicana se encontraba expuesta a la amenaza de las epidemias.

En el campo de la seguridad social la legislación mexicana presenta un gran cambio en el pensamiento, al pasar del esquema liberal de corte individualista, propio de la Constitución de 1857, al esquema de tipo social impuesto por la Constitución de 1917. De esta manera podemos encontrar la base constitucional de la seguridad social asentada en la fracción XXIX del artículo 123 de la Constitución Política de los Estados Unidos Mexicanos, la cual –en aquel entonces– declaraba: "De utilidad Social el establecimiento de cajas de seguros populares como los de invalidez, de vida, de cesación involuntaria en el trabajo, de accidentes y de otros fines similares".[1]

Hacia 1942, tras varios años de luchas y conflictos en el país, por fin se logró cristalizar la propuesta del Seguro Social en México. El interés del presidente Manuel Ávila Camacho por las cuestiones laborales ya se había

[1] Después de la reforma de 1974 la fracción XXIX del artículo 123 declara lo siguiente: "Es de utilidad pública la Ley del Seguro Social, y ella comprenderá seguros de invalidez, de vejez, de vida, de cesación involuntaria de trabajo, de enfermedades y accidentes, de servicios de guardería y cualquier otro encaminado a la protección y bienestar de los trabajadores, campesinos, no asalariados y otros sectores sociales y sus familiares".

manifestado desde el mismo día en que asumió la presidencia, cuando anunció la creación de la Secretaría del Trabajo y Previsión Social. En diciembre del mismo año se envió a las Cámaras la iniciativa de ley para proteger a los trabajadores y asegurar su existencia, su salario, su capacidad productiva y la tranquilidad de la familia. Así, el 19 de enero de 1943 se publicó en el *Diario Oficial de la Federación* la Ley del Seguro Social, lo que dio origen a la creación del Instituto Mexicano del Seguro Social (IMSS) –para garantizar el derecho humano a la salud, la asistencia médica, la protección de los medios de subsistencia y los servicios sociales necesarios para el bienestar individual y colectivo–[2] y de la Secretaría de Salubridad y Asistencia (SS) la cual se estableció

> [...] para integrar el hasta entonces vigente enfoque en el saneamiento con los nuevos servicios médicos surgidos de los ejidos colectivos [...] Dichos servicios se apoyarían en la investigación de las condiciones clínicas propias de la pobreza, para lo cual se justificó el establecimiento de instituciones de alta complejidad, como el Hospital Infantil, el Instituto Nacional de la Nutrición y el Instituto de Enfermedades Respiratorias (González Block y Scott, 2010: 217, citado por Dieterlen, 2015: 22).

Es importante tener en cuenta, como señala Paulette Dieterlen, que los institutos nacionales no pretendían apoyar en la cobertura universal de servicios de salud de tercer nivel, es decir, ser hospitales de gran tamaño donde se encuentran todas las especialidades y se brinda atención diagnóstica completa. Más bien, lo que se intentaba era fortalecer el conocimiento y la profesión médica como factores de peso para resolver los problemas vinculados a la pobreza (Dieterlen, 2015: 23).

De esta manera, con la primera reforma de salud de 1943 se establecieron dos sistemas públicos y paralelos de atención: el de seguridad social, con el IMSS, los hospitales de Petróleos Mexicanos y, más tarde, en 1959,

[2] Véase: <http://www.imss.gob.mx/sites/all/statics/pdf/informes/20172018/04-int roduccion.pdf> [Consultado el 31 de ju lio de 2022].

el Instituto de Seguridad y Servicios Sociales de los Trabajadores del Estado (ISSSTE), y el de asistencia pública a través de la Secretaría de Salubridad (Dieterlen, 2015: 23).

Años más tarde, hacia 1976, se dio el primer intento por extender la cobertura del IMSS a los campesinos organizados en ejidos, con lo que se creó el IMSS-Conasupo. Posteriormente, con el auge petrolero, aproximadamente un decenio más tarde, se estableció el programa IMSS-Coplamar, sufragado en su totalidad por la federación, el cual cambió su nombre en 1989 por IMSS-Solidaridad y en 2002 se convirtió en IMSS-Oportunidades; sin embargo, en 2014 vuelve a cambiar su nombre por IMSS-Prospera y, finalmente, en 2018 se convierte en IMSS-Bienestar.[3]

Sin embargo, es un hecho que a pesar de los múltiples cambios y programas por los que ha pasado el IMSS en su intento por extender su cobertura, desde 1980 el acceso a las instituciones que brindan los servicios de salud ha estado anclado en la condición laboral de los ciudadanos. Dichas acciones se traducen en servicios de salud; permisos de maternidad o paternidad; seguros por desempleo, accidentes, riesgos provocados por el trabajo o edad de retiro; apoyos para la adquisición de vivienda u otras prestaciones que complementan el salario (Cortés Adame, 2021: 1).

Tal y como comenta Cortés Adame, lo anterior provoca que el derecho a la protección de la salud –estipulado en el artículo 4º de la Constitución Política de los Estados Unidos Mexicanos– se divida en dos regímenes: el de la seguridad social, para las personas asalariadas formalmente, y el denominado abierto, que brindan la Secretaría de Salud federal y los sistemas estatales de salud, para las personas no asalariadas o comúnmente conocidas como informales (2021: 1).

[3] Para revisar toda la línea cronológica de la evolución del IMSS, véase: ‹http://www.imss.gob.mx/imss-bienestar› [Consultado el 31 de ju lio de 2022].

El Seguro Popular

La división de regímenes para la protección del derecho a la salud provocó que, desde 2002, la protección social en materia de salud tuviera que reforzarse. De esta manera, durante el gobierno de Vicente Fox se diseñó una política de protección sanitaria: la política del Sistema de Protección Social en Salud, con una enmienda al artículo 4º constitucional, y se estableció el programa del Seguro Popular con el fin de beneficiar a los no protegidos por las principales instituciones de salud. El hoy extinto Seguro Popular proponía un esquema de contribución de los gobiernos estatales y federal, así como de las familias, salvo en los casos de aquellas que se encontraban en condiciones de extrema pobreza.

Los tres objetivos del Seguro Popular de Salud, en su fase como programa piloto, fueron:

1. Brindar protección financiera a la población que carece de seguridad social a través de la opción de aseguramiento público en materia de salud.
2. Crear una cultura de prepago en los beneficiarios del Seguro Popular de Salud.
3. Disminuir el número de familias que se empobrecen anualmente al enfrentar gastos de salud.[4]

Así, con la reforma de 2002 a la Ley General de Salud, el Seguro Popular dejó de ser un programa gubernamental para convertirse en ley (en abril de 2003) y fue implementado en todos los estados y en el entonces Distrito Federal (hoy Ciudad de México: CDMX) desde el 1º de enero de 2004. El objetivo, en cuanto a cobertura se refiere, era que para 2010 alcanzaría a cubrir a toda la población mexicana sin seguridad social en materia de salud.

[4] Ya que muchos de los sitios gubernamentales donde se explicaba el programa del Seguro Popular han sido cerrados después de la desaparición del programa, para la explicación de la estructura y funcionamiento de éste tomaré como referencia el libro de Paulette Dieterlen, *Justicia distributiva y salud* (Dieterlen, 2015: 26-28).

Según el diseño de Julio Frenk, el Seguro Popular pretendía cubrir con la seguridad en materia de salud a todos aquellos que no contaban con la seguridad social de instituciones como las siguientes:

- IMSS, que brinda servicios a los trabajadores formales del sector privado.
- ISSSTE, que atiende a los empleados de gobierno.
- Pemex, Secretaría de Marina y Secretaría de la Defensa Nacional, que se encargan de otorgar servicios y prestaciones a los trabajadores o miembros de sus propias dependencias.

El Seguro Popular tenía cinco objetivos específicos:

1. Reducir el gasto privado de los afiliados y evitar el empobrecimiento por gastos en salud.
2. Ofrecer un paquete explícito de servicios de salud: diagnóstico, tratamiento y medicamentos, que corresponda al perfil epidemiológico, a la demanda de los servicios y a las necesidades de salud.
3. Fomentar la atención oportuna de la salud de las familias mexicanas, evitando la postergación y el consecuente agravamiento de enfermedades por motivos económicos.
4. Fortalecer el sistema público de salud para reducir la brecha entre familias derechohabientes de la seguridad social y las que no lo son.
5. Contribuir a superar inequidades y rezagos en la distribución del gasto entre las entidades federativas con diferentes niveles de desarrollo en materia de salud.

Asimismo, se pretendía que el Seguro Popular operara con un esquema de financiamiento tripartito, conformado por una cuota social proveniente: *a)* de las aportaciones del gobierno federal, *b)* de los gobiernos estatales y *c)* de una cuota familiar de quienes se afilian a este seguro, la cual se determina mediante una evaluación socioeconómica.

Una de las grandes ventajas del diseño del Seguro Popular es que aseguraba el financiamiento de los servicios personales de salud, que se dividían en: 1. Un conjunto esencial de intervenciones correspondientes al primero y segundo niveles (es decir atención ambulatoria brindada en los hospitales generales) y 2. Un paquete que implicaba un alto costo de atención (tercer nivel), financiado por el Fondo de Protección contra Gastos Catastróficos. En este último nivel de atención, los beneficiarios no absorbían ningún costo para recibir la atención, atajando así el llamado gasto de bolsillo y disminuyendo, por ende, el gasto catastrófico[5] (Cortés Adame, 2021: 22).

Terminación del Seguro Popular

Lo que aquí planteo sobre la terminación del Seguro Popular ha tomado como base la tesina de Luis Javier Cortés Adame titulada "La terminación del Seguro Popular y el diseño del Insabi para atender enfermedades catastróficas en la población sin seguridad social". Según plantea Cortés Adame, la desaparición del Seguro Popular fue un tema que planteó el actual presidente de México, Andrés Manuel López Obrador, durante su campaña electoral de 2018. La propuesta fue mencionada por primera vez el 12 de junio de 2018, en el marco del tercer debate presidencial, en donde el entonces candidato de la coalición Juntos Haremos Historia –integrada por los partidos políticos: Movimiento de Regeneración Nacional (Morena), Partido Encuentro Social (PES) y Partido del Trabajo (PT)– mencionó que "el Seguro Popular,

5 Desde el punto de vista económico las enfermedades que provocan gastos catastrófi os son patologías que requieren un tratamiento que implica un desembolso monetario extraordinario para el ingreso del paciente y su familia. De acuerdo con la Organización Mundial de la Salud (OMS), se considera que "una enfermedad tiene un impacto catastrófi o cuando para atenderla se destina más de 30% del presupuesto familiar" (OMS, 2000: 8, citado en Cortés Adame, 2021: 16). Ahora bien, desde el punto de vista médico las enfermedades que provocan gastos catastrófi os se considera que son "una patología cuyo impacto del tratamiento en la carga de la enfermedad es muy baja, por lo cual éste se concentra más en los cuidados paliativos que en la posibilidad de cura" (Tobar, 2010: 60, c itado en Cortés Adame, 2021: 16).

no es ni seguro ni popular; va a desaparecer. Le gente que hoy lo tiene, va a tener un mejor servicio [...] Una caja de medicamento para diabetes que cuesta 15 pesos, el gobierno lo compra en 150 pesos más" (Instituto Nacional Electoral, 2018, citado en Cortés Adame, 2021). De esta manera y señalando los sobrecostos de operación como el principal problema identificado en el Seguro Popular, el entonces candidato López Obrador justificó su propuesta para terminar con dicho programa (Cortés Adame, 2021: 33).

Después de que López Obrador ganó las elecciones y se convirtió en presidente de México, el 14 de diciembre de 2018 anunció el Plan Integral de Salud (PIS), en el cual se estableció "la federalización de los servicios de salud –en una primera etapa– de Campeche, Chiapas, Guerrero, Oaxaca, Quintana Roo, Tabasco, Veracruz y Yucatán" (Santana: 2018, citado en Cortés Adame, 2021) mediante acuerdos de colaboración con los gobiernos estatales. Esto, con el objetivo de que el gobierno federal se hiciera cargo de la operación y financiamiento de los sistemas estatales de salud para brindar la atención médica a la población carente de seguridad social. Así se anunciaron las primeras acciones para terminar con el Seguro Popular (Cortés Adame, 2021: 33).

Para continuar con el proceso de terminación, el 3 de julio de 2019 el presidente López Obrador envió a la Cámara de Diputados una iniciativa de ley para reformar diversas disposiciones de la Ley General de Salud, de la Ley de Coordinación Fiscal y de la Ley de los Institutos Nacionales de Salud con el objetivo de desaparecer el Seguro Popular y, en su lugar, crear el Instituto de Salud para el Bienestar (Insabi).

En la exposición de motivos se mencionó que el Seguro Popular "no garantiza el acceso universal y oportuno a los servicios de salud requeridos por la población que carece de seguridad social, porque funciona como un esquema de financiamiento tripartita. Lo cual provoca que tenga un paquete limitado de intervenciones quirúrgicas y medicamentos" (Cámara de Diputados, 2019, citada en Cortés Adame, 2021). En pocas palabras, manifestó que el esquema de financiamiento de dicha política no era el adecuado, además de criticar que la cobertura universal se enfocó en brindar aseguramiento y no acceso efectivo a los servicios de salud (Cortés Adame, 2021: 34).

Finalmente, esta iniciativa fue aprobada por ambas cámaras –Diputados y Senadores– y publicada por el ejecutivo federal en el *Diario Oficial de la Federación* el 29 de noviembre de 2019, terminando así formalmente con el Seguro Popular. En dicho decreto, además de la creación del Insabi –cuyo inicio de operación fue fijado para el 1º de enero de 2020, justo tres meses antes de que comenzara la pandemia de covid-19– se estableció a través del artículo décimo transitorio que la institución fiduciaria del fideicomiso del Seguro Popular debía transferir al Insabi hasta 40 000 millones de pesos del patrimonio de dicho fideicomiso, para que estos recursos se destinaran a los fines que en materia de salud determinaría el Insabi, disminuyendo así los bienes económicos previstos para la atención de enfermedades que provocan gastos catastróficos o la construcción de infraestructura hospitalaria (Cortés Adame, 2021: 34).

Del Insabi al IMSS-Bienestar

Tan sólo dos años después de haber iniciado operaciones y en medio de la pandemia de covid-19 el gobierno federal anunció el cese de funciones del Insabi y puso en marcha un nuevo programa de protección para la salud. Así, el 1º de abril de 2022 arrancó oficialmente en el estado de Nayarit el programa IMSS-Bienestar para llevar servicios de salud a la población sin seguridad social.

Cuando el presidente López Obrador anunció que se eliminaría el Seguro Popular y lo sustituiría el Insabi, el gobierno federal aseguró que a través de este Instituto se llevarían servicios de salud y medicamentos gratuitos a toda la población que no contara con seguridad social, incluido el tercer nivel de atención, que abarca la alta especialidad y que corresponde con las enfermedades que causan un gasto catastrófico. Sin embargo, el Insabi no logró cumplir con los objetivos planteados, ni pudo mantener el nivel de operación del Seguro Popular. En enero de 2022 las consultas para atender enfermedades crónico-degenerativas –como cáncer, diabetes y VIH/sida– fue sólo de

229 mil, una caída de 41% (159 000 consultas) frente a enero de 2021 o de 78% (828 000 consultas) frente a enero de 2019 (Vega, 2022).

Según apuntan algunos especialistas en el tema –entre ellos Cortés Adame–, de todos los factores que determinan la terminación de una política pública –financieros, político-ideológicos y de efectividad gubernamental, identificados por Peter DeLeon– el más relevante para terminar con el Seguro Popular fue el político-ideológico (Cortés Adame, 2021: 1). Esto provocó que en el diseño del Insabi no hubiera una planeación estratégica ni de diagnóstico certero y, por lo tanto, las reglas de operación fueran poco claras. En el marco de una política confusa y desordenada de recentralización de los servicios de salud, el Insabi carecía de una lógica causal en las actividades que proponía para conseguir su objetivo: mejorar la atención del tercer nivel para la población sin seguridad social.

Sin embargo, y ante el incremento de población sin acceso a los servicios de salud, el desabasto de medicamentos y el desfinanciamiento de los servicios estatales de salud, el gobierno federal logró consolidar –en poco tiempo– una sorprendente jugada que llama la atención y con la cual lograron dar un viraje a la política nacional de salud. Confiando en la capacidad operativa y administrativa del IMSS-Bienestar decidieron delegar las funciones del Insabi a este programa.

Con 43 años de experiencia, el programa IMSS-Bienestar proporciona en sus unidades de salud servicios de primero y segundo nivel de atención. Éste último atiende las especialidades de gineco-obstetricia, cirugía general, medicina interna, pediatría, anestesiología y epidemiología. Lo anterior, a través de 3 622 unidades médicas rurales, 184 brigadas de salud, 140 unidades médicas móviles, 45 centros de atención rural obstétrica y 80 hospitales rurales. Toda esta infraestructura pertenece al IMSS.[6]

Según la evaluación más reciente del Consejo Nacional de Evaluación de la Política de Desarrollo Social (Coneval),[7] el programa es un referente de

6 Para entender más sobre el origen y funcionamiento del IMSS-Bienestar, véase: <http://www.imss.gob.mx/imss-bienestar> [Consultado el 2 de agosto de 2022].

7 Véase: <https://www.imss.gob.mx/sites/all/statics/imssBienestar/evaluacionExterna/eval-2020-2021-Ficha-Monitoreo.pdf> [Consultado el 3 de agosto de 2022].

atención a la salud para la población sin acceso a los servicios en localidades semiurbanas, rurales y con gran dispersión de población; es progresivo en materia de apoyos en especie dirigidos a la población con menores ingresos y favorece la participación comunitaria para mejorar la salud. En pocas palabras y a todas luces el IMSS-Bienestar es considerado como un programa de éxito[8] (Cortés Adame, 2022).

Aunque en principio este cambio puede ser visto como algo positivo dado el nivel de experiencia y los buenos resultados que ha presentado el programa de IMSS-Bienestar, esto no significa que la decisión del presidente será efectiva. En opinión de Cortés Adame la federalización[9] de los sistemas estatales de salud ya se intentó mediante la creación del Insabi y no funcionó.

> A pesar de contar con 24 entidades federativas adheridas, el nuevo instituto nunca definió con claridad los servicios médicos que brindaba. La idea, desde el diseño, era que el Insabi –un organismo descentralizado de la administración pública federal, con personalidad jurídica y patrimonio propio, sectorizado en la Secretaría de Salud– concentraría a los sistemas estatales de salud para ofrecer servicios e insumos de salud. Lo haría de manera gratuita y con calidad para todas las personas que se encontraran en el país y no contaran con seguridad social, con base en criterios de universalidad, igualdad e inclusión (Cortés Adame, 2022).

Según el análisis de Cortés Adame, uno de los principales problemas en el diseño del Insabi está en el financiamiento. A diferencia de lo que sucedía con el Seguro Popular, que funcionaba con un sistema tripartita en el que, según criterios estipulados en la ley, las entidades federativas, el

8 Actualmente, el programa opera en 19 entidades de la República y otorga servicios médicos a 11.6 millones de personas que viven en zonas rurales o urbanas marginadas. Las entidades federativas con mayor población benefi iaria son: Chiapas (2 079 886), Veracruz (1 608 418), Oaxaca (1 293 089) y Puebla (1 201 820) (Cortés Adame: Nexos, 2022).

9 Esto significa que, mediante acuerdos de colaboración, las entidades federativas cederán su infraestructura física y humana al IMSS para que, a través de él, se otorguen los servicios de salud a la población sin seguridad social.

gobierno federal y los afiliados aportaban recursos al presupuesto del programa, el Insabi operaba bajo un tipo de administración centralizada cuya fuente de financiamiento dependía, únicamente, del gobierno federal. Es decir, se planeó que el Insabi abasteciera medicamentos, insumos y equipo médico; operara la infraestructura; pagara la nómina del personal e invirtiera en nuevas unidades hospitalarias, todo con un presupuesto menor que el que tenía el Seguro Popular. Asimismo, podemos sumar a la lista de fallos la decisión de no afiliar a los beneficiarios, la gratuidad de todos los servicios (incluidos los del tercer nivel) y la poca información que tenían las personas de los servicios y atención que brindaba el programa.

Si bien el anuncio de la ampliación de funciones del IMSS-Bienestar puede dar una mayor confianza a las personas sin seguridad social –ya que el programa, a diferencia del Insabi, sí cuenta con un registro de beneficiarios, una mejor infraestructura y pautas de operación– aún existen serios cuestionamientos en torno a su funcionamiento.

En primer lugar nos enfrentamos a las fuentes de financiamiento. Si se le asignan mayores responsabilidades será necesario otorgarle también un mayor presupuesto; sin embargo, ¿existen los recursos fiscales suficientes para realizar dicha acción?

En segundo lugar, como mencioné, el IMSS-Bienestar cubre servicios de salud de primer y segundo niveles, ¿qué pasará con las intervenciones de alta especialidad (tercer nivel) y las enfermedades que causan gastos catastróficos?

En tercer lugar, ¿qué pasará con aquellos estados que decidan no adherirse al programa? ¿Recibirán recursos de la federación?

Claramente éstas son preguntas fundamentales que merecen ser atendidas, de lo contrario se agravaría la crisis del sistema de salud que actualmente estamos viviendo en el país. Si bien el programa de IMSS-Bienestar ha demostrado, durante décadas, ser efectivo en brindar servicios de salud a personas en situación de pobreza y marginación, es necesario asignarle los recursos necesarios para que pueda afrontar sus nuevas responsabilidades, de lo contrario se le estaría condenando al fracaso.

Comentarios finales

Como expliqué al inicio de este epílogo, el sistema de salud pública en México nació fragmentado en dos grandes componentes: los servicios de salud vinculados a la condición laboral, para la población asegurada, ofrecidos por las instituciones de seguridad social –como el IMSS, ISSSTE y Pemex–, y los servicios para la población no asegurada, provistos por la Secretaría de Salubridad y Asistencia y sus equivalentes estatales. Esta división de origen ha provocado una serie de desigualdades desde hace décadas, que el gobierno ha tratado de mitigar a través de diversos programas, pero a pesar de los múltiples esfuerzos y reformas que se han realizado –lamentablemente– aún persisten las serias desigualdades y fuertes rezagos en la atención médica.

Si bien uno de los objetivos del Seguro Popular, en cuanto a cobertura se refiere, era que para 2010 se alcanzara a cubrir a toda la población mexicana sin seguridad en materia de salud, tras varios años de funcionamiento no se logró cumplir en su totalidad con esta meta y para 2019 dicho programa dejó de existir.

Aunque para muchos el Insabi constituye un fracaso tácito para el gobierno federal, es necesario reconocer su habilidad política para delegar la responsabilidad de la ampliación de la cobertura en sanidad al IMSS a través de su programa IMSS-Bienestar. Claramente, el IMSS es una institución bien consolidada en nuestro país y el IMSS-Bienestar ha demostrado ser un programa de éxito en la atención y servicios de salud para la población en extrema pobreza y marginada. Sin embargo, existe un grave problema potencial, en cuanto a la financiación se refiere, que es necesario corregir para tener el presupuesto adecuado según las necesidades y metas que actualmente plantea dicho programa.

En mi opinión, uno de los grandes errores del gobierno de López Obrador –y lo que implicó en parte el fracaso del Insabi– ha sido el enfoque de "gratuidad" que se tiene de la atención médica. Una de las razones que encabezaban la lista de argumentos para suspender el Seguro Popular era su esquema de financiamiento tripartita, ya que se consideraba una injusticia que las personas tuvieran que dar una aportación al momento de afiliarse.

No obstante, esta aportación era precisamente lo que le daba al programa su carácter de "Seguro". A través de este tipo de financiamiento se logró conformar el Fondo de Protección contra Gastos Catastróficos (FPGC) con el cual se lograba cubrir los servicios de tercer nivel y se evitaba el llamado gasto de bolsillo por parte de los afiliados al momento de enfrentarse a una de enfermedad de este tipo.

Ofrecer un sistema sanitario donde se garantiza gratuidad en servicios de salud puede ser considerada una promesa falaz, deshonesta, con fines clientelares que puede llegar a generar una dependencia entre los ciudadanos y el gobierno. La atención médica nunca es gratuita. Sólo se puede garantizar que la atención sea gratuita al momento de recibirla, evitando así el gasto directo de las personas y familias que están haciendo frente a una enfermedad, pero no de forma absoluta.

En este sentido me parece que las teorías filosóficas de justicia distributiva pueden arrojar mucha luz para la definición de ciertos conceptos que son claves en la cuestión como, por ejemplo, el de "atención médica gratuita" o en la determinación de los servicios médicos que debería cubrir la seguridad social o en el significado de la cobertura universal. Es por esto que considero pertinente y necesario fortalecer el debate filosófico en materia de salud. Construir puentes de diálogo entre políticos, médicos y filósofos especialistas en el tema, que permitan tener una visión integral del problema. Hablar de la salud es una cuestión sumamente compleja que abarca aspectos que implican tanto la biología humana, como la interacción entre personas, estilos de vida o dilemas éticos.

De cara al futuro parece que aún son muchos los retos que se deben afrontar para mitigar las grandes desigualdades y los enormes rezagos que hay en materia de salud en México. Las decisiones que se han tomado en los últimos años no han sido las más acertadas y aún nos falta mucho camino por recorrer para alcanzar las metas que exige un sistema de salud justo, por lo que la discusión aún no se ha terminado.

Referencias

Aristóteles (2000), *Política*, Gredos, Madrid.

Anderson, Elizabeth (1999), "What is the Point of Equality", *Ethics*, núm. 109, pp. 287-337.

Antolín, Pablo (2011), "El sistema de pensiones español en el contexto internacional" [en línea], disponible en ‹http://www.empleo.gob.es/es/publica/pub_electronicas/indice/contenidos/Seminario-La-reforma-del-sistema-de-pensiones-en-Espana-Santander-2011.pdf› [Consulta: 5 de febrero de 2015].

Arneson, Richard (1997), "Equality and Equal Opportunity for Welfare", *Equality: Selected Readings*, Louis P. Pojman, y Robert Westmoreland B. (eds.), Oxford University Press, Oxford, pp. 229-241.

Barry, Brian (1973), *The liberal Theory of Justice*, Oxford University Press, Nueva York.

Beauchamp, Tom (1995), "Principi della bioetica: autonomía, beneficialità, giustizia", en Russo G. y colaboradores, *Bioetica fondamentale e generale*, Sei, Turín, pp. 83-91. Citado por Lino Ciccone (2005), *Bioética. Historia. Principios. Cuestiones*, Palabra, Madrid.

Beauchamp, Tom y Faden, Ruth (1986), *A History and Theory of informed Consent*, Oxford University Press, Reino Unido.

Beauchamp, Tom y Childress, James (1998), *Principios de ética biomédica*, Masson, Barcelona, pp. 246-250.

Bentham, Jeremy ([1789] 2008), *Introducción a los principios de la moral y la legislación*, Claridad, Buenos Aires.

Berlin, Isaiah (1978), "Two Concepts of Liberty", en Anthony Quinton (comp.), *Political Philosophy*, Oxford University Press, Oxford, pp. 141-152.

Boltvinik, Julio (2003), "Las teorías de las necesidades humanas de Doyal y Gough", *Comercio Exterior*, vol. 53, núm. 5, mayo.

Brock, Dan W. (1989), "Justice. Health Care and the Elderly", *Philosophy and Public Affairs*, vol. 18, núm. 3, pp. 297-232, citado por Shlomi Segall (2010), *Health, Luck and Justice*, Princeton University Press, Princeton, New Jersey.

Burgos Velasco, Juan Manuel (2008), "Las convicciones religiosas en la argumentación bioética. Dos perspectivas secularistas diferentes: Sádaba y Habermas-Rawls", *Revista cuadernos de bioética*, núm. XIX, enero-abril pp. 29-41 [en línea], disponible en ‹http://www.redalyc.org/comocitar.oa?id=87506502›

Casado Da Rocha, Antonio (2008), "¿Quién vive y quién muere?", *Dilemata*: portal de ética aplicada [en línea], disponible en ‹http://www.dilemata.net/index.php/blog/bioetica-para-legos/120-quivive-y-quimuere-segl-comite-seattle› [Consulta: 1o. de mayo de 2015].

Casal, Paula (2007), "Why Sufficiency is not Enough?", *Ethics,* 17 de enero, pp. 296-326.

Ciccone, Lino (2005), *Bioética. Historia. Principios. Cuestiones,* Palabra, Madrid.

Childress, James F. (1982), *Who Should Decide? Paternalism in Health Care,* Cambridge University Press, Nueva York, citado en Diego Gracia (2008), *Fundamentos de Bioética,* Tricastela, Madrid.

Cohen, Gerald (1997), "Where the action is: On the Site of Distributive Justice", *Philosophy and Public Affairs,* vol. 26, núm. 1, pp. 3-30.

Cole, G. D. D. (1980), *Historia del pensamiento socialista,* t. II. Marxismo y anarquismo 1850-1890, fce, México.

Conly, Sarah O. (2013), *Against Autonomy. Justifying coercitive paternalism,* Cambridge University Press, Nueva York.

Cortés Adame, Luis Javier (2021), *La terminación del Seguro Popular y el diseño del Insabi para atender enfermedades catastróficas en la población sin seguridad social* [Tesis de maestría en Administración y Políticas Públicas], Centro de Investigación y Docencia Económicas, A. C.

Daniels, Norman (1985), *Just Health Care,* Cambridge University Press, Nueva York.

__________ (1990), "Equality of what: Welfare, Resources or Capabilities?", *Philosophy and Phenomenological Reserch,* vol. 50, Supplement (Autum).

__________ (2003), "Rawl's complex egalitarism", en *The Cambridge companion to Rawls,* Samuel Freeman (ed.), Cambridge University Press, Nueva York.

__________ (2012), *Just Health. Meeting Health Needs Fairly,* Cambridge University Press, Nueva York.

De Lora, Pablo (2007), "Justicia distributiva sanitaria ¿penalizar al enfermo 'culpable' de su condición?", *HUMANITAS. Humanidades Médicas,* núm. 22, diciembre, pp. 1-14.

De Lora, Pablo y Zúñiga Fajuri, Alejandra (2009), *El derecho a la asistencia sanitaria. Un análisis desde las teorías de la justicia distributiva,* Iustel, Madrid.

De Sebastián, Luis (1990), "La gran contradicción del neoliberalismo moderno", *Christus,* México, año LV, 639, núm. 8, octubre, pp. 51-59.

Dembour, Marie-Bénédicte (2010), "What are Human Rights. Four schools of thought", *Human Rights Quarterly,* vol. 32, núm. 1, febrero.

Di Castro, Elisabetta (2010), "Desigualdad, exclusión y justicia global", *Isegoría,* núm. 43, julio-diciembre, pp. 459-478.

Dieterlen, Paulette (2001), "Derechos, necesidades básicas y obligación institucional", en *Pobreza, desigualdad social y ciudadanía. Los límites de las políticas sociales en América latina,* Consejo Latinoamericano de Ciencias Sociales (Clacso), Buenos Aires.

__________ (2003), *La pobreza: un estudio filosófico,* fce, México.

__________ (2014), "Justicia distributiva, pobreza y género", *Open Insight,* vol. V, núm. 8, julio.

DIETERLEN, Paulette (2015), *Justicia distributiva y salud*, FCE, México.

DOYAL, Len (1998), "A Theory of Human Needs", en *Necessary goods. Our responsabilities to meet other's needs,* Gillian Brock (ed.), Rowman & Littlefield Publisher, Nueva York.

DOYAL, Len y GOUGH, Ian (1991), *A Theory of human need,* MacMillan, Londres.

DREBEN, Burton (2003), "On Rawls and Political Liberalism", en *The Cambridge Companion to Rawls,* Samuel Freeman (ed.), Cambridge University Press, Nueva York, pp. 316-347.

DUSSEL, Enrique (2002), *Ética de la liberación en la edad de la globalización y la exclusión,* Trotta, Madrid.

DWORKIN, Ronald (1980), "Liberalism", en *Public and Private Morality,* Stuart Hampshire (comp.), Cambridge University Press, Cambridge, Mass.

________ (1981a), "What is equality? Part 1: Equality of welfare", *Philosophy and public affairs,* vol. 10, núm. 3, veranúm.

________ (1981b), "What is equality? Part 2: Equality of resources", *Philosophy and public affairs,* vol. 10, núm. 4, otoño.

________ (1984), *Los derechos en serio,* Ariel, Barcelona.

________ (1993a), *Ética privada e igualitarismo político*, Paidós, Barcelona.

________ (1993b), "Justice in the distribution of Health Care", *McGill Law Journal,* vol. 38, núm. 4, pp. 883-898.

________ (2000), *Sovereign Virtue. The Theory and Practice of Equality,* Harvard University Press, Cambridge Mass.

ENGELHARDT, H. T. (1995), *Los fundamentos de la bioética,* Paidós, Barcelona.

EPSTEIN, Richard (1999), *Mortal Peril. Our inalienable Right to Health Care?,* Perseus, Cambridge Mass, citado por Pablo de Lora y Alejandra Zúñiga Fajuri (2009), *El derecho a la asistencia sanitaria. Un análisis desde las teorías de la justicia distributiva,* Iustel, Madrid.

FERRAJOLI, Luigi (1998), "Más allá de la soberanía y la ciudadanía: un constitucionalismo global", *Isonomía,* núm. 9, citado por Elisabetta di Castro, en "Desigualdad, exclusión y justicia global", *Isegoría,* núm. 43 julio-diciembre de 2010, p. 470.

FREEMAN, Samuel (2003), *The Cambridge companion to Rawls,* Cambridge University Press, Cambridge.

GARGARELLA, Roberto (1999), *Las teorías de la justicia después de Rawls,* Paidós, Barcelona.

GONZÁLEZ BLOCK, Miguel Ángel y Scott, John (2010), "Equidad y salud. Retos, avances y perspectivas", en Fernando Cortés y Orlandina de Oliveira (coords.), *Los grandes problemas de México,* México, El Colegio de México, t. V, pp. 211-234.

Gough, Ian (2007/2008), "El enfoque de las capacidades de Martha Nussbaum: un análisis comparado con nuestra teoría de las necesidades humanas", *Papeles de Relaciones Ecosociales y Cambio Global,* núm. 100, pp. 177-202.

Gracia, Diego (2008), *Fundamentos de bioética,* Tricastela, Madrid.

Guerra, Rodrigo (2003), *Afirmar a la persona por sí misma: la dignidad como fundamento de los derechos de la persona,* cndh, México.

Gutmann, Amy (1980), *Liberal Equality,* Cambridge University Press, Nueva York.

Harris, J. (1987), "QALYfiying the value of life", *Journal of Medical Ethics,* núm. 13.

Harvey, David (2007), *Breve historia del neoliberalismo,* Akal, Madrid.

Hayek, Friedrich (1976), *Law, legislation and liberty,* University of Chicago Press, Chicago.

Hottois, Gilbert (2011), *¿Qué es la bioética?,* Fontamara, México.

Illich, Ivan (1975), *Némesis médica,* Barral, Barcelona.

Jacobs, Lesley (2004), "Justice and Health Care: Can Dworkin Justify Universal Acces?", en Justine Burley (ed.), *Dworkin and his critics: with Replies by Dworkin,* Blackwell Publishing, Oxford, citado por Pablo de Lora, y Alejandra Zúñiga Fajuri (2009), *El derecho a la asistencia sanitaria. Un análisis desde las teorías de la justicia distributiva,* Iustel, Madrid.

Jori, Gerard (2014), "A vuelta con los orígenes de la salud pública. Poder político y actividad sanitaria en la Inglaterra de los siglos xvii a xix", conferencia dictada en el marco del XIII Coloquio Internacional de Geocrítica: "El control del espacio y los espacios de control" [en línea], disponible en ‹http://www.ub.edu/geocrit/coloquio2014/Gerard%20Jori.pdf› [Consulta: 20 de junio de 2015].

Kumate, Jesús (1994), *Sistemas Nacionales de Salud en las Américas. Canadá, Chile, Costa Rica, Estados Unidos y México,* El Colegio Nacional/Secretaría de Salud, México.

Kymlicka, Will (1996), *Ciudadanía multicultural. Una teoría liberal de los derechos de las minorías,* fce, México.

Locke, John ([1688] 1988), *Two Treatises of Government,* Peter Laslett (ed.), Cambridge University Press, Cambridge.

Luévano, Ana Regina (2012), "La democracia liberal frente a los retos del multiculturalismo", *Estudios* 103, vol. X, inviernúm.

Mill, John Stuart ([1863] 1984), *El Utilitarismo,* Alianza, Madrid.

Moreno, Luis (2005), "El Estado de bienestar en España", *Revista española de ciencia política,* núm. 13, pp. 185-197.

Nagel, Thomas (2003), "Rawls and liberalism", en *The Cambridge companion to Rawls,* Samuel Freeman (ed.), Cambridge University Press, Nueva York.

____________ (2008), "El problema de la justicia global", *Revista Jurídica de la Universidad de Palermo,* año 9, núm. 1, pp. 169-196.

NAVARRO, Vincenc (2004), *El Estado del Bienestar en España*, Tecnos/Universitat Pompeu Fabra, Madrid.

NOZICK, Robert (1990), *Anarquía, Estado y utopía*, FCE, México.

NUSSBAUM, Martha (1998), "Capacidades humanas y justicia social. En defensa del esencialismo aristotélico", en *Necesitar, desear, vivir. Sobre necesidades, desarrollo humano, crecimiento económico y sustentabilidad*, Jorge Riechmann (comp.), Los libros de la catarata, Madrid.

__________ (2002), *Las mujeres y el desarrollo humano: el enfoque de las capacidades*, Herder, Barcelona.

__________ (2012), *Las fronteras de la justicia. Consideraciones sobre la exclusión*, Paidós, Barcelona.

O'NEILL, Onora (1986), *Faces of Hunger. An Essay on Poverty, Justice and Development*, Allen and Unwin, Londres.

ORGANIZACIÓN MUNDIAL DE LA SALUD (2000), *The world health report: 2000*, Paris, OMS.

PARELLADA, Ricardo (2008), "Necesidades, capacidades y valores", en *Papeles* de Relaciones ecosociales y cambio global, núm. 102, pp. 77-87.

PEREIRA, Gustavo (2004), *Medios, capacidades y justicia distributiva*, UNAM-Instituto de Investigaciones Filosóficas, México.

POGGE, Thomas (2005), *La pobreza en el mundo y los derechos humanos*, Paidós, Barcelona.

__________ (2008), "¿Qué es la justicia global?", *Revista de Economía Institucional*, vol. 10, núm. 19, segundo semestre, pp. 99-114.

__________ (2009), "Innovaciones farmacéuticas: ¿debemos excluir a los pobres?", en *Hacer justicia a la humanidad*, UNAM-Instituto de Investigaciones Filosóficas/FCE/ Comisión Nacional de los Derechos Humanos, México, pp. 393-457.

__________ (2012), "Fondo para el Impacto sobre la salud: mejores innovaciones farmacéuticas a precios más bajos", *Revista Versiones*, núm. 2, julio-diciembre, Medellín, pp. 71-95.

__________ (2013a), *¿Estamos violando los derechos humanos de los pobres del mundo?*, Proteus, Barcelona.

__________ (2013b), "Entrevista al profesor Thomas Pogge para Dilemata", *Dilemata*, año 5, núm. 13, pp. 265-282.

POTTER, V. R. (1970), "Bioethics: the Sciencie of Survival", *Perspectives in Biology and Medicine*, núm. 14, University of Wisconsin, pp. 120-153.

__________ (1975), "Humility with Responsability-A bioethics for Oncologist: Presidential Adress", *Cancer Research*, citado por Lino Ciccone (2005), *Bioética. Historia. Principios. Cuestiones*, Palabra, Madrid.

POWERS, Madison y FADEN, Ruth (2006), *Social Justice. The Moral Foundations of Public Health, and Health Policy*, Oxford University Press, Oxford.

PUYOL, Ángel (1997), "Igualdad y sistema sanitario", *Psychosocial Intervention,* vol. 6, núm. 3, pp. 301-310.

_____________ (2004), "La herencia igualitarista de John Rawls", *Isegoría,* núm. 31, pp. 115-130.

_____________ (2010), "Salud y justicia global", *Isegoría,* núm. 43, julio-diciembre, pp. 479-502.

_____________ (2015), "Ética y prioridades en la atención sanitaria, la pugna entre utilitaristas e igualitaristas", *El médico interactivo. Diario electrónico de la sanidad* [en línea], disponible en ‹http://www.elmedicointeractivo.com/ap1/emiold/informes/informe/prioridades.htm› [Consulta: 15 de agosto de 2015].

QUIJANO, Manuel (2003), "Némesis médica", *Revista de la Facultad de Medicina de la UNAM,* vol. 46, núm. 2, marzo-abril.

RAKOWSKI, Erik (1991), *Equal Justice,* Claredon Press, Oxford, citado por Pablo de Lora y Alejandra Zúñiga Fajuri (2009), *El derecho a la asistencia sanitaria. Un análisis desde las teorías de la justicia distributiva,* Iustel, Madrid.

RAWLS, John (1967), "Distributive Justice", en *Collected Papers,* editado por Samuel Freeman, Harvard University Press, Cambridge, Mass., 1999.

_____________ (1975), "A Kantian Conception of equality", en *Collected Papers,* editado por Samuel Freeman, Harvard University Press, Cambridge, Mass., 1999.

_____________ (1986), "El constructivismo kantiano en la teoría moral", en *La justicia como equidad. Materiales para una teoría de la justicia,* Miguel Ángel Rodilla (trad.), Tecnos, Madrid.

_____________ (1995), *Teoría de la justicia,* FCE, México.

_____________ (2001), *El derecho de gentes y "Una revisión sobre la idea de la razón pública",* Paidós, Barcelona.

_____________ (2002), *Liberalismo político,* FCE, México.

_____________ (2007), *Lecciones sobre la historia de la filosofía moral,* Paidós, Barcelona.

_____________ (2010), *Sobre las libertades,* Paidós, Barcelona.

_____________ (2012), *La justicia como equidad. Una reformulación,* Paidós, Barcelona.

REALE, Giovanni (2001), *Historia del pensamiento filosófico y científico. De la Antigüedad al cristianismo,* Herder, Barcelona.

REICH, Warren T. (ed.) (2004), *Encyclopedia of Bioethics,* vol. 1 (3ª ed.).

RIVERA, Eduardo (2007), "Pobreza global y conocimiento empírico", *Revista latinoamericana de Filsofía,* vol. XXXIII, núm. 2 (primavera).

_____________ (2012), "Apuntes metodológicos para una teoría no-ideal de la justicia global", en *Estudios de Filosofía del Derecho,* Jorge Fernández Ruiz (coord.), Novum/Posgrados UNAM, México.

RODRÍGUEZ QUEREILHAC, Ariel (2006), "Bioética médica: de las declaraciones y los proyectos a un estatuto académico y una realidad clínica", *Revista Médica de Uruguay,* núm. 22, pp. 3-5 [en línea], disponible en ‹http://www.rmu.org.uy/revista/2006v1/art1.pdf› [Consulta: 1º de mayo de 2016].

ROEMER, John (1998), *Equality of Opportunity,* Cambridge University Press, Cambridge, Mass.

SADE, R. M. (1971), "Medical care as a right: a refutation", *New England Journal of Medicine,* vol. 285, núm. 23, citado por Pablo de Lora y Alejandra Zúñiga Fajuri (2009), *El derecho a la asistencia sanitaria. Un análisis desde las teorías de la justicia distributiva,* Iustel, Madrid.

____________ (2002), "Medicine and manage care, morals and markets", en *The Ethics of Manage care: profesional integrity and patient rights,* W. B. Bondeson y J. W. Jones (eds.), Kluwer Academic Publishers, Boston.

SALOMÉ LIMA, Natacha (2011), "Las raíces europeas de la bioética: Fritz Jahr y el Parsifal de Wagner", *Ética y cine Journal,* vol. 1, núm. 1.

SANDEL, Michael (2013), *Lo que el dinero no puede comprar. Los límites morales del mercado,* Debate, Barcelona.

SEARLE, John (1983), *Intentionality. An Essay in the Philosophy of Mind,* Cambridge University Press, Cambridge Mass.

SEGALL, Shlomi (2010), *Health, Luck and Justice,* Princeton University Press, Princeton.

SEN, Amartya (1979), "Eqality of What?", *The Tanner Lecture on Human Values,* Stanford University, 22 de mayo.

____________ (1990), *The Standard of Living,* Cambridge University Press, Cambridge.

____________ (1995), *Inequality Reexamined,* Harvard University Press, Cambridge Mass.

____________ (2004), "Why Health Equity", en *Public Health, Ethics and Equity,* Sudhir Anand, Fabienne Peter y Amartya Sen (eds.), Oxford University Press, Oxford.

SERRANO RUIZ-CALDERÓN, J. Miguel (2002), *Nuevas cuestiones de bioética,* EUNSA, Navarra.

SINGER, Peter (2009), *Ética práctica*, Akal, Madrid.

SMITH, Adam ([1759] 1983), *Teoría de los sentimientos morales,* FCE, México.

____________ ([1776] 2005), *Investigación sobre la naturaleza y causa de la riqueza de las naciones,* FCE, México.

VALLESPÍN, Fernando (1985), *Nuevas teorías del contrato social,* Alianza, Madrid.

VELARDE-JURADO, Elizabeth y ÁVILA-FIGUEROA, Carlos (2002), "Evaluación de la calidad de vida", *Revista de Salud Pública de México,* vol. 44, núm. 4, pp. 349-361.

VELASCO, Juan Carlos (2010), "Justicia en un mundo globalizado", *Isegoría,* núm. 43, julio-diciembre, pp. 349-362.

WALZER, Michael (1996), "Pluralism: a political perspective", en Will Kymlicka (ed.), *The rights of minority cultures,* Oxford University Press, Oxford.

WIKLER, Daniel (1987), "Personal responsibility for Illness", en D. van Deveer, y T. Regan (eds.), *Health Care Ethics. An Introduction,* Temple University Press, Philadelphia, citado por Pablo de Lora (2007), "Justicia distributiva sanitaria, ¿penalizar al enfermo 'culpable' de su condición?", *Humanitas. Humanidades médicas*, núm. 22, diciembre 2007, pp. 1-14.

WILLIAMS, Bernard (1962), "The idea of equality", en *Philosophy, Politics and Society* (2nd Series), Peter Laslett y W. G. Runciman (eds.), Blackwell, Oxford, citado por Pablo de Lora y Alejandra Zúñiga Fajuri (2009), *El derecho a la asistencia sanitaria. Un análisis desde las teorías de la justicia distributiva,* Iustel, Madrid.

WIGGINS, N. (1985), "Claims of needs", en Ted Honderich (ed.), *Morality and Objectivity,* Routledge y Kegan Paul, Londres.

XIRAU, Ramón (1998), *Introducción a la historia de la filosofía,* UNAM, México.

YOUNG, Iris Marion (2000), *La justicia y la política de la diferencia*, Cátedra, Madrid.

ZÚÑIGA FAJURI, Alejandra (2008), "Entre la igualdad y la eficiencia en materia sanitaria", *Acta Bioethica,* vol. 14, núm. 2, pp. 176-184 [en línea], disponible en ‹http://www.scielo.cl/scielo.php?pid=S1726-569X2008000200007&script=sci_arttext› [Consulta: 20 de junio de 2015].

__________ (2013), "Desigualdad sanitaria, libertarismo e igualitarismo", Scielo Revista electrónica de salud pública. Política y gobierno, vol. XX, núm. 2, II semestre, pp. 335-358 [en línea], disponible en ‹http://www.scielo.org.mx/pdf/pyg/v20n2/v20n2a4.pdf› [Consulta: 10 de octubre de 2014].

Fuentes electrónicas

Acuerdos de san Andrés [en línea], disponible en ‹http://biblio.juridicas.unam.mx/libros/1/1/12.pdf› [Consulta: 20 de febrero de 2016].

Cámara de Diputados (2019). "Presenta Mario Delgado iniciativa para desaparecer el Seguro Popular y, en su lugar, crear el Instituto de Salud para el Bienestar", *Notilegis*, núm. 2498, 3 de julio de 2019. https://cutt.ly/HcJfW5X

Campaña Menos sal + Vida en México [en línea], disponible en ‹http://expansion.mx/salud/2013/04/04/el-gobierno-del-df-inicia-el-retiro-de-saleros-en-los-restaurantes› [Consulta: 5 de marzo de 2016].

Canasta básica en México [en línea], disponible en ‹www.sedesol.gob.mx› [Consulta: 3 abril de 2016].

Caracterización de modelos sanitarios y sistemas sanitarios en el mundo [en línea], disponible en ‹http://www.politicaspublicas.uncu.edu.ar/articulos/index/caracterizacion-de-modelos-sanitarios-y-sistemas-sanitarios› [Consulta: 10 de octubre de 2014].

Caso Ashya King. Reseña de los hechos [en línea], disponible en ‹http://elcomercio.pe/mundo/actualidad/conmovedora-historia-ashya-king-y-su-lucha-vivir-noticia-1753969› [Consulta: 15 de octubre de 2014].

Conferencia de López Obrador: Presidente presenta plan para el fortalecimiento del sector salud; garantiza gratuidad en servicios a personas sin seguridad social [en línea], disponible en ‹https://lopezobrador.org.mx/2022/03/15/presidente-presenta-plan-para-el-fortalecimiento-del-sector-salud-garantiza-gratuidad-en-servicios-a-personas-sin-seguridad-social/› [Consulta: julio de 2022].

Cortés Adame, Luis Javier (2022): "IMSS-Bienestar: la nueva apuesta para atender a la población sin seguridad social", *Nexos* [en línea], disponible en ‹https://federalismo.nexos.com.mx/2022/03/imss-bienestar-la-nueva-apuesta-para-atender-a-la-poblacion-sin-seguridad-social/› [Consulta: mayo de 2022].

Cuadros de diagnóstico y evaluación de la calidad de vida [en línea], disponible en ‹http://www.scielo.org.mx/img/revistas/spm/v44n4/html/14023c.htm› [Consulta: 10 de septiembre de 2015].

Declaración Universal de los Derechos Humanos [en línea], disponible en ‹http://www.ohchr.org/EN/UDHR/Documents/UDHR_Translations/spn.pdf› [Consulta: 1º de septiembre de 2014].

Ficha de monitoreo 2020-2021 de Coneval [en línea], disponible en ‹https://www.imss.gob.mx/sites/all/statics/imssBienestar/evaluacionExterna/eval-2020-2021-Ficha-Monitoreo.pdf› [Consulta: 5 de julio de 2022].

Frenk, Julio (2021) "Seguro Popular", *Nexos,* 1º de julio [en línea], disponible en ‹https://www.nexos.com.mx/?p=57780› [Consulta: mayo de 2022].

IMSS-Bienestar [en línea], disponible en ‹http://www.imss.gob.mx/imss-bienestar› [Consulta: 2 de julio de 2022].

Informe anual 2013 del FMI, "Promoviendo una recuperación mundial más segura y estable" [en línea], disponible en ‹https://www.imf.org/external/spanish/pubs/ft/ar/2013/pdf/ar13_esl.pdf› [Consulta: 5 de abril de 2016].

Informe de la ONU sobre las personas con discapacidad en México [en línea], disponible en ‹https://ylavidasigue.files.wordpress.com/2014/10/241899362-informe-onu-mexico-discapacidad-pdf.pdf› [Consulta: 10 de octubre de 2014].

Informe sobre el programa Progresa en México [en línea], disponible en ‹http://biblio.juridicas.unam.mx/libros/3/1397/39.pdf› [Consulta: 8 de noviembre 2014].

Informe sobre la salud en el mundo [en línea], disponible en ‹http://www.who.int/whr/2010/10_summary_es.pdf?ua=1› [Consulta: 15 de octubre de 2014].

Informe sobre "La salud y la mujer en México" [en línea], disponible en ‹http://www.anmm.org.mx/publicaciones/CAnivANM150/L4-La-mujer-salud-Mexico.pdf› [Consulta: 9 de marzo de 2016].

Informe del IMSS 2017-2018 [en línea], disponible en <http://www.imss.gob.mx/sites/all/statics/pdf/informes/20172018/04-introduccion.pdf> [Consulta: 1º de julio de 2022].

Instituto Nacional Electoral (2018). "Tercer Debate Presidencial Elecciones2018". Youtube, 12 de junio de 2018. https://www.youtube.com/watch?v=Gy8t1AtWIuE.

Ramírez Barba, Éctor Jaime (2021), "Aceptación tácita del Fracaso del Insabi", *El Economista*, 20 de octubre de 2021 [en línea], disponible en <https://www.eleconomista.com.mx/opinion/Aceptacion-tacita-del-fracaso-del-Insabi-20211019-0119.html> [Consulta: abril de 2022].

Rodríguez, Iván (2022), "¿De qué se trata el nuevo programa IMSS-Bienestar?", *El Economista*, 4 de abril de 2022 [en línea], disponible en <https://www.eleconomista.com.mx/politica/Insabi-De-que-se-trata-el-nuevo-programa-IMSS-Bienestar-20220404-0082.html> [Consulta: mayo 2022].

Santana, Rosa (2018), "López Obrador y gobernadores del sur-sureste firman convenio para federalizar salud", *Proceso*, 14 de diciembre de 2018: <https://www.proceso.com.mx/nacional/2018/12/14/lopez-obrador-gobernadores-del-sur-sureste-firman-convenio-para-federalizar-salud-217164.html>

Sobre el caso del concepto del Síndrome de Down en la RAE: <http://politica.elpais.com/politica/2015/03/21/actualidad/1426947817_527947.html> [Consulta: 21 de marzo de 2015].

Sobre los servicios médicos básicos para la OMS: <http://www.who.int/features/qa/universal_health_coverage/es/> [Consulta: 1º de abril de 2015].

Sobre la desigualdad en la esperanza de vida en Glasgow: "El lugar de Europa con menos esperanza de vida: 54 años" [en línea], disponible en <http://www.elmundo.es/internacional/2015/04/07/5522df33268e3edb7d8b4575.html> [Consulta: 7 de abril de 2015].

Sobre las desigualdades de salud en México: <http://www.coneval.org.mx/Evaluacion/IEPSM/Documents/Consideraciones_presupuestales_2016.pdf> [Consulta: 2 de mayo de 2016].

ObamaCare [en línea], disponible en <http://www.nybooks.com/articles/2012/08/16/bigger-victory-we-knew/>

<http://obamacarefacts.com/obamacare-facts/> [Consulta: 15 de noviembre de 2015].

Primer Comité de Bioética. "¿Quién vive y quién muere? Criterios para la asignación de recursos de enfermos con insuficiencia renal crónica" [en línea], disponible en <http://www.dilemata.net/index.php?option=com_content&view=article&id=120:quivive-y-quimuere-segl-comite-seattle&catid=1:bioca-para-legos&Itemid=13> [Consulta: 9 de mayo de 2016].

Revista Médica del Instituto Mexicano del Seguro Social: "Programas integrados de Salud: Prevenimss" [en línea], disponible en ‹http://revistamedica.imss.gob.mx/index.php?option=com_multicategories&view=article&id=1232:programas-integrados-de-salud-prevenimss&Itemid=640› [Consulta: 1º de marzo de 2015].

Vega, Andrea (2022), "Arranca plan B del gobierno para dar atención en salud a población sin seguridad social, tras fracaso del Insabi", Animal Político, 1º de abril de 2022 [en línea], disponible en ‹https://www.animalpolitico.com/2022/04/plan-b-salud-tras-fracaso-del-insabi/#:~:text=Arranca%20plan%20B%20del%20gobierno,relevado%20por%20el%2IMSS%2DBienestar› [Consulta: mayo de 2022].

Justicia y salud. Pautas distributivas
para la atención médica
se imprimió en la Ciudad de México,
el 11 de febrero Fiesta de la Virgen de Lourdes
y celebración de la Jornada Mundial del enfermo,
en Litográfica Ingramex S. A. de C. V.
Centeno 162-1, Granjas Esmeralda, Iztapalapa,
C. P. 09810, Ciudad de México, México

www.ingramcontent.com/pod-product-compliance
Ingram Content Group UK Ltd.
Pitfield, Milton Keynes, MK11 3LW, UK
UKHW040023200726
13854UKWH00001B/334